主編
鄭宏泰　周文港

窩打老道

九龍動脈通獅山

中華書局

目錄

前言

試析「滑鐵盧」變「窩打老」的微言大義

　　對英國人而言，或者說在英國歷史上，能挫敗名震歐洲，甚至整個世界的拿破崙，絕對是一件令其歡欣鼓舞、時刻不忘的歷史大事，值得大書特書，所以無論在英國本土，或是遍及全球的佔領地，均會以各種各樣諸如「Waterloo」（滑鐵盧）或「Trafalgar」（特拉法加）等名稱為紀念，目的是貶抑對手、彰顯本身戰績；其中的「滑鐵盧」一詞，更已演變為「戰敗」、「失利」或「屈辱」的同義詞，深入民心，中外社會皆然。

　　英人殖民統治香港島及九龍半島，並在 1898 年取得新界租借權後，修築了不少突破界限街、連結九龍半島與新界的道路，其中一條亦以「Waterloo」命名，背後用意相信亦是褒揚自己的戰績、宣揚國威，同時亦暗示打敗對手、再佔土地的戰績或現實。惟中文譯名看來卻採用了一個委婉的翻譯──「窩打老」，而並非社會耳熟能詳的「滑鐵盧」。

　　對於這一中文名稱，坊間曾議論紛紛，引來不少猜想：「譯者中文水平低」、名稱屬於「誤譯」，或是英人刻意不突出英文原意，以免中文名稱傷害被統治的華人社會，就如港島的「Possession Point」（佔

領據點）刻意譯為「水坑口」等等，不一而足，亦不踁而走。由於年代久遠，又缺乏文獻紀錄，到底是否真的誤譯，抑或另有原因，已經無從稽考，相信應該屬於「歷史懸案」，難有確實答案。

儘管如此，由於這條街道具連結九龍與新界的骨幹作用，在城市發展上自然發揮了重要功能。具體地說，該街道起自渡船街——該處原來乃油麻地海旁，設有碼頭，可乘船通往港島及其他港口商埠，即是連結海洋的活口；自渡船街由西而東伸延，橫過彌敦道，至京士柏山旁，再沿着京士柏山旁由南向西北方走，跨過界限街，在九龍塘中間穿過，直達獅子山隧道口；到獅子山行車隧道開通後，更成為連結九龍與新界的交通大動脈，進一步帶動新界和九龍半島的發展。

窩打老道兩旁是九龍半島核心地段，自上世紀該地區不斷發展起來後，變成大小家族、商店、教堂及各式機構落戶定居之地，鱗次櫛比、星羅棋布，因此不但時刻人流如鯽、盛極一時，亦留下無數讓人刻骨銘心或津津樂道的人生故事和傳奇。當然，更為重要的是，窩打老道亦如彌敦道般，標誌着九龍半島在進入 20 世紀之後的巨大變遷，因為在此之前，港英政府一直只把發展目光集中於香港島，尤其港島東西岸一帶，對九龍半島缺乏興趣，令該地區一直沒甚重大發展，顯得甚為「荒涼」。

自從「租借」新界之後，九龍半島與界限街以北的土地有了連結，呈現了巨大發展效益，因此引起不少具發展目光的商人或社會精英注視，於是有了不同早着先機的舉動，為 1920 至 1940 年間的大力發展創造條件，有了日後九龍半島的蛻變，乃至整個香港的一片繁華。

今時今日的窩打老道兩旁，不但大廈林立、居所處處，人煙稠密且時刻人流如織，更是工商百業雲集、大中小學校舍穿插其中、文教娛樂場所處處，當然還有山巒圍繞、綠蔭點綴，道路直達獅子山隧道口更成為窩打老道的主要特色，乃其他街道所沒有。這樣一條連結九龍半島與新界的主幹道路，由「荒涼」發展成一片繁華的進程，無疑令人讚嘆，亦必然讓人懷緬。

居民若能偷得浮生半日閒遊歷此街道，必能有所領會體味，因為由渡船街起步，沿窩打老道一路向獅子山方向走，必然能感受到商業民生的各有特色、不同轉變；若能細看京士柏山、加多利山的發展，又肯定會對「滄海桑田」此一成語有更深刻感受；若能登上獅子山巔，一覽全城景象，更會發出另一層次的讚嘆，撫今追昔，或能發思古之幽情。

承接講述開闢彌敦道的講座，並出版了《彌敦道上：金光舊夢換新顏》一書後，這次的「香港歷史公開講座系列」，聚焦於窩打老道這條名字聽起來令人感到十分奇特的街道，尋找那些與這條街道有關的種種故事，從而說明香港——尤其九龍半島發展過程的迂迴曲折，以及不同人物、家族與企業和機構的點滴貢獻，豐富社會與文化的發展內涵。

對於上述講座系列能夠圓滿完成，而此書亦能夠出版，除了要鳴謝香港歷史博物館之外，更要向黃紹倫教授、梁元生教授、孫文彬博士、梁佳俊博士、許楨博士、王國璋博士和閻靖靖博士等表示由衷感謝，沒有他們一直給予寶貴意見、指正和協助，整個系列實在無法順利完成。我們要特別鳴謝研究助理李明珠小姐的全力籌辦、安排，以及出版時的用心校對。再者，俞亦彤小姐、蔡振華先生、別學優先生、鄭美茵小姐、劉敏輝小姐、吳彥龍先生、關樂怡小姐、陳奕康先生、黃懷訴女士及藍瑋晴小姐對講座的支援，以及設計師黃希欣小姐設計的精美講座海報和地圖，我們同樣心存感激。此外，十分感謝政府檔案處歷史檔案館、地政總署、香港大學圖書館、香港中文大學文物館、香港浸會大學、香港浸會大學圖書館藝術館藏、拔萃男書院、香港培正中學、香港培道中學、伯特利神學院、東華三院文物館、香港社會發展回顧項目、香港浸信會醫院、施玉麒家族、郭慎墀家族、香港小輪（集團）有限公司、Alexander Turnbull Library, Wellington, New Zealand、Special Collections, University of Bristol Library、丁新豹博士、吳俊雄博士、岑智明先生、彭淑敏博士、黃佩佳先生後人、葉贊邦先生、蔡利民博士、盧飛先生、蕭險峰先生、Luba Estes 女士和 Nixon Wong 先生慷慨提供圖片，以及陳綺

嫻女士協助校對。最後，更要感謝香港中文大學前副校長暨香港亞太研究所高級顧問張妙清教授、香港中文大學新聞與傳播學院教授暨香港亞太研究所所長馮應謙教授，以及嶺南大學校董會主席姚祖輝 BBS 太平紳士、嶺南大學潘蘇通滬港經濟政策研究所督導委員會委員關百豪博士、陳浩華博士、榮譽所長魏向東教授、所長何濼生教授等的大力支持，使本系列講座及出版得以成功舉辦和完成。

　　本書出版期間，儘管我們已經努力校訂和增補，礙於才疏學淺所限，難免可能出現一些糠粃錯漏，敬請各家專家、學者、相關家族及團體的後人和普羅讀者見諒。如蒙惠賜南針，請致函香港沙田香港中文大學利黃瑤璧樓五樓香港亞太研究所（或電郵 vzheng@cuhk.edu.hk）與宏泰，又或者致函香港大埔香港教育大學 A 座一樓校友及拓展事務處（或電郵 chowmankong@eduhk.hk）與文港聯絡。

鄭宏泰、周文港
二〇二三年六月

作者簡介（按筆畫順序排名）

丁新豹

香港史研究學者，曾任香港歷史博物館總館長，現為香港中文大學歷史系客席教授及名譽高級研究員、香港大學中文學院名譽教授、香港故宮文化博物館理事及本地與內地多間博物館之顧問或理事。研究範圍包括香港華人社會史、孫中山與香港、近代澳門及廣州、東南亞華僑史等。出版了多本有關著作，其中《善與人同：與香港同步成長的東華三院（1870-1997）》及《香江有幸埋忠骨：長眠香港與辛亥革命有關的人物》分別榮獲第四屆及第五屆「香港書獎」。

吳俊雄

前香港大學社會學系副教授，專門研究香港流行文化和社會發展。曾出版《文化拉扯》、《普普香港：閱讀香港普及文化 2000-2010》（合編）及《此時此處　許冠傑》等著作。2005 年，與數位文化工作者發起「流行文化存香港 —— 黃霑書房」的長期計劃，先後推出了相關的展覽、網站、電台節目和社區導賞團，並在 2021 年出版了《保育黃霑》書冊。

岑智明

香港天文台前台長，香港氣象學會前任會長。於 1986 年加入香港天文

台，2011 年晉升為天文台台長，2020 年退休。自 1997 年開始在國際航空氣象事業上作出貢獻，積極參與「國際民用航空組織」和「世界氣象組織」的工作，並於 2010 至 2018 年獲選出任世界氣象組織航空氣象學委員會主席，是首位華人出任這個要職。熱愛研究天文氣象及歷史，近年參與出版《觀雲識天賞光影：有趣的雲和大氣光學現象》、《颱風解密：你也可以做天氣達人！》及《CMS 天文調查隊》，推廣氣象及天文科普。

李金強

澳洲國立大學（Australian National University）哲學博士，香港浸會大學歷史系榮休教授，新亞研究所特聘教授。著有《近代中國牧師群體的出現》、《基督教明燈：港九培靈研經會九十年史（1928–2018）》（合著）、《中華民國專題史 · 第一卷 —— 從帝制到共和：中華民國的創立》（合著）、《中山先生與港澳》、《聖道東來：近代中國基督教史之研究》、《自立與關懷：香港浸信教會百年史（1901–2001）》、《書生報國 ——中國近代變革思想之源起》、《區域研究：清代福建史論》等專書。

孫德榮

香港中文大學歷史系畢業，北京大學考古學碩士；曾任職於古物古蹟辦事處考古組和教育及宣傳組，2020 年 7 月調任香港歷史博物館，負責博物館教育和孫中山紀念館；曾參與和主持多項考古調查、發掘及報告編撰工作，以及籌辦多個考古展覽和展示；發表論文和撰寫報告二十多份，例如舊荷李活道已婚警察宿舍考古調查報告、龍津石橋保育管理計劃、〈試論香港的合約考古〉、〈行李待領：誰擁有香港的考古遺產〉和〈革命四大寇合照札記〉等。

馬冠堯

退休工程師，廣東台山人，香港出生，香港歷史愛好者。畢業於香港浸會學院、蘇格蘭登地大學（University of Dundee）、香港大學工學院、香港城市大學社會科學院和香港大學文學院，著有《香港工程考》、《香港工程考 II》、《香港建築的前世今生》、《車水馬龍：香港戰前陸上交通》、《戰前香港電訊史》，及《港島北岸百年變遷》（與張順光合著）。

陳煒舜

香港中文大學中文系副教授，台灣中研院文哲所、浙江大學傳媒與國際文化學院訪問學者。學術興趣為古典文學、神話學等。編著有《從荷馬到但丁》、《明代後期〈楚辭〉接受研究論集》、《女仔館興衰：香港拔萃書室的史前史（1860–1869）》、《感世與自適：北洋元首的文學場域》、《漢藏之間：倉央嘉措舊體譯述研究》等書，並於海內外研討會及期刊上發表論文近二百篇。暇時從事專欄寫作，結集出版有《神話傳說筆記》、《上海·香港·時代曲紀夢詩》、《蓳塘雜文錄：以寫療寫》等。

黃紹倫

香港樹仁大學校董、香港大學社會學榮休教授、香港中文大學香港亞太研究所榮譽高級研究員、香港中文大學中國文化研究所當代中國文化研究中心榮譽高級研究員等。先後在香港大學及香港中文大學取得社會科學學士及碩士，之後負笈英國牛津大學，獲得文學碩士及哲學博士學位，曾擔任香港大學亞洲研究中心主任。除華人家族企業外，主要從事企業家精神、商業網絡、華人社會文化、移民現象、香港社會調查與分析、中國社會學的發展等研究。

蔡利民

香港出生及長大，現任流星語音樂中心總監，同時為自由寫作人。香港大學社會學系社會科學學士、美國加州大學洛杉磯分校社會學系文學碩士、香港中文大學決策科學與企管經濟系哲學博士。在學院所受的訓練是社會學及研究方法，因自身的文化及歷史處境，一直對香港及港人故事具有濃厚的興趣，研究課題為本土歷史及集體回憶，著有散文集多本、委約專書《為您做足 100 分》（與江瓊珠合著）、地區專題《踏着回憶走過來 —— 從明華大廈開始》及歷史小說《消失的隧道》。

鄭心靈

現為香港理工大學醫療及社會科學院康復治療科學系學生，自小受歷史與文化研究薰陶，好看相關書籍，對香港社會發展興趣濃厚，學業之餘，常協助相關研究。

鄭宏泰

現任香港中文大學香港亞太研究所副所長（執行）、社會與政治發展研究中心主任、全球中國研究計劃聯席召集人、中國文化研究所當代中國文化研究中心副主任、香港亞太研究所電話調查研究室總監。在香港大學先後考獲工商管理學士、哲學碩士及哲學博士學位，主要從事華人家族企業研究、企業家精神與社會網絡、華人社會變遷與身份認同、香港和澳門社會調查與分析，以及中國軟實力與「一帶一路」研究等。

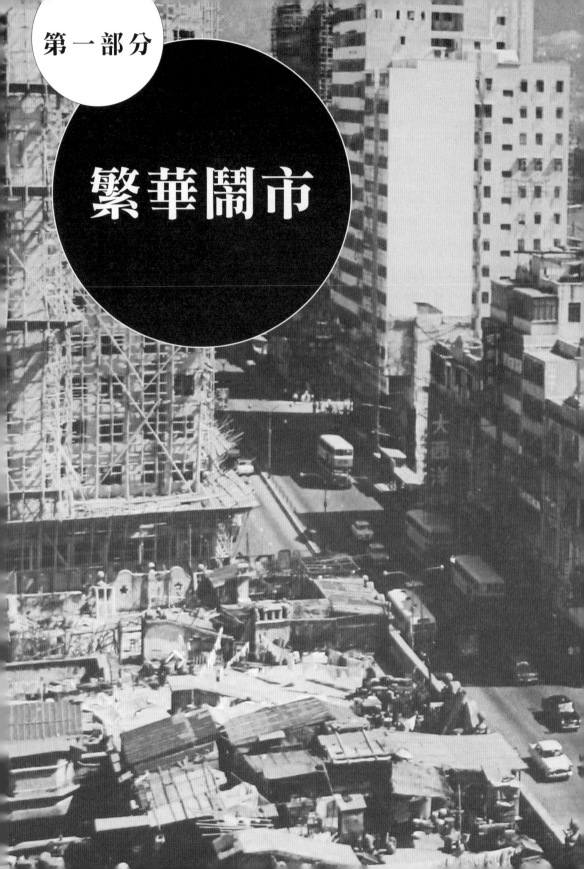

第一部分

繁華鬧市

香港 1979：回歸啟航

黃紹倫

前言

1979 年，對香港來說，是非比尋常的一年：香港命運大轉向，由這年開始。這一年，對中國來說，更是扭轉乾坤的一年：鄧小平復出掌政，推行改革開放政策，為中國現代化打開新局面。

1978 年 11 月，港穗飛翔船首航，香港船隻罕有地出現在廣州珠江口岸。中國大陸在 1949 年解放之後，和香港的交通陸續中斷，兩地在海陸空三方面皆久未通航，所以飛翔船啟航是一項創舉，促成這項創舉的關鍵人物是劉定中，他是香港油蔴地小輪公司的總經理。油蔴地小輪公司在窩打老道南端的渡船角，擁有倉庫用地，並於 20 世紀 60 年代把部分用地出售給地產發展商，興建成文華新村，俗稱「八文樓」，深受中產階層用戶歡迎，成為窩打老道南端的一道地標，文華新村附近便是佐敦道碼頭，油蔴地小輪來往港島中環的交通樞紐。

1979 年 3 月，劉定中再有創舉。他安排專船接載港督麥理浩上廣州，同船還有行政局首席非官守議員簡悅強和政治顧問魏德巍（後來出任港督時易名衞奕信）。麥理浩一行在廣州轉乘飛機前往北京和

前佐敦道碼頭。攝於 1960 年代。
鳴謝：香港小輪（集團）有限公司

鄧小平會面，為香港回歸揭開序幕。

　　劉定中是何許人也？據他自己說：「我的家族在香港有長達一百五十年歷史，先太祖父是英國殖民管治的香港華人首席代表、中華總商會創辦人。」[1] 他太祖父（即曾祖父）是劉鑄伯（1867－1922），廣東新安縣平湖人，香港出生，畢業於中央書院，歷任東華醫院主席、華商總會主席、立法局議員，並在 1917 至 1922 年間出任首席華人非官守議員。劉鑄伯的長子名劉德譜，是油蔴地小輪創辦人。[2] 有關他的家族，劉定中還說：「我家人的腦子裏，都是西方的自由民主概念，對共產制度，毫無認識。我對中共的認識源自一九七八年，首次踏足祖國。」[3]

　　1978 年 4 月，劉定中跟隨他的舅父廖恩德前往北京。廖恩德此

次訪京，是應廖承志的邀請。廖恩德熟悉廖承志一家，因為他是何香凝的家庭醫生。而生於香港的何香凝，則是廖承志的母親。劉定中憶述他和廖承志結緣的經過：「〔作者按：抵達北京的〕第二天，我舅父廖恩德宴請李濟深的親屬，廖承志也有出席。坐定之後，廖承志走來坐在我旁邊，我舅父突然轉向我，叫我『快叫舅父』，我便向廖承志禮貌叫了一聲『舅父』，從此，我就稱廖承志為『舅父』。」[4]劉定中結識廖承志之後，得到廖承志批准，實現了港穗飛翔船通航。不久，廖承志向他表示希望邀請港督訪華，劉定中於是回港穿針引線，為麥理浩訪華作出安排。

1982 年春節，劉定中到廖承志家中拜年，廖承志把他拉入房間裏面，關上門，告訴他一項中共的重大決定：「政治局剛剛開完會，這是高度機密！除政治局外，你是第一個知道這個秘密的人。政治局一致決定在 1997 年 7 月 1 日收回香港！」[5]劉定中大感震撼，不知所措。出了房間，太太見他臉色蒼白，以為他身體不適。

廖承志是廣東惠陽人，在日本出生。父親廖仲愷是孫中山的左右手，在 1925 年遇刺身亡。母親何香凝生於香港。廖承志在 1938 年出任中共八路軍駐港辦事處主任，長期以來是中共海外統戰的負責人，於文化大革命後復出，主持台灣及港澳事務。1949 年，當中國大陸全面解放之際，他聯同潘漢年提議採取特殊政策處理香港問題：暫時不收回主權，容許英國繼續統治。這項建議得到毛澤東和周恩來的首肯。[6]那麼到了 1979 年，中共為甚麼改變主意，準備收回香港呢？

其中的玄機，廖承志曾經向劉定中稍作透露。他説：

中國面臨三方的問題。我們首先要與英國搞好關係，英國是最早承認我國的國家之一。周總理曾經説，盡量利用香港，發展中國，所以首先要搞好中英關係。英國是美國的盟國，中英關係好

了，就能影響到中美關係的改變。中美關係正常化之後，我們面對台灣問題，就比較容易解決了。[7]

到了 1979 年，這三方的問題起了重大變化。在英國方面，她在香港的殖民統治面臨新界租約所限，批地賣地的合法空間只剩下 18 年的年期，所以她急於和北京展開磋商，希望延續在香港的統治權。中共本來不着急，因為知道英國的底牌有限，就是根據不平等條約的規定，中國人民可以自由進出香港，[8] 足以令英國無法有效管治，更何況香港的食水和副食品供應，都要倚賴內地的配合。不過英國一旦公開提出租約的議題，中方便不能夠再以「等待時機成熟」為理由，迴避這個棘手難題。

而在美國方面，她面臨越戰困局，急於脫身。適逢共產陣營中蘇交惡加劇，蘇聯在中國邊境集結大軍，準備在中方文革內亂之際發動攻擊。美國總統尼克遜把握機會，在 1971 年派基辛格秘密訪華，向中國示好。這石破天驚之舉，改變了冷戰期間的國際格局。美國聯中抗蘇，解除了對中國的圍堵，於是中國爭取到向外開放的空間。

至於台灣方面，1975 年蔣介石逝世，1978 年蔣經國繼任，兩岸統一問題，對北京來說，更形迫切。老蔣已去，小蔣健康欠佳，如不急促行事，恐怕夜長夢多。所以鄧小平在復出之後，對台政策便變成重中之重。鄧小平剛剛掌權，便徹底改變對台政策：不談解放，轉而強調和平統一。他加速中美建交，以期孤立台灣；他停止炮轟金門，釋放大批國民黨戰俘，密集統戰，爭取和談。在這個政策大轉向當中，他倚重廖承志這個統戰高手。

1979 年 1 月 1 日，北京發表《告台灣同胞書》。1981 年中，葉劍英以全國人民代表大會委員長身份，公佈對台灣工作的「葉九條」。這兩份文件的起草都是由廖承志負責參與。1982 年中，廖承

志更直接具名，公開致信給蔣經國。為了起草這封書函，他與幾個
領導人躲進北京的高幹醫院裏，不受干擾，字斟句酌地工作。劉定
中這樣記述廖承志此項秘密行動：

> 有一天，廖公的兒子打電話給我，說他爸爸病了，叫我即刻到
> 北京去……我見了廖公，他說：「定中，你即刻給我買兩打麵包、兩
> 打三文魚、四打汽水！」我說：「舅父，我已經帶了許多東西給你吃
> 了，還要買這些做甚麼？」他還是堅持要我去買東西……買好後，
> 他叫我送他上三零一醫院，當時他戴了一副墨鏡坐在車頭，我與小
> 李（他的警衛員）坐在後面；這樣我變成了他，坐在他的位置上，
> 而他則裝成我，坐在車頭。這種做作，為的是不想讓人發現他進了
> 醫院。[9]

廖承志和他的寫作班子把自己關在醫院裏，把致蔣經國信函的
草稿擬好。這封信的定稿於 1982 年 7 月 24 日在《人民日報》和香
港報刊上發表。[10] 這是爭取兩岸和談的重要文獻，在形式及內容方面
都回歸傳統，不談革命。在形式上，它採用半文半白的語調，開頭
便說：「經國吾弟：咫尺之隔，竟成海天之遙。」在內容方面，它突
出中國傳統美德，把孝、義、忠、信逐一鋪陳。它談到孝：「今老先
生仍厝於慈湖，統一之後，即當遷安故土，或奉化，或南京，或廬
山，以了吾弟孝心。」它言及義：「雙方領導，同窗摯友，彼此相知，
談之更易。」廖承志和蔣經國相識於幼時，廖仲愷和蔣介石曾經在
廣州比鄰而居，更重要的是蔣經國在 1920 年代於莫斯科中山大學學
習時，結識了鄧小平。鄧小平那時結束了在法國勤工儉學之旅，來
到莫斯科，蔣鄧二人在同一課室上課，可說是同窗摯友。[11] 這封信又
訴諸忠：「吾弟近曾有言：『要把孝順的心，擴大為民族感情，去敬
愛民族，奉獻於國家。』」旨哉斯言，盍不實踐於統一大業！就國家

民族而論，蔣氏兩代對歷史有所交代；就吾弟個人而言，可謂忠孝兩全。」它以言而有信作結：「如弟方便，余將束裝就道，前往台北探望……」這封信頌揚的價值觀念，和文化大革命所標榜的「破四舊」取向，可謂背道而馳。它的精神支柱不再是階級革命，而是民族復興：「共圖振興中華之大業。」

　　廖承志費盡心思，希望促進兩岸和談。但他和中共其他領導人都深知，有一個主要障礙會令和談可望而不可即，這個障礙便是兩岸三地的經濟差距。文化大革命的動盪，令內地經濟瀕臨崩潰，而香港和台灣在此期間埋頭苦幹，經濟騰飛。在 1979 年，兩岸三地的本地生產總值（GDP）相差甚遠。香港的人均收入高達 4,569 美元，台灣亦達 1,950 美元，內地則只有 183 美元。[12] 這道分隔兩岸的經濟鴻溝，令鄧小平和其他中共領導人，心急如焚，意識到要盡最大努力，急起直追，於是改革開放，不得不行。

一、摸着石頭，找到仙草

　　鄧小平推動改革開放，心中有一個大方向，但沒有具體藍圖，他說他是「摸着石頭過河」。1979 年他重新掌權，在隨後數年間，他周遊列國，親眼看見中國大陸在現代化方面嚴重滯後的情況。出訪期間，他曾戲言，他是為實現中國現代化，尋覓仙草。[13] 他尋尋覓覓，踏遍美國、歐洲、日本等發達國家，但即時的收穫不多。令他意想不到的，是仙草竟然近在咫尺，就在大陸南方的香港，茁壯成長。這個出人意表的發現，在外商投資於內地經濟開發的份額上，便清楚顯示出來。在 1979 至 1989 年的 11 年間，內地實際使用的外商直接投資額，超過六成來自香港，而來自美國和日本的投資，合共不到三成（見表一）：

表一：1979–1989 年按來源劃分的中國內地實際使用外商投資額
（百萬美元）

年份	全國	香港	台灣	美國	日本
1979–1985	4,721 (100%)	3,134 (66.4%)	—	704 (14.9%)	660 (14.0%)
1989	3,393 (100%)	2,037 (60.0%)	155 (4.6%)	284 (8.4%)	356 (10.5%)

資料來源：Sung, Y. W., "Table 2.4: Utilized foreign direct investments in China by source (US$ m.)," in *The Emergence of Greater China: The Economic Integration of Mainland China, Taiwan and Hong Kong* (New York: Palgrave MacMillan, 2005), 28.

　　香港竟然是培植現代化仙草的溫床，但這並非偶然的事。在 1949 年，中共決定暫不收回主權，香港於是發展成為內地與海外華僑之間的樞紐，在資金、人才及意念流通方面，發揮重大作用。[14] 到了 1979 年，中共醞釀收回香港，香港便蛻變成為大中華經濟區的樞紐，繼續在資金、人才及意念這三方面，扮演關鍵角色。

二、仙草一：資金

　　先看資金方面。鄧小平推行改革開放政策，在華南設立經濟特區，香港資金率先湧入，帶頭的投資者主要是中小企業家。這批中小企業家大部分並非在香港出生，而是源於華南的偷渡客。自 1960 年代起，大批華南的青壯男子從陸路或海路潛逃到香港，人數估計在 60 萬以上。[15] 偷渡風氣的熾熱，在鄰近香港的寶安縣便可見一斑。根據當地的官方數字，「1962 年，寶安縣逃跑到香港去的人數是 12,144 人，1978 年寶安縣逃跑到香港去的人數是 17,456 人……真

正跑走的人可能還多。有一個統計數字可以作參考：寶安縣有 30 萬人，而在香港的寶安縣人呢，也近 30 萬」。[16] 這批偷渡客大多年輕力壯，具備中等學歷，但抵達香港之後，他們的學歷不受承認，亦缺乏英語能力，所以很多都是從事體力勞動或在工廠謀生。少數幸運的在工廠積累了生產經驗，冒出頭來，自立門戶，在不同行業裏創立小型企業。這批移民企業家在香港逐漸建立起一套層層相扣、互相競爭，卻又互相支持的分判式生產網絡，分散風險而能夠靈活善變。[17] 就是這套活力充沛的生產網絡，為這批移民企業家提供支援後盾，令他們勇於重回剛剛開放的華南故里，一展身手。

在這批重回故里的中小企業家當中，楊釗是一個突出的例子。他生於廣東惠陽，在 1967 年一個月黑風高的晚上，隻身游泳，偷渡到香港。他那年 19 歲，在香港舉目無親，幸而得到一個鄉親介紹，在一間製衣廠找到工作，日薪港幣六元。他工作勤奮，從雜工開始，一直晉升至廠長，然後自立門戶，當上老闆，只用了四年時間。到了 1974 年，他遇上黃金機會。一個美國商人拿着當時流行的方格牛仔褲樣本，前來香港找尋廠家生產。楊釗憑着他的製衣經驗，及時研發出織造方格牛仔褲的機器，以較低價錢接到訂單，令他致富起家。但他在香港的製衣事業，受到輸往外國的配額限制，不能飛躍發展，於是他決定外闖，首先前往菲律賓設廠生產，然後創立旭日集團，把生意擴展到世界其他地方。到了 1978 年，中國大陸上的改革開放剛剛啟動，他敏銳地感覺到春江水暖，親自回到廣東考察，很快決定在順德縣容奇鎮設立「大進製衣廠」，是當時全國第一間來料加工及補償貿易的工廠。數年後，他故鄉惠陽的地委書記鄭群到香港招商，特意找楊釗見面。「鄭群回去後，在大會小會都說：『楊釗是愛國實業家，他回來辦工廠，我們要一路放行，處處開綠燈。』」[18] 到了 1990 年，楊釗的旭日集團在中國十多個省市設立了 18 間企業，僱用員工約 8,000 人。

　　內地改革開放初期，香港投資以中小企業形式介入，一馬當先，闖開局面。台灣投資起步較晚，因為台灣政府在 1987 年才取消兩岸人民交流的禁令，台灣企業家才可以首次踏足內地。不過在短短數年間，台資企業便蓬勃發展起來。到了 1994 年，台灣在內地的投資已經超越美國和日本，緊隨在香港之後，升上內地外商直接投資榜的第二位，佔外商總投資額約一成左右。[19] 但台灣政府在那時還未容許台灣資本直接進入內地，所以台資都需要通過香港作為第三地，設立分公司，才能前往華南投資。故此台資在內地的份額，可能被大大低估，因為部分台資企業已經轉身成為港資企業，從而隱藏在港資統計數字之中。

　　台灣和香港的內地投資，有幾個共同的特點。它們都是以中小企業為主力軍，大規模的企業不多。這些中小廠家都在層層分判的生產網絡內運作，個別企業興衰不定，但總體上靈活善變，能夠適應內地不確定的環境。它們大多集中在華南地區，具有語言相通及文化相近的優勢，加以它們規模細小和分散投資，能夠直接和地方基層官員打交道，從而減輕中央及省級政府的規管，運作空間較大。[20] 不過在內地投資的台商和港商之間，亦有不同之處。首先，這些台商跟港商不一樣的是他們大部分不是近期的移民，而是以本省籍人士為主。這個現象是由台灣的獨特歷史所形成。國民黨在 1949 年從內地遷台，從此台灣政權便緊握在外省移民手中，本地精英於是轉向經濟領域發展，中小企業變成他們爭取出頭的園地。內地開放之後，這些本省籍台商在踏足華南地區的時候便較少歷史包袱，能夠跳出國共黨爭的政治陰影。這些台商和港商之間另一個相異之處，便是他們着重的行業不同。港商的分佈較廣，但以製衣為主。台商比較集中，以製鞋和電視生產為大宗，兩者之間又以製鞋業最為觸目。到了 1992 年，台灣有 800 家製鞋企業，其中多於八成均有在內地設廠，[21] 可能是台灣各行業之冠。

　　在台灣製鞋企業當中，能夠脫穎而出，成績最驕人的，可能非寶成集團莫屬。寶成集團由蔡其瑞兄弟創立，蔡氏兄弟在台中鹿港出生，父親名叫蔡裕元。寶成在 1969 年創立的時候，是一間十人家庭工廠，專門製造塑膠鞋外銷。蔡氏兄弟不斷提高生產能力，到了 1979 年迎來突破，成功取得運動鞋名牌 Adidas 的訂單。獲得著名外商肯定之後，它的生意蒸蒸日上。寶成的專長是代工，它沒有自己的品牌，而是為國際名牌製造產品，客戶包括 Nike、Reebok、Puma 等等。在內地開放初期，這些名牌曾經嘗試直接設廠，或和內地的國營企業合資經營，但生產質素不穩定，並不成功。於是這些名牌鼓勵台灣廠商代替它們，前往內地生產。當台灣政府在 1987 年容許兩岸民眾交往的時候，寶成便一馬當先，在珠海特區租了第一間廠房，試試水溫。過了一年，寶成在香港註冊成立一間新公司，以蔡氏兄弟的父親名字命名，叫做裕元。裕元在香港聘請當地商人蔡國強作為中介，蔡國強熟悉香港鞋業及金融界，亦有和內地貿易的經驗。蔡國強為裕元在廣東經濟特區接洽，取得協議，首先在珠海吉大設廠，然後擴展到東莞高埗、珠海前山與中山三鄉等地方。擴展需要大量資金，為了避開台灣政府的金融管制，裕元在香港股票市場公開上市，於 1992 年募集到新台幣 20 億元的資金。有了充足資金作為後盾，裕元在內地的生產規模快速擴展：「1992 年裕元的年報顯示，1991 年生產線僅有 6 條，到了 1992 年擴充為 30 條，一年之間擴充五倍；產量則從 735 萬雙增長到 1,300 萬雙！利潤在一年之間也飆升將近四倍！從 1991 年的 7,800 萬港元飆升到 1992 年 3 億港元！」[22]

　　內地改革開放初期，港商及台商投資各領風騷，但其他地區的華僑或華人資本，則未見特別活躍，顯得較為薄弱。就以東南亞華人為例，當中國大陸打開門戶招商的時候，他們未有立即採取行動，大舉回到華南僑鄉投資。華南著名僑鄉之一是番禺，它的人口

散播世界各地。有估計顯示相對每十個住在番禺的居民來說，大約有四個番禺人已經移居香港或澳門，另外有一個僑民則住在海外其他地方。但當番禺的對外經濟幹部嘗試吸引僑居東南亞的同鄉回到當地投資時，費盡功夫，卻成效不大。為了鼓勵外來投資，番禺特別頒發「榮譽居民」稱號，在改革開放初期，有 130 名投資者獲得這項榮譽，最多是來自香港，但當中並非全是番禺原籍，而本籍番禺的移民，只佔 74 名，部分來自東南亞。[23] 華南另外一個僑鄉是信宜。信宜僑民突出之處，是他們高度聚居在新加坡和馬來西亞。他們在海外的人數和番禺僑民大致相若，但他們回鄉投資的力度，比番禺人更弱。信宜也有頒發「榮譽居民」稱號，在改革初期，頒授給了 51 人，22 名為香港居民，1 人來自澳門，其他 28 名來自內地各地，而其中沒有一個是海外華僑。[24] 華僑資本在內地吸引外資初期，為何比較薄弱呢？原因之一，是連繫海外僑資和華南僑鄉的金融網絡在大陸解放之後，變得支離破碎，海外華人的中小企業難以透過以往興盛一時的跨境僑匯網絡，輕易把業務伸延回到家鄉。其次，在二次大戰後，東南亞各國紛紛獨立，當地華僑面臨國籍選擇及身份認同的難題，不敢輕舉妄動。最後，隨着時間遷移，第一代華僑離世後，他們的後代開始落地生根，對故園鄉土的情懷，已經變得淡薄疏遠了。

三、仙草二：人才

　　香港為內地改革開放所提供的仙草，除了資金之外，還有人才，當中包括自然科技、社會科學，以及實用方面的專才。在自然科技領域裏，最著名的當然是以楊振寧為代表。楊振寧在 1957 年獲得諾貝爾物理學獎，他的科研事業奠基於美國，但他和香港有一份

不解之緣，使他透過香港，為中國現代化作出重大貢獻。他和香港結緣始於 1964 年，在那一年，香港中文大學創校校長李卓敏博士邀請他到香港演講，轟動一時。在演講之餘，他請求李卓敏校長協助，取得港督同意，得以在香港和他留在內地的父母弟妹見面。自此以後，他便有了一個方便的立足點，方便他和家人短暫團聚。

在他訪港演講的同年，他加入了美國國籍。這是一項艱難的決定，亦是他的一個心結。在他回憶父親楊武之的文章中，他這樣說：「我父親在一九七三年故去之前一直在北京和上海當數學教授。他曾在芝加哥大學獲得博士學位。他遊歷甚廣。但我知道，直到臨終前，對於我的放棄故國，他在心底裏的一角始終沒有寬恕過我。」[25]

為了紓緩這個心結，他決定成為中美兩國之間的橋樑，協助中國科技發展。他的心願在鄧小平 1979 年訪美的時候，得以開始實現。他代表全美華人協會在華盛頓設宴歡迎鄧小平，他致詞時說：「作為一名中國血統的美國科學家，我有責任幫助這兩個與我休戚相關的國家建起一座了解和友誼的橋樑。我也感覺到，在中國向科技發展的征途中，我應該貢獻一些力量。」[26]

他身體力行，在 1980 年發起在廣東省從化舉行國際粒子物理理論會議，全球多國的華裔物理學家應邀出席，與內地同行一起切磋研究。會議為期五日，提交論文多達 150 篇，可說是盛況空前。[27] 他亦為中國的科研發展方向出謀獻策。在 1982 年，他給中國領導人寫信，提到中國在物理科內的問題：

　　[作者按：中國物理科] 傾向於走兩個極端：或者太注意原理的研究，或者太注意產品的研究（製造與改良），介於這兩種研究之間的發展性的研究似乎沒有被注重……發展性研究是一種中期的投資，希望在五年、十年或三十年內成果能增強社會生產力。這種投資我覺得是當前中國科技研究系統中十分脆弱的一個環節。[28]

他以香港為據點，奔走於美國和內地之間，不但貢獻出他自己在學術上的經驗和人脈，亦從經濟方面，號召香港和海外的實業家和銀行家，捐助經費，成立基金會等，幫助中國培養自然科技界的人才。

香港除了為改革開放後的中國大陸自然科技培訓中作出貢獻，同時亦為內地的社會科學發展提供動力，社會學便是一例。中國共產黨在 1949 年建立政權之後，社會學的命運便蒙上陰影。1952 年，中共採納蘇聯模式，對大學制度進行改革。社會學受到攻擊，被定性為資產階級毒草，要從大學園地中連根拔掉，全國高等院校內的社會學系於是關門大吉。[29]1979 年，鄧小平復出，提議重新恢復社會學及其他社會科學專業：「我並不認為政治方面已經沒有問題需要研究，政治學、法學、社會學以及世界政治的研究，我們過去多年忽視了，現在也需要趕快補課⋯⋯我們已經承認自然科學比外國落後了，現在也應該承認社會科學的研究工作（就可以比的方面說）比外國落後了⋯⋯」[30]

重建社會學的重任，落在費孝通肩上。費孝通飽受反右運動和文革的衝擊，加上快 70 歲了，如何着手呢？內地原來的社會學者已經風雨飄搖，況且心有餘悸，實在難以成事。他想起遠在美國匹茲堡大學的老朋友楊慶堃。他和楊慶堃曾經是燕京大學的同學，1949 年解放時同在中國教書，費在北京，楊在廣州。楊慶堃當時是嶺南大學社會學系的系主任，1950 年韓戰爆發，內地捲起反帝反美颱風。楊慶堃悄然離開廣州，前往香港，然後赴美定居，在匹茲堡大學任教。1965 年，他應香港中文大學李卓敏校長邀請，為中文大學籌建社會學系，形成了匹茲堡大學和中文大學在社會學上的緊密夥伴關係。[31]1979 年，當費孝通外訪美國，尋求楊慶堃協助重建大陸上的社會學時，他一口答應下來，並向費提議運用速成班的辦法，以匹茲堡和中文大學教授為骨幹，攜手進行培訓工作。楊慶堃跟着

取得美國的嶺南基金會提供資助，然後奔走於美國、香港和內地之間，為中國社會學的重建，打下基礎。

1982 年，他重返廣州康樂園（即嶺南大學舊址），接受中山大學校長的宴請：

> 杯酒交錯之時，楊先生向校長舉杯，滿懷感激和致歉之情說：「三十年前，我不辭而別，真是愧對父母之邦。今天我已入了美國籍，已無祖國，一別三十年，我只能說愧對我的父母之邦！希校長見諒！」言罷不勝感嘆，兩人一飲而盡。校長回應說：「好在你走了，不然，『文革』時一定把你鬥到死啊！」楊先生聽了，不禁熱淚盈眶，走過去緊緊握住校長的手說：「聽你一句話，何止值萬金，從此耿耿於懷，三十年壓在我心頭的一塊大石，如今落下了！校長的胸懷似海大，這次回來親聆你的寬恕，我放心了！」[32]

香港為內地改革開放提供的人才，在自然科技及社會科學界別之外，還有獨特的跨境連繫專才，協助內地和東南亞地區建立貿易生產網絡。這些專才是從香港的「僑界」冒出來的。香港「僑界」的形成，始自 1970 年代初期。在那時候，中國政府調整僑務政策，容許在解放後回歸祖國的東南亞華僑，申請離境他去。到 1976 年為止，大約有 30 萬人離開，其中有不少科學家、工程師、醫生、教師、作家和藝術家等專業人士。他們絕大部分均已喪失原來國籍，不能回到東南亞的出生地去，故此大約有 25 萬人滯留在香港，另有 25,000 人去了澳門。[33]

這批歸僑滯留在港，資歷不受承認，只能艱苦謀生。其中少數靈活變身，運用在東南亞的關係，成功創立跨境企業，鄭廣烈便是其中表表者。他在印尼出生，1960 年回到中國，1965 年在福建醫學院畢業，分配到山區工作。1981 年他攜同家人到港，首先在電子廠

打工，繼而嘗試考取本地醫生牌照失敗，再而到地下鐵路施工地盤當救傷員。1987 年，他的變身機會到來。他仍有家人住在印尼，在那一年，他弟弟從印尼到港，向一家和他合作但賴賬的公司追數。他弟弟向他提議承接這項經營浮水石的生意。浮水石是由火山爆發的岩漿冷卻後形成，能夠浮在水面，又叫水磨石，盛產於印尼龍目島。香港紡織界那時候流行生產水磨牛仔褲，對水磨石需求甚大。有了弟弟在印尼提供貨源，鄭廣烈搖身一變，成為了中介商，向香港及內地的紡織廠出售印尼水磨石，這門生意便做起來了。[34] 在香港站穩腳跟之後，鄭廣烈不禁唏噓。他說：

> 我們這輩人，真是生不逢時。從印尼到國內這一批人，是真正替國家做了很多事的一群。可以說，大家都把青春獻給祖國了⋯⋯這些人回來後，先後成為工程師、醫生、教師、技術員、國家幹部⋯⋯可是，他們的貢獻沒有被重視、認同、銘記；反而被批鬥，甚麼「特務」、「裏通外國」、「反革命」，搞到大家心灰意冷，幾十萬人重新走出國門。這種事，古今中外都罕見，難道不應列入中華民族的史冊嗎？我想是應該的。[35]

四、仙草三：意念

鄧小平在 1978 年復出不久，便親自出訪多個國家，尋找推動中國現代化的良方。在訪問東南亞途中，他聽到各國領袖的意見，大多表示對中國輸出革命，支持當地共產黨顛覆活動的擔憂。回國後，他決定關閉宣揚革命的電台，以行動表明中共放棄輸出革命的意念，令世界革命思潮在東南亞逐漸退下。

中共放棄輸出革命的意念，在 1972 年美國總統尼克遜破冰訪

華，改變了冷戰期間國際格局的時候便已經開始。中美修好，令到越南起了疑心，開始向蘇聯靠攏，中越的同盟關係出現裂縫。在此以前，中共曾經派出援兵，協助越共在奠邊府戰役打敗法國軍隊。然後，在 1965 至 1973 年間，中國派出合共 32 萬志願軍進入越南，支持越共對抗美軍。在高峰期，中國在越南的援兵達到 17 萬人。[36]1975 年，越共擊敗美軍，達成南北統一，繼而和蘇聯結盟。結盟行動引起中共戒心，認為越南有雄霸東南亞的野心，而且會連同蘇聯圍堵中國。為了防止越南成為亞洲的古巴，直接威脅中國安全，1979 年中越開戰，象徵了中共輸出革命意念的實際退潮。

中越交惡，禍及香港。越南向國內 150 萬華僑開刀，導致大規模投奔怒海的難民潮，大約有 16 萬越南船民開始湧往香港及其他地區。基於人道考慮，香港政府實施成為第一收容港的政策。於 1975 年 5 月 4 日，「接載約 4,600 名越南難民的丹麥註冊貨輪『嘉娜馬士基號』抵達香港，停泊於葵涌貨櫃碼頭。全數難民獲港府安排入住新界三個軍營，是香港第一批正式處理的越南難民，為本港越南難民潮之始。」[37]到 1979 年 2 月 7 日：「由新加坡出發來港的巴拿馬註冊貨輪『天運號』，接載約 2,700 名越南難民闖入西環海域，港府出動水警勒令該輪駛往南丫島附近海域停泊，並於 9 日致函通知船員和乘客不准登岸。6 月 29 日，『天運號』船上難民切斷錨鏈，船隻於南丫島擱淺，警員登船調查時遭難民投擲汽油彈，警方拘捕 12 名難民及 26 名船員，其餘難民被送往芝麻灣監獄安置。」[38]

越南難民安置問題長期困擾香港社會，直到 1989 年，香港政府才能夠宣佈香港作為第一收容港的政策結束。[39]越南難民潮對香港社會來說，究竟是禍是福？短期而言，無疑是禍；但長遠看來，可能是福。香港的「僑界」得到從越南而來的新血補充，增加了數量，亦增強了多樣性。

中國改革開放，放棄輸出革命的意念，亦同時引入資本主義的

管理思想，這特別在賣地融資方面表現出來。有關香港回歸的談判，土地買賣是其中重點。港督麥理浩向鄧小平試探水溫時，便是以香港批地期限為引子。批地融資對奉行社會主義的中國來說是新事物。土地在社會主義制度下是生產資源，不是生財工具。土地為國家所有，以行政方式分配給地方使用，過程中沒有金錢交易。所以派到香港負責談判的專家，以及前往香港取經的地方幹部，都對香港的土地買賣模式深感驚奇。取經的幹部曾經表示，其中的金融運作，例如「按揭」等術語，是他們前所未聞的概念。[40] 中國地方幹部對這套模式大表興趣，因為他們意識到這是地方行政的金鑰匙，可以解決因地方政府資金不足而導致難以推動發展的問題。以上海為例，他們積極尋求香港測量界專家協助，終於在 1988 年於上海推出首次土地批租改革。他們選擇了虹橋 26 號地塊，透過國際開放投標方式，第一次把土地使用權公開賣出。虹橋地塊由日本華僑孫忠利投得。他告訴記者他作出這項破天荒之舉的原因：「因為父親說過，讓我長大了要到祖國做件事情，這句話，我永遠沒有忘記。」[41] 他在日本白手興家，經營地產致富。但他成功投得虹橋地塊，是在香港取得資訊，並獲得一個寧波同鄉張宇的協助。張宇生於上海，於 1976 年從上海移居香港，1978 年成立文華行，參與地產代理工作，然後遇上孫忠利，共同利用香港作為平台，成功投得上海的首塊賣地。自此，中國各地政府爭相參與賣地融資，令到地方財政得以大幅改善。

結語：示範成功？

中共的改革開放政策目標之一，是盡快縮窄兩岸三地的經濟差距，為和平統一建立穩固基礎。收回香港，提出「一國兩制」模式，

亦是意在台灣，以香港作為示範。改革開放無疑是成功的，過程中香港功不可沒，但在香港實行「一國兩制」，作為示範，向台灣統戰，則可說是未克全功。

1983 年，廖承志去世，未能親眼見到香港前途問題的解決，亦未能親身赴台，商討兩岸統一。劉定中大感悲痛，認為「廖公走得太早，實在是中共的最大損失」。[42] 他回憶起在廣州小島賓館，和廖承志最後一次見面。臨別時，廖承志向他說：「你回港後好好起草《基本法》，與我一起做好香港回歸。然後，我們再對台灣，完成統一事業。」[43]

1984 年，中英兩國就香港前途達成協議，發表了聯合聲明。鄧小平和英國首相戴卓爾夫人會面時，委託戴卓爾夫人轉告美國總統列根，希望他能夠為促成中國大陸和台灣的實際接觸做點事情。[44] 翌年 9 月，新加坡總理李光耀訪華。鄧小平知道李光耀在不久以前見過蔣經國，而李蔣二人交情甚深。鄧小平問到蔣經國的糖尿病情，以及蔣有沒有作出繼任人選的安排。然後鄧小平委託李光耀為他傳達訊息，希望和「他的莫斯科同學」蔣經國會面。數星期後，李光耀前往台北，向蔣經國轉述了鄧的口訊，但蔣經國表示不能信任中共，沒有答應。[45]

早在 1979 年，當鄧小平發動對台的密集統戰攻勢時，蔣經國便嚴陣以待，作出部署，並公開堅持台灣的「三不政策」，即不接觸、不和談、不妥協。當年 1 月下旬，蔣經國召開高層會議，建議成立資深小組，提供策略，以應對大陸統戰攻勢。會後，他召見親信王昇，指示王昇成立秘密小組，開展更具創意和更進取的反統戰行動。[46] 1987 年，台北政府邀請香港政經記者團訪台。[47]

就在這一年，台灣政府宣佈解嚴、開放黨禁，以及容許兩岸三通。1988 年，蔣經國逝世。1989 年，北京發生六四動亂，中共政權受到重大挑戰。同年，劉定中離開油蔴地小輪公司，移民加拿大。

油蔴地小輪被恒基兆業收購，改名香港小輪，渡海小輪從此式微，窩打老道南端的渡船角，熱鬧不再。劉定中後來出書，記述這段鮮為人知的回歸啟航故事，書名《明燈》，希望香港這盞明燈不滅。

注 釋

1　劉定中：《明燈》（香港：壹出版，2005），頁 59。

2　吳醒濂：〈已故華人名人史略〉，載吳醒濂編著《香港華人名人史略》（香港：五洲書局，1937），頁 5–6；〈劉鑄伯〉，維基百科網站，擷取自 https://zh.wikipedia.org/wiki/%E5%8A%89%E9%91%84%E4%BC%AF（瀏覽日期：2022 年 2 月 14 日）。

3　劉定中：《明燈》，頁 59。

4　同上，頁 18。

5　同上，頁 68。

6　鐵竹偉：《廖承志傳》（第二版）（香港：三聯書店，2018），頁 343–344。

7　劉定中：《明燈》，頁 38。

8　同上，頁 90。

9　同上，頁 84–85。

10　信函全文見鐵竹偉：《廖承志傳》，頁 609–611。

11　Taylor, J., *The Generalissimo's Son: Chiang Ching-kuo and the Revolutions in China and Taiwan* (Cambridge, Mass.: Harvard University Press, 2000), 32–33.

12　〈世界各國人均 GDP 數據〉，快易理財網網站，擷取自 https://www.kylc.com/stats/global/yearly/g_gdp_per_capita/1979.html（瀏覽日期：2021 年 11 月 10 日）；〈1979 年中國台灣人均 GDP〉，GDPBOX 網站，擷取自 http://gdpbox.com/countries/history/TWN/SELF.GDP.AVG.html（瀏覽日期：2021 年 11 月 11 日）。

13　Vogel, E. F., *Deng Xiaoping and the Transformation of China* (Cambridge, Mass.: Belknap Press of Harvard University Press, 2011), 403.

14　黃紹倫：〈香港 1949：新中國與海外華僑的樞紐〉，「2016 年馬來西亞華人研究國際雙年會」主題演講稿，於 2016 年 5 月 28 日在吉隆坡宣讀。

15　陳秉安：《大逃港》（香港：香港中和出版有限公司，2011），頁 225。

16　同上，頁 371。

17　薛鳳旋：《香港工業：政策、企業特點及前景》（香港：香港大學出版社，1989），頁 62–63、127–135。

18　楊釗，《創業、守業、人生》（廣東：廣東人民出版社，1995），頁 271。

19　Hsing, Y. T., *Making Capitalism in China: The Taiwan Connection* (New York: Oxford University Press, 1998), 3 & 20.

20　Ibid., 3,19, 21–27 & 52–77.

21　Ibid., 40.

22　何彩滿：〈香港裕元與蔡氏家族〉，載鄭宏泰、何彩滿編：《華人家族企業與股票市場》（香港：香港中文大學香港亞太研究所，2012），頁 99。

23　Yow, C. H., *Guangdong and Chinese Diaspora: The Changing Landscape of Qiaoxiang* (London and New York: Routledge, 2013), 82–88.

24　Ibid., 123.

25　葉中敏：《人情物理楊振寧》（香港：中文大學出版社，2002），頁 141。

26　同上，頁 127。

27　同上，頁 148。

28　同上，頁 154–155。

29　Wong, S. L., *Sociology and Socialism in Contemporary China* (London: Routledge and Kegan Paul, 1979).

30　鄧小平：〈堅持四項基本原則〉，1979 年 3 月 30 日在黨的理論工作務虛會上的講話，載《鄧小平文選第二卷》（北京：人民出版社，1994），頁 180–181。

31　Holzner, B., "C. K. Yang: Sociology in China and the encounter of civilizations," in *Social Change in Contemporary China: C. K. Yang and the Concept of Institutional Diffusion*, ed. W. Tang and B. Holzner (Pittsburg: University of Pittsburg Press, 2007), 20–21.

32　孫慶忠：〈楊慶堃與南景村的塵封逸事〉，《老照片》，第 55 輯（2007），頁 1–12。

33　王蒼柏：《活在何處：香港印尼華人口述歷史》（香港：香港大學亞洲研究中心，2006），頁 12。

34　同上，頁 200。

35　同上，頁 208–209。

36　Vogel, E. F., *Deng Xiaoping and the Transformation of China*, 271.

37　香港地方志中心編纂：《香港志：總述　大事記》（香港：中華書局，2020），頁 368。

38　同上，頁 390。

39　同上，頁 455。

40　中共上海市委黨史研究室編：《破冰：上海土地批租試點親歷者説》（上海：人民出版社，2018），頁 235。

41　同上，頁 269。

42　劉定中：《明燈》，頁 95。

43　同上，頁 95。

44　Taylor, J., *The Generalissimo's Son*, 384.

45　Ibid., 383; Vogel, E. F., *Deng Xiaoping and the Transformation of China*, 487.

46　Taylor, J., *The Generalissimo's Son*, 344.

47　李達編：《一國兩制與台灣》（香港：廣角鏡，1987），頁 28。

黃霑的獅子山下

吳俊雄

前言

　　窩打老道的盡頭是獅子山，看到時令人悠然想起粵語流行曲《獅子山下》，和它的作詞人黃霑先生。

　　黃霑和《獅子山下》的故事其實頗為複雜。《獅子山下》不止是一首流行曲，它更在多年前演變成一種本地的集體符號。香港不少人懂得唱《獅子山下》，並深有共鳴，有時甚至把它視為這個地方的精神代表。這首歌是香港流行文化的一個特殊地標。

　　2004 年，《獅子山下》的作詞人黃霑離世，翌年筆者拜訪他的故居，參看他的遺物，其中包括書籍、錄音帶、眾多歌詞手稿及他創作的紀錄。我協助整理這些遺物，很快心中便冒起了一連串關於這首歌的問題：黃霑創作《獅子山下》有甚麼背景？他抱着怎樣的心情寫這首歌？創作的過程有何困難？這首歌後來變成香港精神的代表之一，他有何想法？在黃霑書房翻箱倒籠的過程中，我找到不少有趣的答案。

黃霑書房模型。2005 年，「保育黃霑」團隊在香港大學中文學院原址，為黃
霑的物品策展，重現了他當年書房的面貌。
圖片提供：吳俊雄

一、《獅子山下》的由來

　　《獅子山下》一曲於 1979 年面世，是香港電台同名電視劇集的
主題曲。1972 年，《獅子山下》在香港電台開播，最初是 15 分鐘的
黑白製作，1973 年延長至半小時的彩色製作。1976 年張敏儀接手監
製，進一步將《獅子山下》擴充成全菲林製作的一小時劇集，在內
容和風格上大力革新，以呈現香港在新時代的面貌。

　　舊《獅子山下》是屋邨戲，借橫頭磡屋邨一家人的遭遇，通過
輕鬆的戲劇手法，介紹政府政策。張敏儀監製的新系列，淡化劇集
的宣傳角色，增添社會寫實色彩；她將故事場景延伸到其他公共屋
邨，亦進入中產的美孚新邨，以至繁華的中環地帶。劇集的主題和

角色涵蓋白領藍領，內容議論社會政策，又刻畫個人心境，變成更多元複雜的香港故事。新《獅子山下》擴充演藝班底，加入了很多當時未算當紅但甚具潛質的演員（例如周潤發、廖偉雄、鄭裕玲等）參與演出，令劇集在年輕一代漸受注目。那時張敏儀想，既然劇集性質已變，主題曲亦要一併更新。舊《獅子山下》的主題音樂，是呂文成的粵樂作品《步步高》，曲式和調子比較傳統，讓人不期然想起 20 世紀 30、40 年代的廣州生活，與 1976 年張敏儀憧憬的世界有段距離，所以她想《獅子山下》有一首新的主題曲。[1]

張敏儀找了當時香港最當時得令的兩位流行音樂人 —— 顧嘉煇先生寫旋律，張敏儀的老友黃霑負責寫詞。1978 年顧嘉煇交出《獅子山下》的旋律，但黃霑因公私事忙照例拖延。黃霑事後憶述《獅子山下》的歌詞其實不容易寫，特別對於他這種喜歡即興的創作人 —— 如果明天要交《上海灘》的歌詞，他即晚便能寫好；但如果給他五個星期寫《獅子山下》，他反而要煞費思量。張敏儀亦指出，《獅子山下》難寫的原因是它與黃霑一貫的風格有別：《獅子山下》講的是一個個社會故事，其主題曲一定要文以載道，歌詞必定要包含劇集的內容及其關心的社會狀況；這對黃霑來說是「奉旨填詞」，故較難寫出新意。結果《獅子山下》的歌詞遲到，有一段期間，只有顧嘉煇的旋律以純音樂在劇集中出現。[2]

1979 年中，黃霑終於交稿，第一稿被張敏儀打回頭，最後面世的《獅子山下》也是經過幾番修改，是「難產」之作。

事後黃霑對歌曲的評價一般：「這首歌好不好？可以罷。很差，又不是。很『標青』，我覺得又不是。」[3]他說他不擅長文以載道，說歌詞略為空泛鬆散，但若果把歌詞寫得過「實」，又不好聽。「《獅子山下》不同一般劇集，每集的範圍不同，所以不能特別就某些劇情的要點來說甚麼，最重要是劇情講甚麼內容，歌詞也能配合，所以不得不鬆。」[4]他覺得這首歌無論交給誰來填詞，結果都會差不多：

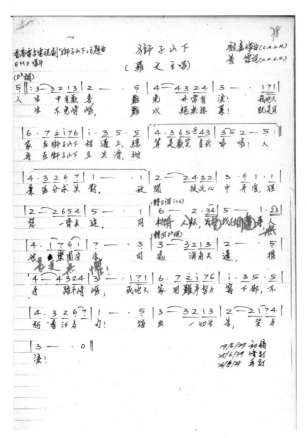

《獅子山下》歌詞手稿，1979 年 6 月 26 日修訂版。中
間用紅筆修改了部分歌詞，而尾句則沒有在最後面世的
版本中出現。

圖片提供：吳俊雄

　　老老實實，你給向雪懷寫，給盧國沾寫，黃霑寫，大家都是
差不多，同舟共濟，那時感覺是這樣，又要配合套戲，我不覺得特
別，又或者有甚麼新意。[5]

　　他認為顧嘉煇的旋律有新意，中間段落部分巧妙地將音調升高

了半個音，很有趣，但整體來說也不是他最好的作品，硬要比較的話，《倆忘煙水裏》、《忘盡心中情》等就更加出色。《獅子山下》最突出的是羅文的唱功，沒有羅文，《獅子山下》就不是《獅子山下》。換句話說，黃霑當時並不看好 1979 年面世的《獅子山下》。[6]

張敏儀同意《獅子山下》一開始並不流行，電台不播，電視台及電台的歌曲獎項闕如，閒時沒多少人會唱，豈料在 90 年代卻「鹹魚翻生」。1997 年前，社會前景不明，文化人紛紛為香港把脈，尋找代表香港的聲音和符號。不少人說這首歌的詞記下香港人「同處海角天邊」的經歷，並努力重生的精神，最能代表大眾當下的心情。張敏儀說，這首歌不是在 1979 年而是 1997 年「出生」。在大時代的轉折下，民間對《獅子山下》重新注目，令它搖身一變成為集體的「飲歌」。[7]

這段曲折的歷史，在千禧年後變得更加曲折。2002 年，時任財政司司長梁錦松到香港大學高唱《獅子山下》，呼籲民眾在經濟逆境和負資產的陰霾中，要掌握當年黃霑寫下的香港精神，重新上路。[8]之後 20 年，差不多每逢香港遭遇危難，就有人把《獅子山下》重新翻唱，說要以此曲的精神為標杆，重新振作堅持下去。最新的例子是 2022 年春天，一眾流行文化明星面對新冠疫情，憑歌寄意，合唱改編自《獅子山下》的抗疫歌曲——《獅子山下同心抗疫》。[9]

黃霑本人如何看待這首歌在 1997 年前後的變化？ 2002 年梁錦松開腔之後，黃霑接受電台訪問，說他重聽舊歌後，確認了一些感覺。他說《獅子山下》的詞雖然不算出眾，但卻很「真」；歌詞用字可能很虛，但每一個字都來自他在香港的親身經歷，感情全部實實在在。「我在 1979 年 6 月寫這首歌，那時前途談判還未開始。但我認為 70 年代有一件很重要的事，就是香港開始有本土意識，一種 Hong Kong identity。」[10]在 2002 年後數個關於《獅子山下》的訪談中，他談得最多的不是香港人如何努力向上，白手興家，而是他自

己和一代人對香港的體會，及如何慢慢催生了這種身份（identity）。細心閱讀歌詞，我們不難發現，《獅子山下》不是要勸勉年輕人裝備自己，爭取向上流動，它寫的其實是香港集體心態之前生今世。《獅子山下》的主旨，不是向前看，而是往後望。[11]

《獅子山下》講的是過去，它如實地總結了黃霑在香港戰後二三十年來的經歷，並由此而生的真情實感。面對他的遺物，我有興趣知道，他成長時經歷了甚麼刻骨銘心的事？生出了怎樣的真情實感？他的原點是甚麼？本名是甚麼？甚麼時候來到香港？在香港成長時住在哪裏？認識了甚麼人？學懂了甚麼事？喜歡甚麼？討厭甚麼？為甚麼他喜歡的和討厭的，可以得到香港幾代人的共鳴，以至變成集體記憶？黃霑，究竟是怎樣成為大眾認識的黃霑？

二、尋找黃霑的足跡

黃霑的書房留下了很多他的文章，不少是寫他在香港成長的經歷。從他的記述，我們發現黃霑的過去與窩打老道有着微妙的關連。

窩打老道盡頭是巍峨的獅子山，但要了解黃霑的過去，首先不要往上望，而是要向下行，在山下的街頭巷尾，尋找他的足跡。數年前，筆者和團隊曾經嘗試踏着黃霑的腳印，走一遍他自幼走過的路。我們由獅子山山頂往下行至窩打老道，再往西行到深水埗 —— 這是黃霑故事的原點，也是「獅子山精神」的起點。我們行遍深水埗的中心及邊緣，然後再次穿越窩打老道，向東面走到何文田、界限街及喇沙書院，發掘黃霑成長不同階段的遭遇。這段路有香港曲折的歷史，值得為大家作一次導賞。

第一段行程，從窩打老道往西行，到大埔道和白田街交界。黃霑於 1941 年在廣州出生，本名黃湛森，8 歲時跟隨父親和家人到

1950年代鳥瞰巴域街和大埔道

圓圈標示的地方為黃霑在深水埗大埔道的故居

圖片來源：網上圖片

港，落戶深水埗，第一個落腳點便是在這個交界上的一幢四層高唐樓。他在白田街的故居，今天已經變成荷花護老院；若黃霑未離世，他可能是其中一個在附近路上散步的老人。

　　黃霑的故居從前是怎樣的？黃霑少年時白田街的故居樓上有好彩香煙的大廣告牌，地下是當舖，黃霑一家住在二樓和三樓。從照片可見，他故居前右邊是大埔道，左邊是巴域街；由巴域街往左走，是石硤尾徙置大廈，那是深水埗的邊緣；再往北走是獅子山，背後就是新界。由其故居跨過大埔道往南行，是鴨寮街、北河街、大南街及相連的街市和店舖，那是深水埗的中心地帶。往東面走，就是繁華的油尖旺區。

　　黃霑回憶小時候在故居長大，家境不算清貧，但心情卻複雜。黃父戰前曾經在香港太古船塢當搬運工人管工，後在廣州賣洋紙，本來收入穩定；來港前廣州動盪，生意受影響，來港後雖然繼續經營紙行，但經濟處境已不復從前。同時，黃家離鄉背井，親歷流徙，

黃霑（站正中者）與家人攝
於 1940 年代廣州。黃霑在廣
州出生，居此八年間遇上日治
及內戰，但他記憶中卻盡是開
心的情景，例如過節吃臘老鼠
肉，平日吃魚生和餛飩麵；在
珠江跟父親初學游泳，眼前滿
是糞便等。
圖片提供：吳俊雄

1950 年代的深水埗，黃霑（站
正中者）與家人合照。與上圖
相比，此時黃霑父親已顯老
態。黃霑出生時，他的父親
54 歲，拍此照時已年近七十。
圖片提供：吳俊雄

對身份認同亦一併動搖。黃霑父親支持國民黨，到港避居深水埗一隅，除了經濟地位下滑，一家人的政治身份認同也不知如何投放。黃霑說父親每年雙十都會在家中懸掛青天白日滿地紅旗，小時候他亦常聽父親說要「反攻大陸」，但年月下來，期望沒有兌現。

黃霑小時候家中的氣氛頗為兩極。黃家生活基本無憂，家人相處亦融洽。他憶述父親一直疼惜他這名大兒子，而黃霑也愛父親，稱他為「偉大的男人」。父親常唸古書，寫得一手好字，中、英文「粗口」都講得十分流利；黃霑懂得的大部分髒話，都是小時候由父親在飯桌上「親自」傳授。但黃家氣氛有時會變得沉重，家人並不開懷。事後他才知道，父親和家人經歷了經濟地位和國民身份「雙失」，無奈寄居此地的情緒揮之不去，對人生的下一站無法盤算，心情絕不好過。黃霑自幼直面歷史的重量，一代中國人漂泊流徙，在舊生活與新身份之間掙扎，由此帶來種種矛盾複雜的情緒，每天都在家中盤踞。[12]

黃霑故居前有很多舊建築，今天依然屹立。其中三幢建築物，見證了烙印在黃霑身上的香港歷史。

三、政治深水埗

黃霑在深水埗定居初期，故居隔鄰有一片山坡，坡上一群木屋有超過 5 萬人居住。1953 年聖誕夜，坡上木屋發生大火，13 歲的黃霑站在家中露台，看見木屋區在一夜間被大火夷為平地。後頁黃霑故居附近 1950 年代的歷史地圖中呈 H 型的樓宇範圍，便是當年的災場。

我當時住在青山道大埔道交界，白田村口，親眼見過石峽尾大

火，整座山也燒光了，我們家人也要搬去香港暫避，爸爸守着屋。大火後，又見到六層大廈在那一帶興建。[13]

在災場上興建的石硤尾邨，經歷數次重建，現今只得美荷樓碩果僅存。香港第一代徙置大廈與黃霑故居相距僅百米之遙。黃霑在故居與美荷樓對望十多年，香港房屋變遷與黃霑個人成長的兩段歷史亦在此重疊。

黃霑故居附近 1950 年代的歷史地圖 [14]

圖片提供：吳俊雄

這場火災對黃霑有着雙重意義。少年的他，目睹災情，萬分震慄。他看到滿目瘡痍的災場在十個月後浴火重生，迅速變成徙置大廈。黃霑少年時常聽到父親說殖民政府不可靠，但他亦親眼目睹政府極速安置大量流離失所的災民，有效地應對災情。徙置大廈雖然單位面積細小，並且只有公用廁所和廚房，但在難民人口暴升的香港，的確為不少人提供了暫時的容身之所。黃霑跟美荷樓日夕相對，很早就親身體會到甚麼叫做「社會重建」，對於在殖民管治下的「歡笑」與「唏噓」，有迂迴的感受。

美荷樓對出不遠處是嘉頓麵包廠，1956 年黃霑在故居眺望，目睹雙十暴動期間在麵包廠門前發生的事故。在 1950 年代的香港，每年雙十，社會上政治對立的氣氛熾熱，不少地區旗海飄揚，黃霑家中同樣風雨不改掛滿青天白日滿地紅旗：

> 在這期間，家中每年都有在雙十懸旗的習慣……家中周圍的徙置大廈，也是一片「青天白日滿地紅」的旗海。其中有大至連跨三四層樓的巨旗，和霓虹管製成的雙十巨字。[15]

1956 年雙十前後的騷動衝着國共力量在港的矛盾，由在公共屋邨掛青天白日滿地紅旗的糾紛觸發，再引來連串暴力事件。衝突結果帶來近 60 人死、443 傷，成為香港史上死亡人數最多的一次騷動。事後港英政府出版了厚厚的一份報告書，其中附有彩色地圖，顯示由李鄭屋邨到油麻地之間各種火燒、劫掠和射擊的事件，頻率之高，範圍之廣，叫人側目。[16]

當年黃霑 15 歲，10 月 11 日他站在故居露台，看見嘉頓附近，桂林街與大埔道交界有一輛的士被暴徒推翻，瑞士副領事夫人及其他相關人員被人由的士拉出來追打，並放火燒車，結果副領事夫人慘死。

當時我住在深水埗，真的在獅子山下。我目睹幾次暴動，很可怕，我看着暴徒燒車、燒嘉頓，看着他們如何從的士將瑞士領事夫婦拉出來，後來領事夫人被他們追打致死。[17]

這場因為懸掛青天白日滿地紅旗引發的悲劇，黃霑感受深刻。1996年末，他在無綫電視《香港傳奇》節目中，以一市民黃湛森身份重新講述這件事，說起來七情上面，猶有餘悸。[18]暴動帶來的撕裂，對他以後寫的歌（包括《獅子山下》）和對香港的看法，影響至深。[19]

當然，即使在最動盪的時刻，年輕一輩還需繼續裝備自己，好好讀書。嘉頓麵包廠對面是德貞女子中學，黃霑來港首兩年在其附屬小學就讀，開展了他跟香港教會學校的因緣。

黃霑在廣州時期，一直入讀教會學校；來港後入讀的德貞附小，亦是教會開辦的，本為女校，但也收男生。黃霑在一群「姐姐」中拍畢業照，照片右上方學校門前的牌匾，寫有「德貞平民夜校」；「平民」兩字，可圈可點。教會辦學有自家風格：崇尚自由、有教無類、關顧弱小；在黃霑成長的時代，曾經協助香港移風易俗。

戰後香港，亟待重建。《1956年香港政府年報》以「人眾之患」（a problem of people）為年度回顧的標題。[20]文章解釋當時港府面對的困境：1956年香港人口超過250萬人，是1945年香港重光時的四倍有多。政府要處理各種因為人口激增而帶來的災難，同時要為災民籌謀短期避險和長遠安居之所。危難過後，更大的挑戰是如何讓眾多平民讀書識字，學懂手藝和處世的道理，長大後成為一個對社會有貢獻的人。因此房屋和教育，理所當然成為戰後殖民管治的兩大重點。黃霑在深水埗見過港英政府應對「人眾之患」的兩個先頭部隊，石硤尾屋邨是其一，德貞是其二。

德貞關顧平民的教育方針，並非獨創。1950年代開始，政府推

黃霑（前排右三）在 1950 年攝於寶血會德貞女子中學附屬小學門前
圖片提供：吳俊雄

行教育改革，期間強化了教會學校的角色。稍後我們談到窩打老道以東的喇沙書院，便可以更清楚看到這個時期的教會辦學，如何在黃霑的身上留下烙印，形成了他以後在獅子山下生活的重要養分。

　　綜合以上觀察，少年黃霑在香港落戶，每天跟他打照面的其實是一個今天很難想像的「政治深水埗」。十來歲的黃霑體會到貧窮和漂泊造成的天災人禍，目睹糾結多年之政治對立帶來的殘酷撕裂，了解到殖民管治要應付即時危機和理性籌劃未來的挑戰，亦親身體會了教會辦學帶來的民智開放。種種體會，如今仍是由在他故居對面屹立的數幢建築物，默默承載。

四、娛樂深水埗

對於黃霑，深水埗不單有政治的烽煙，還有茶樓、地攤、照相館、廣播電台、巴士總站、平民書店和中外電影院。回看這個「娛樂深水埗」，可能就是少年黃霑成長時期最親密的夥伴。

說來奇怪，黃霑對「娛樂深水埗」以至香港大眾娛樂的記憶，始自德貞小學附近的寶血醫院。黃霑完成德貞小學課程後，在何文田的喇沙書院升讀中學，很快便愛上了音樂，開始跟梁日昭老師學習口琴，並常跟雙親說他希望將來以音樂為職志。父母親為人傳統，一直望子成龍，對兒子的願望不以為然，每次聽到黃霑練琴都有很大反應：

> 那時候學吹口琴，家人非常反對，認為我不務正業。我還住在深水埗大埔道，斜對面是寶血醫院。那時候醫院兼營殯儀，人死後便在那兒出殯，(19) 50 年代並沒有殯儀館。先父常罵我，你學音樂吧！將來屬害了！三塊錢一天去打鼓吧！每逢有出殯便這樣罵我。連累梁日昭先生，他打電話來我家找我去錄音，媽媽接到電話便罵梁老師：你幹甚麼整天找我兒子？他不用唸書嗎？整天拉他去播音！播甚麼音！吹甚麼口琴？真的這樣罵他，真冤枉。[21]

日後黃霑看見寶血醫院，總想起梁日昭。梁是廣東人，戰前居上海時參加上海華夏口琴學會，後在電台播音及表演。1947 年隨移民大潮來港，之後五十多年一直在港教授口琴，不論學校課室、空中電台、婦女中心，逢請必到，保守估計他教過的學生大概有 20 萬名，是名副其實的香港大眾音樂開山師祖。黃霑跟他學懂吹口琴，更從他身上學習各種做人的道理。梁老師親近貧窮學子，反對將音樂放上殿堂，他堅持音樂大眾化、大眾化音樂的口訣，黃霑一生銘

梁日昭（中）、黃霑（後排左二）及口琴隊隊友，攝於 1950 年代。
圖片提供：吳俊雄

記在心。[22]

　　梁日昭的故居在青山道 100 號，距黃霑家僅數分鐘的路程。他們不單是喇沙書院裏的師友，也是深水埗的街坊。老師的家同時是「友聲口琴會」的會址，黃霑有機會便竄上會址，跟隊友交流練習，不久就練成具職業水準的琴藝。很快少年黃霑跟梁日昭老師到片場、錄音室、電台吹口琴伴奏，做電影配樂，年紀輕輕便提早出道，並遇上不少美女（包括李香蘭、林鳳、丁瑩），也遇上大量由上海南來的音樂和電影人，因此而加入了戰後香港由南北藝人一同建構的大眾娛樂大家庭。

　　黃霑家附近不只有梁日昭，還有紅線女。由梁的故居往西走兩條街，便可在青山道與東京街交界看見宇宙商場，此商場前身是新舞台戲院。1953 年 2 月，新舞台戲院開幕，跟香港同期啟業的兩大戲院──樂宮和璇宮，同樣令人矚目。它有超過 1,500 個座位，開幕廣告標榜戲院為「香港建埠以來第一間機械化戲院」，和「粵劇有

史以來第一間科學化舞台」。[23] 開幕初期，重頭節目包括「真善美劇團」演出的《蝴蝶夫人》。該劇團由馬師曾和紅線女創辦，二人是50年代初期香港粵劇現代化的台柱，銳意改良傳統粵劇藝術，嘗試在劇本、演出、唱功、舞台佈置和綵排制度各方面，大膽革新。《蝴蝶夫人》是劇團第一套劇作，由意大利歌劇改編，演出前大量搜集資料，紅線女還親自到日本觀察學習。《蝴蝶夫人》在新舞台戲院公演時，更運用了電影投影技術，加強舞台演出的感染力。[24]

13歲的黃霑在新舞台戲院觀看《蝴蝶夫人》，對面貌全新的粵劇演出嘆為觀止；對紅線女的音容和表演，更是一見難忘：

> 開始迷紅線女的時候，我還不過是十二三歲的小伙子。當時為甚麼會迷她，自己也弄不懂。而老實說，花六毛錢的票價，難道還看得清楚女主角的臉嗎？但是只看她的身段，只聽見她的聲音，就已經神魂顛倒了。[25]

1980年代末，黃霑跟年少時的偶像紅線女再續前緣，一同埋首古曲，逐字逐句，重撰新聲，化成精心演錄的《四大美人》唱片集，那是後話。

黃霑不止鍾情粵劇，他經常流連忘返的演藝地標，也不止新舞台。在上世紀50年代，香港人口相對年輕，有工作能力，對消費娛樂需求甚大。在那十年間，本地戲院上映的中外電影，每年平均超過五百部。深水埗當時是全港人口最集中的地區之一，高峰期有16家戲院。黃霑故居附近，規模較大的戲院，除了新舞台之外，還有北河、黃金和皇宮。[26] 這些戲院播放的電影種類繁多，今天來看依然叫人驚訝。例如1953年11月17日，《蝴蝶夫人》在新舞台公演的第二天，北河放映李麗華的國語電影《碧雲天》，皇宮推出張瑛的粵語片《梁天來》，而跟深水埗接壤的東樂有非凡响劇團公演粵劇，鄰

近的百老匯則緊接推出周璇的國語電影《彩虹曲》。同日九龍區其他戲院，分別有黃霑自小垂涎的瑪麗蓮夢露所主演的西片《飛瀑慾潮》，及由黃霑稱為老畢的畢蘭加士打主演的《紅粉忠魂未了情》。[27]

那些年，黃霑在銀幕上遇上石燕子、薛覺先和秦小梨等本土名伶，還有彼德烏斯汀洛夫、差利卓別靈、英格烈褒曼等荷里活明星，對光影顏色和人類體態有不能磨滅的體會。因為這些體會，黃霑自幼鍾情演戲，經常在家中就地取材，用木櫈、地拖來扮鬼扮馬。中四時他第一次上台演劇，入到大學後，繼續穿越今古，搖頭擺腦，娛人娛己。

在看戲和演戲之間，黃霑經常流連大街小巷，貼近民間，盡吸深水埗的樸素、平實和生氣。

> 從前香港暴動，幾次和深水埗扯上關係。但平日，深水埗是可愛的，馴善而保守。彷彿是個半生勞碌的苦力，偶然發完一陣子牛脾氣之後，又再刻苦耐勞起來。[28]

五、文化深水埗

深水埗有平民，也有宗師。

由黃霑故居沿着桂林街向南走十分鐘至醫局街交界，有一座豪宅，該地前身是新亞書院。現今豪宅門前樹立了新亞校訓「誠明」兩字，及由黃友棣作曲、錢穆寫詞的新亞校歌，提醒着我們，深水埗曾經存在的文化。

1949 年，學人錢穆、唐君毅流亡到港，在深水埗定居，與張丕介等創辦亞洲文商學院，翌年改名新亞書院，校址設於桂林街 61 至 65 號一幢唐樓。學校宗旨為承續中國傳統文化，結合現代學術，發

揚人民主義。[29] 在 1956 年遷校之前，在深水埗校舍教育了不少來自調景嶺的貧苦學生，並定期舉辦文化講座，講題多元深邃，由中國史學之精神，講到西方的詩學，對比佛教與基督教，並探究柏拉圖、康德、朱子的思想。[30]

新亞書院校址對面有天后廟（至今仍在），新亞哲人應該從未入內參拜。[31] 據説葉問曾在此廟短住，留下另一種宗師的足跡。戰後大群武師來港，部分曾在深水埗天后廟一帶的大南街、醫局街等地出入，並設館授徒，見證了深水埗街頭哲人與武師互相碰撞的複雜身世。黃霑自己不會知道，但他少年時候走過桂林街，很可能曾經與不少大師相遇。今天如果有人要拍一套電影《黃霑傳》，其中一個亮點，當有葉問、錢穆、唐君毅和少年黃霑，在深水埗擦肩而過的慢鏡頭畫面。

上述畫面純屬筆者虛構，但黃霑對新亞書院將傳統結合現代，以學術推動文化思想的作風，肯定感受至深。他自幼喜歡讀書寫字，書房中留下不少他在 50、60 年代看過的書，由中國古籍、電影劇本到西洋偵探小説，包羅萬有；當中不少為新亞學者的著作，包括他在香港大學修讀中文系時，在課堂上遇見的老師，如牟宗三、饒宗頤和羅香林的作品。

少年黃霑也從另一處地方——喇沙書院——領略到新亞書院所提倡的人民主義精神。在此，我們的行程離開深水埗，回到窩打老道，再往東走向何文田。

1951 年黃霑在德貞附小畢業，入讀喇沙書院，曾有數年在巴富街的喇沙書院臨時校舍寄宿。黃霑入讀喇沙那年，港府開始落實《菲沙報告》倡議的教育改革，其中包括擴充教會辦學，務求在教會學校讀「番書」的學生，能夠接觸良好的教學風氣：注重師資、教學嚴謹、鼓勵學生讀書努力求知、態度開放。[32]

在這氛圍下，黃霑在喇沙遇上很多好老師，學會不分晝夜，緊

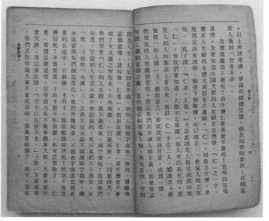

黃霑在喇沙書院用過的教科書《中華文選》。書頁上，黃霑用鉛筆寫滿密密麻麻的注解，有數頁注解幾乎比書的內容還要多。

圖片提供：吳俊雄

抱書本。他也常到位於界限街的孟氏圖書館流連。那時孟氏圖書館舉辦不少文化講座，跟當年新亞書院一樣，講座內容由自由經濟到中國文學，當中講者不少屬當代的文人巨匠。與此同時，黃霑學國畫、拯溺、田徑、口琴、西洋花劍、楊家太極，跟李小龍打架，並演出話劇，時刻示範讀書時認真讀書，遊戲時出力遊戲。[33]

　　喇沙鼓勵黃霑「搞鬼」，也要求同學「做夢」。這些夢，包括宗教信仰。黃霑在廣州讀幼稚園、小學，到香港讀德貞、喇沙，一直都是在教會學校成長。他小時候已渴望領洗成為教徒，但母親一直不允許，要到 19 歲才正式領洗，畢生尊崇天主教的教義。據校友憶述，學生會委員就職典禮當天，時任學生會主席的黃霑在禮堂演講，用英文向一眾同學宣告「我剛剛領洗，我現正充滿上主之靈」（I'm now filled with the spirit of God），然後用口琴吹奏名曲，與來賓同慶。多年來，黃霑一直感謝喇沙書院，讓他學懂慈悲恩典、有教無類、抗拒社會嚴分階梯、擁抱中西華洋混合的新世界。[34]

六、獅子山下「民」的精神

1960 年，黃湛森參加業餘歌唱比賽，但又怕輸，所以為自己改了個藝名，叫「黃霑」。結果歌手黃霑輸了，但市民熟悉的黃霑卻從此誕生。[35] 在上文我們回顧了黃霑如何由白田街的故居開始，在窩打老道兩旁遊走，親身經歷了眾多大時代和身體感知的變化。他吸入了「三個深水埗」——政治、娛樂、文化——的氣息。這些人生的養分，逐漸匯聚成為他心中某些牢固的取向。這些取向，最終在乎一個「民」字。

因為他走過的路，黃霑很早就明白自己是歷史洪流下的小人物。他是當年 80 萬個走難來到香港的人其中之一分子，他的際遇、成就和挫敗，與此不能分割。[36] 1949 年後，香港長期處於危難的陰影，平民如何在夾縫中處世，追求自己嚮往的生活，是數百萬人的日常事。香港歷史，很大程度是「民」的歷史。[37]

因為這份自覺，黃霑成年後不論學習、創作和參與社會事務，皆以「民」先行。對於黃霑，《獅子山下》其實是一首「民」歌，一首關於香港平民經歷的歌。黃霑在窩打老道兩旁的感受，滲入了《獅子山下》每一句歌詞。如今他若有機會從頭細說，一定會提醒大家一邊聽歌，一邊追劇，然後確認歌詞當中那三個「民」的面向：

民生 —— 關顧平民，拒絕社會分隔。[38]

獅子山下精神不可少的是對普羅市民的關顧。好的社會要減低分歧，抗拒不平等。「同舟共濟」不單是生存或避難的手段（例如戰勝疫情），更是一種維繫社群的道德原則，即社會的正義感。

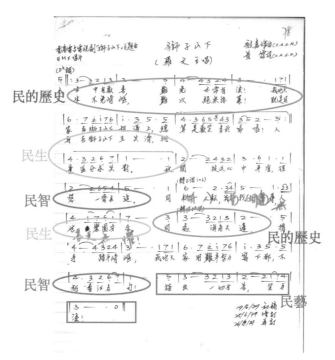

分析《獅子山下》與「民」的歷史。歌詞所寫的其實是戰後
香港「民」的歷練，是民生、民藝及民智合一的表現。
圖片提供：吳俊雄

民藝 —— 最好的廣告、電影和流行音樂創作，必定要深入民心，成為大眾的藝術。[39]

《獅子山下》託張敏儀的福，雖屬「奉旨填詞」，但一字一句，皆真情實感，為這個地方的民眾「描出一切甘苦，笑與淚」。

民智 —— 人人讀書，心胸開放，追求一個中西混集、思想不設防的世界。[40]

把歌曲與張敏儀時期的《獅子山下》並排而觀，你不可能誤會這是一個官方鼓勵平民要自我增值，為向上社會流動做準備的故事。

相反，作品跟新亞遺訓、天主教教義和《中國學生周報》一樣，擁抱一種廣義的人文精神，強調平民面對社會變遷，身處集體憂患，見盡人間有情和無情，以及對個人前境的迷惘，並對集體前途之疑慮。民眾想走出困惑，便要老實面對自己的感覺，多做「開眼」的功夫，環顧四周，尊重知識，開明議論。大家的事，大家一起面對。

結語

自 2000 年後，差不多每個生活在香港的人，心中都有一座獅子山。當中主流歌頌香港人「Can-do 精神」（編按：意指「自強不息的拼搏精神」）的故事，大家也都耳熟能詳。黃霑對《獅子山下》的感覺，比這些故事遠為複雜。他在《獅子山下》投放了真情實感，而獅子山精神的「根」，跟黃霑的情一樣，是蜿蜒曲折的香港「前歷史」。這條歷史的根，令《獅子山下》的意涵（包括歌曲和劇集）傾向眾聲多元，迂迴曲折。它講經濟成就，更多談人生，述說歷史夾縫，十字街頭，群眾互助，並思索甚麼樣的集體價值，才能幫助我們「用艱辛努力寫下那，不朽香江名句」。

步出黃霑書房，望向窩打老道，我慶幸獅子山下的精神，能夠在黃霑這個不文反斗的平民身上，留痕活現。

注　釋

1　〈獅子山下　經典重溫　第 49 集：張敏儀細説獅子山下·《投訴》〉，香港電台 Podcast One 網站，擷取自 https://podcast.rthk.hk//podcast/item.php?pid=568&eid=39771&year=2014&lang=zh-CN（瀏覽日期：2022 年 3 月 16 日）。

2　〈獅子山下　經典重溫　第 49 集：張敏儀細説獅子山下·《投訴》〉，香港電台 Podcast One 網站，擷取自 https://podcast.rthk.hk//podcast/item.php?pid=568&eid=39771&year=2014&lang=zh-CN（瀏覽日期：2022 年 3 月 16 日）。黃霑著，吳俊雄編：《黃霑書房 —— 流行音樂物語》（香港：三聯書店，2021），頁 400–401。

3　向雪懷、張璧賢主持，《真音樂》（電台節目）第 35 集（香港：香港電台），2003 年 10 月 13 及 26 日。

4　何鸞、劉夏紅：〈尋回獅子山下的精神〉，《信報》，2002 年 3 月 28 日。

5　向雪懷、張璧賢主持，《真音樂》（電台節目）第 35 集（香港：香港電台），2003 年 10 月 13 及 26 日。

6　黃霑著，吳俊雄編：《黃霑書房 —— 流行音樂物語》，頁 400–401。

7　梁款：〈獅子山下再遇上〉，載史亦書編：《獅子山下·明天會更好的昨天》（香港：次文化堂，2002），頁 105–109。

8　梁錦松：〈同舟共濟〉，同上，頁 3–4。

9　〈獅子山下　同心抗疫　MV 2.0〉，電視廣播有限公司 YouTube 頻道，擷取自 https://www.youtube.com/watch?v=TCZgtKJxTbA（瀏覽日期：2022 年 3 月 16 日）。

10　張笑容主持，《清談一點鐘》（電台節目）（香港：香港電台），2002 年 3 月 9 日。

11　黃霑著，吳俊雄編：《黃霑書房 —— 流行音樂物語》，頁 400–401。

12　黃霑著，吳俊雄編：《黃霑看黃霑》（香港：三聯書店，2021），頁 55–59。

13　何鸞、劉夏紅：〈尋回獅子山下的精神〉，《信報》，2002 年 3 月 28 日。

14　〈深水埗地圖 1950 年代〉，《香港記憶》網站〈黃霑·故事：深水埗的天空 1949–1960〉，擷取自 http://www.hkmemory.org/jameswong/text/index.php?p=home&catId=55&photoNo=15（瀏覽日期：2022 年 3 月 16 日）。

15　黃霑：〈被迫明白〉，《明報》，1983 年 6 月 15 日。

16　《九龍及荃灣暴動報告書》（香港：政府印務局，1956），頁 29–30。

17　張笑容主持，《清談一點鐘》（電台節目）（香港：香港電台），2002 年 3 月 9 日。

18　〈風雲歲月〉，《金利來特約：香港傳奇》（電視節目）第 1 集（香港：電視廣播有限公司），1996 年 8 月 14 日。

19　黃霑：〈付不起代價〉，《明報》，1988 年 12 月 9 日。

20　Mark, C. K., "The 'Problem of People': British Colonials, Cold War Powers, and the Chinese Refugees in Hong Kong, 1949–62," *Modern Asian Studies* 41, no. 6 (2007), 1145–1181.

21　〈香港口琴與音樂藝術教育 —— 香港口琴家梁日昭傳奇〉,「香港音樂備忘錄（口述史系列講座）：六位宗師的傳奇」,香港中央圖書館地下演講廳,2004 年 2 月 28 日。

22　黃霑著,吳俊雄編：《黃霑書房》,頁 216–227。

23　〈香港建埠以來第一間機械化戲院〉（新舞台戲院廣告）,《工商日報》,1953 年 2 月 16 日,頁 7。

24　〈蝴蝶夫人（節錄）（1953）〉,《香港記憶》網站〈黃霑・故事：深水埗的天空 1949–1960〉,擷取自 http://www.hkmemory.org/jameswong/text/index.php?p=home&catId=169&photoNo=0（瀏覽日期：2022 年 3 月 16 日）。

25　黃霑：〈紅線女〉,《明報》,1977 年 7 月 4 日。

26　〈1950 年代香港戲院情況〉,《香港記憶》網站〈黃霑・故事：深水埗的天空 1949–1960〉,擷取自 http://www.hkmemory.org/jameswong/text/index.php?p=home&catId=99&photoNo=0（瀏覽日期：2022 年 3 月 16 日）。

27　戲院廣告,《華僑日報》,1953 年 11 月 17 日,頁 11、14 及 15。

28　黃霑：〈探望〉,《新晚報》,1994 年 8 月 20 日。

29　吳志華：〈深水埗的哲人足迹〉,《明報》,2005 年 1 月 9 日。

30　〈孫鼎宸：新亞書院文化講座 1950 及 1953 年〉,《香港記憶》網站〈黃霑・故事：深水埗的天空 1949–1960〉,擷取自 http://www.hkmemory.org/jameswong/text/index.php?p=home&catId=416&photoNo=0（瀏覽日期：2022 年 3 月 16 日）。

31　吳志華：〈深水埗的哲人足迹〉,《明報》,2005 年 1 月 9 日。

32　區志堅、彭淑敏、蔡思行：《改變香港歷史的六十篇文獻》（香港：中華書局,2011）,頁 212–214。

33　黃霑著,吳俊雄編：《黃霑看黃霑》,頁 88–109。

34　趙榮德：〈那些年,在喇沙就讀的雪泥鴻爪〉,《明報周刊》,2022 年 2 月 26 日。

35　黃霑著,吳俊雄編：《黃霑看黃霑》,頁 134–141。

36　黃霑：〈前言〉,載《黃霑雜談》（香港：博益,1983）。

37　梁款：〈黃霑・故事 — 出發點〉,《香港記憶》網站〈黃霑・故事：深水埗的天空 1949–1960〉,擷取自 http://www.hkmemory.org/jameswong/text/index.php?p=home（瀏覽日期：2022 年 3 月 16 日）。

38　黃霑跟美荷樓對望十多年,未成年時已跟梁日昭、梁樂音等音樂大師,參加濟貧慈善演出,見〈林鳳與黃湛森等在濟貧義唱大會,攝於灣仔麗的呼聲大廈 1959 年〉之照片,《香港記憶》網站〈黃霑・故事：深水埗的天空 1949–1960〉,擷取自 http://www.hkmemory.org/jameswong/text/index.php?p=home&catId=35&photoNo=28（瀏覽日期：2022 年 3 月 16 日）。

39　黃霑最喜歡的音樂是民歌。因為它簡單動聽，直入人心，有如天籟。古詩、元曲、清詩、童謠、聖誕歌是民歌的變奏。現代流行音樂直抒胸臆，動人以情，跟古代民歌殊途同歸，其實是 20 世紀的真民歌。流行娛樂名副其實是大眾文化。參黃霑著，吳俊雄編：《黃霑與港式流行》（香港：三聯書店，2021），頁 77-93。

40　黃霑最膾炙人口的「打開民智」之作，是 1973 年在《明報周刊》開始連載的〈不文集〉。他自覺自己成長時性知識貧乏，性慾壓抑，罪疚感隨身。長大後，受西洋風吹襲，立志要為自己和整個道統鬆綁。開明的社會，應該將人生大小事情，包括性、藝術和政治，放在陽光底下，任人議論。參黃霑著，吳俊雄編：《黃霑看黃霑》，頁 344-363。

火燒旺地：
浴火重生與土地供應

蔡利民

前言

　　位於窩打老道 42 號的油麻地消防局，扼守窩打老道與彌敦道交界處，為人口稠密的油尖旺區提供消防和緊急救援服務；作為一所現代化的公共設施，其功能和設備皆需與時並進，故現役的消防局不太可能是歷史建築。今天仍然保存的具過百年歷史的消防局，除了位於歌賦山里的山頂消防局，[1] 便只有建於 1920 年的前九龍消防局（包括主樓及宿舍），該消防局由於毗鄰前九廣鐵路尖沙咀火車總站，故又名「火車站消防局」。這所用紅磚建成，樓高只有兩層的舊消防局，與今天雙座式、每座樓高十層的油麻地消防局，規模上不可同日而語。

　　香港早期的消防局退役後，不是被拆卸就是被大幅改建，無復舊貌。位於德輔道中、1926 年落成的前中央消防總局，屬愛德華時代古典復興式建築，[2] 以麻石和紅磚建造，外形古樸美觀，曾是當時滅火隊（The Fire Brigade）的總部所在，可惜在 1982 年底遭拆卸，

前九龍消防局
圖片提供：蔡利民

變成今天 25 層高的恒生銀行總行大廈。香港開埠以來，火災不斷，曾經擔綱滅火重任的各間古老消防局，已成歷史陳跡；但曾經發生過的大火，卻一一銘刻在歷史之中，永不磨滅。

　　大火除了帶來人命和財產的損失外，從某種角度看，無疑也帶來了土地，以及隨之而來的重建和發展。本文將重溫香港一個半世紀以來的三場都市大火，檢視直接或間接由此促成的產物 —— 土地供應。

　　中國古代哲學中有五行之説，主張火能焚木，木焚而成灰燼，灰即土，故曰：火生土。

一、今昔之土地供應問題

土地問題於香港開埠以來一直存在。香港島上影響最大，又最為人樂道的一次開闢土地工程，當數亞美尼亞裔商人吉席·保羅·遮打（Catchick Paul Chater）在 19 世紀末推動的中環填海計劃。該項工程於 1900 年左右完成後，為港島增添了 24 公頃的土地，除了大大改變了中環的面貌外，這片全新的土地更成為城中的黃金地段，香港會、最高法院及皇后像廣場，均選址在這片新土地上興建。[3]

至 2022 年 1 月，香港填海造地面積總計達 77.61 平方公里（7,761 公頃）。[4] 百年彈指過，但土地問題，於今尤烈，有時化身為「房屋問題」、「可持續發展問題」，歸根究柢還是土地問題。政府在 2016 年底提出《香港 2030+：跨越 2030 年的規劃遠景與策略》[5] 綱領，指出本港長遠欠缺 1,200 公頃的土地。

一公頃（hectare）到底是個怎樣的概念？一公頃相等於 10,000 平方米（square meters），大約是一個標準足球場的大小。換言之，直到 2046 年，根據政府的估算，只要在原有的土地開發計劃內，再額外找到 1,200 個標準足球場的土地，香港的土地供應問題便可以徹底解決。在香港的地圖上可以看到，1,200 公頃剛好相等於船灣淡水湖的湖面面積，因此有人建議填平船灣淡水湖，[6] 所得之地即可令土地供應量達標。

一般的土地供應選項，不外乎是移山填海、市區重建、發展棕地或新發展區、利用私人的新界農地儲備等，方法林林總總，還有比較激進的辦法是發展遭山火焚毀的山野林地。2008 年發生屯門菠蘿山元旦「長命三級山火」，焚燒兩日始被撲熄，山火令 350 公頃林木變成焦土。[7] 另一宗發生在 1986 年的長命山火波及範圍更廣，起火地點為荃灣菠蘿壩，焚燒兩晝一夜始被救熄，逾 900 公頃植林區變

成焦土，當局臨時關閉附近數個郊野公園，而其餘仍然開放的郊野公園則不准生火燒烤。[8]

香港每年都會發生大大小小的山火，單是剛才提及的兩宗大型山火，屈指一算，受災面積已超過 1,200 公頃，這個數字已經達到《香港 2030+》估算的目標。可是，「山火造地」並不是可行的選項，因為法例規定，郊野公園範圍內的土地，是不容許新發展工程的。所謂發展工程，包括「在任何土地之內、其上、其上空或其下進行建築、工程、採礦或其他同類作業，或對任何建築物或其他土地的用途作出重大改變」。[9]同樣地，船灣淡水湖是船灣郊野公園的一部分，要填平淡水湖或改變其用途當然受到法例限制。

然而，郊野公園以外的土地，又當作別論。物換星移，假若置身於香港開埠初期的話，情況就變得更加難以想像了。

二、開埠初期的大火

當英國人在 1841 年佔領香港後，軍隊分別在西角（今石塘咀）及東角（今銅鑼灣）紮營。一年後，政府正式以英國女皇維多利亞的名字「Victoria」為城市命名，[10]不旋踵，軍部派遣愛秩序少校（Major Edward Aldrich）來港擔任皇家工兵團指揮官（Commanding Royal Engineer，任期 1843–1847），負責規劃香港的基建藍圖。愛秩序與手下工兵團四出進行考察和測量，然後向倫敦殖民地部報告，[11]建議以今日金鐘為軍事基地，但當時的總督砵甸乍（Henry Pottinger，任期 1843–1844）認為報告沒有考慮到香港長遠的商業發展，金鐘這些地段極為珍貴，用作軍事基地十分浪費，因此並不贊同愛秩序的建議。砵甸乍有自己的看法，並委任了工程師亞歷山大·哥頓（Alexander T. Gordon）為田土廳廳長兼量地官及道路監督（Land

Officer, Surveyor and Inspector of Roads，任期 1843–1845），[12] 負責規劃城市的發展。

哥頓於 1843 年擬定首份維多利亞城的發展藍圖，[13] 以同期歐洲城市的規模為藍本，興建城市公共設施及政府建築（例如海員醫院 [Seamen's Hospital]），發展中環半山及金鐘一帶。他主張重要的政府機關要圍繞總督官邸而建，官邸前面興建聖約翰座堂，官邸以南興建法院，形成政府山（Government Hill）；政府山以東一片山坡原為英軍營地（Cantonment Hill，今香港公園），屬軍部管轄，然而英軍營地的周邊及臨海地帶，毫無疑問具有非常高的發展價值。

這時候，皇后大道以南至堅道及般咸道、東自城皇街至西面東邊街一帶，主要為華人住宅區（即太平山區，因位於太平山的山腰而得名），中環威靈頓街一帶為上市場（Upper Bazaar），上環海旁一帶為下市場（Lower Bazaar）。自中環至金鐘、上環下市場至西環海岸為軍營，灣仔摩利臣山至中環沿海一帶則仍未發展，只有零星的商貿活動。

繼砵甸乍之後，第二任總督是戴維斯（John Francis Davis，任期 1844–1848）。此時，倫敦殖民地部採納了愛秩序少校的建議，決定在金鐘建立軍事基地。戴維斯對愛秩序十分信任，下令香港所有建築物都要讓他審批。[14] 愛秩序更幫助量地處作義務顧問的工作，[15] 還訂立了為每項工程制訂預算、合約及招標的制度，因此大大小小的營房、總督官邸、聖約翰座堂等都經他手筆，美利樓（Murray House，當時為 Officers' Quarter）就是愛秩序的設計之一，而前英軍總司令官邸（Flagstaff House，當時為 Headquarter House，又稱旗桿屋，今茶具文物館）亦是在愛秩序監督下建造。

1. 1851 年下市場大火

今天我們要留意新聞報道，才會知道在本港某處正有火警發

生。1851 年 12 月 28 日（星期日）晚上十時，聚居在維多利亞城西面的華人都知道大火焚城，民眾不用隔天看報才知曉火災曾經發生，因為大火要不是發生在自己居住之地，就是離自己不遠之處，當年維多利亞城的範圍就只有這麼大，全城人口也不過 15,601 人。[16] 大火起於下市場街（Lower Bazaar Road，今蘇杭街）——上環海旁第 6、8、9、11、16 及 17 號地段，該處是數間經營匹頭、絲綢、鴉片及典押的店舖。起火近一小時後，英軍隸屬第 59 及錫蘭兵團的士官到場撲救，由於滅火水車大多無法使用，滅火成效不彰，猶幸士官們果斷地將位處下市場街東端的仁記洋行（Gibb, Livingston & Co.）旁邊的樓宇炸掉，方能阻截大火燒向中環。[17] 兩小時後，即凌晨時分，差不多整個下市場已遭焚毀，火勢仍未受到控制。

大火猛烈燃燒，此際向西掠過倫敦傳道會醫院，勢將波及整個太平山區；結果軍部決定使用炸藥炸毀一排房屋，以圖遏止火勢蔓延。可惜災難就在此刻發生，炸藥爆炸導致兩名軍官死亡及多名士兵受傷，慘烈的犧牲，換來一段死寂的隔火區。大火燒至五時半黎明前方被救熄，火場範圍達 4.5 畝（1.8 公頃），東至皇后大道中與威靈頓街交界，西至今天蘇杭街與摩利臣街接壤處，南至皇后大道中、歌賦街，北至海旁，火災導致 81 個地段上的數百間房屋被毀，除兩名英軍軍官外，最少有 60 名華人死亡。[18]

當時指揮救火救人的英軍少將乍畏（Major-General William Jervois），事後得到表揚，原來的下市場街經修整後改稱為乍畏街，以茲紀念。當年華人亦因這裏售賣來自蘇州和杭州的絲綢布匹、刺繡用品及婦女用的頭繩抽紗，而習慣稱此街為蘇杭街，政府更於 1978 年把「乍畏街」正式改名為「蘇杭街」，但今天蘇杭街的英文名稱仍然是 Jervois Street。從撲滅大火需要出動軍人和炸藥一事，可見當時十分缺乏專業的消防人員和救火設備。事實上，香港開埠

初期，滅火工作是由警察兼顧，滅火隊要到 1868 年才成立。在滅火隊未成立之前，每逢火警，惟有依靠警員、軍人及臨時召集的志願人士來進行撲救。此外，救火必需要水，而水從來都是香港島最缺乏的，到 1848 年政府只投放了微乎其微的資金用於供水，華人一直依賴供應有限的溪水和井水，政府原定 1851 年要開挖五個水井，最終只有四個竣工。[19]

總督文咸（Samuel George Bonham，又譯般咸、般含或文翰，任期 1848–1854）治下的港府，於大火後決定夷平該地。從政府內部的討論中，又重新翻出 1843 年哥頓的維城發展報告，哥頓在報告中主張清拆下市場，興建海堤以增加土地供應，[20] 八年後（1851年）下市場發生大火及其毀於一旦，竟然一一在哥頓的預料之中。共識既達，政府隨即展開香港首個具規模的填海造地工程，並依據哥頓原先的計劃，由他的前副手急庇利（Charles Cleverly，任期

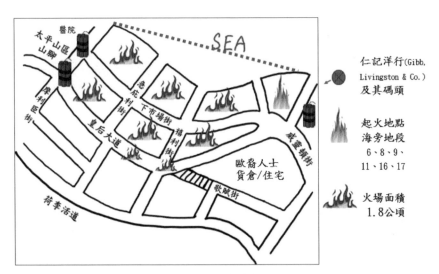

1851 年下市場大火，虛線為大火後填海的界線。
圖片提供：蔡利民

1845-1865）主持。填海的物料主要來自醫院道上的山丘，加上來自太平山區的建築廢料及災場的瓦礫，修築附設海旁路的正式海堤，新的海旁路名為文咸街（Bonham Strand，「Strand」即是濱）。香港開始了填海造地後，維港沿岸便逐漸出現以「Praya」[21]（海旁）、「Embankment」（堤）等字眼為街道冠名。

是次填海所得之土地雖然不算很多，且爾後陸續修築的海堤既零碎又不規則，[22] 卻是城市核心透過填海造地而延伸的里程碑。日後，採用移山填海的方法，成為城市拓展的楷模，因此上環下市場的這場大火，確實具有開創性的意義，[23] 它下啟政府推出的寶靈（即總督寶靈，John Bowring，任期 1854-1859）填海計劃，同樣由急庇利執行，將新海旁推進至今天的永樂街、文咸西街和高陞街，以及 19 世紀末的遮打中環海旁填海計劃，大大開拓了城市的土地資源和發展空間。

港島銅鑼灣有一街道名為歌頓道（Gordon Road），是以香港第七任警察首長哥頓（Alexander H. A. Gordon）命名，他在 1892 至 1893 年間出任警察司（Captain Superintendent of Police），在此之前曾於 1885 至 1892 年間出任域多利監獄獄長（Superintendent of Victoria Gaol），[24] 兩位「哥頓」恰巧「撞名」，而今天歌頓道的西面路口，正正是銅鑼灣消防局所在地。遺憾的是，作為香港的首位量地官，卻沒有一條街道以「哥頓」的名字命名，他的繼任人急庇利卻反而有。常言道：名字誕生於緣起，消失於無人念記。香港第一任量地官哥頓的名字，沒有成為街道名稱，今天也沒有多少人知道他的事蹟。

時至 1860 年，第二次鴉片戰爭結束後，根據中英《北京條約》所訂，清政府被迫割讓廣東新安縣的九龍半島（今界限街以南）給英國，當時割讓的面積為三平方里（777 公頃），[25] 讓香港突然多了一大片土地可供發展。不過，這片所得之地非關大火，而是來自戰火。

2. 1878 年中環大火

隨着城市經濟活動的發展，加上太平天國戰亂導致兩廣一帶的華人向南流竄，到 1867 年時，單就維多利亞城計，人口已增加至 82,194 人，[26] 是 1851 年發生下市場大火時的五倍多。華人居住的地區非常密集，房屋的建築材料多為木材、葵葉、茅草等易燃之物，加上缺乏水源，一旦火警發生，往往演變成一發不可收拾的大災難。有鑒於此，政府在 1868 年刊憲成立滅火隊，[27] 專門負責本港的滅火工作。這支隊伍擁有滅火機、滅火喉、滅火工具及其他必要設備。由此可見，成立滅火隊的初衷，是要建立一支配備齊全、有一定工作效率的隊伍。

初成立的滅火隊，是一支只有 62 名成員的隊伍，由一名監督（Superintendent of the Fire Brigade）統領，編制包括一名助理監督、六名隊長及助理隊長、54 名外籍消防員，另輔以 100 名華籍義勇消防員；在那個年代，志願人員或後備消防隊在滅火工作上，擔當了非常重要的角色。自此，滅火隊正式成為警隊轄下的部門。滅火隊第一任監督是查理士·梅理（Charles May），他曾為第一任警察司（任期 1845-1862），也是中央裁判法院的裁判司（Magistrate of the Central Magistracy，任期 1862-1879）。[28] 殖民管治早期的香港，一個人在不同時期（甚至同時期）主管警務、消防、司法及監獄機關的情況十分普遍；但亦正因為滅火隊主管和成員大部分來自警隊，一直被批評為專業不足，滅火隊要成為真正獨立自主的部門，還是遙遙無期。[29]

滅火隊成立的頭十年，香港並沒有遭遇重大火災，因此滅火隊的能力並未受到考驗。常言道火乘風勢，大火往往在大風下迅速蔓延，變得一發不可收拾。其實，單是大風已足以構成災害，而風災就是指由颱風所造成的災害。1874 年 9 月 22 及 23 日，香港受到世紀最猛烈颱風的吹襲，即著名的「甲戌風災」，造成二千多人死亡；

事後從政府各部門首長提交的災後報告可見，由西環至中環長達一里的海堤，以及東角沿岸一帶的海旁，全被破壞，顯示當時建築材料不夠牢固，無法抵禦特大風暴的來襲。[30]

政府於 1875 年提出大規模修築海旁大道，總督堅尼地（Arthur Edward Kennedy，任期 1872–1877）成立委員會，商討重建海堤並順道利用重建工程進行填海，委員會成員包括總測量官（Surveyor General）裴樂士（John M. Price，任期 1873–1889），[31] 裴樂士任內完成興建天文台（Royal Observatory Station，1883）和水警總部（Marine Police Headquarters，1884），以及香港首個避風塘——銅鑼灣避風塘（1883）。[32]

特大的火災到底還是發生了。1878 年 12 月 25 日（星期三）聖誕日晚上 11 時，中環興隆街（時稱 Endicott Lane）近皇后大道的一間店舖發生火警，北風甚猛，火勢迅速向南發展，皇后大道中西面的同文里、永安里、機利文街及卑利街已成火海，大量房屋被毀；未幾，大火將閣麟街、吉士笠街及嘉咸街完全燒掉；向南方面，部分士丹利街、威靈頓街、結志街、擺花街以至荷李活道遭到波及，煙火中夾雜着坍塌聲和震天的叫喊，街上男子背着紮腳的婦女倉皇逃命，瞬間火勢逼近中央警署、中央裁判司署及域多利監獄外的圍牆，夜空漆黑一片，大火卻將太平山和維港照得如同白晝般通明，[33] 整個火場面積達 10 英畝（4 公頃），大火焚燒 17 個小時後才被救熄，約 400 間房屋被焚，一夜間逾千人無家可歸。有別於之前發生在維城西面的大火，此次災難發生在城市的正中央，被形容為「在香港的中心燒出一個大窟窿。」[34]

災後，市民埋怨當局未有當機立斷及早將火勢包圍。市民稱滅火隊雖曾使用炸藥炸毀房屋，但數量太少及炸得太遲，故未能阻截火勢蔓延。滅火隊則辯稱已盡全力，奈何水源不足，北風向南疾吹，加上要由北向南沿山坡朝上灌救，確實有一定難度。報章在字

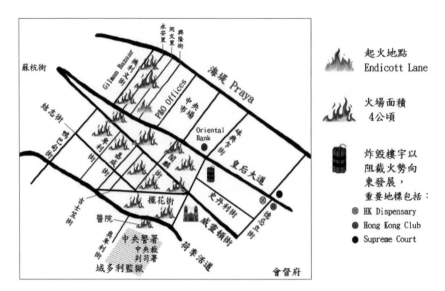

1878 年中環大火
圖片提供：蔡利民

裹行間透露了救火隊伍的指揮無度和毫無組織，雖有軍部和海軍分隊（74ᵗʰ Highlanders）協助，大火卻不知從何救起，現場一片混亂，流氓趁火打劫，洋人因聖誕夜醉酒鬧事，警察通宵達旦地拘捕了 150人；而一小隊軍人要從救火行列中抽調去守衛東藩滙理銀行（Oriental Bank），另一海軍分隊則需要前赴域多利監獄鎮守，常常有人滿之患的監獄內有近千名囚犯，此際群情激動，情況危急，亟需軍隊在場，以防萬一。[35]

　　滅火隊裝備不足和射水救火成效之低，為大眾詬病。當年食水矜貴，海水則成本低，近海邊的地區一般會抽取海水救火，其時全港有兩部從英國購買的蒸氣推動式滅火車（steam-powered fire engine），滅火車上的主吸管（main suction hose）被放進海旁吸取海水，然後隊員將接駁在滅火車上的帆布喉（canvas delivery hose）

拖曳到火場撲救。滅火車通常要停近海堤，因為主吸管愈短，水壓便愈大，方能供應足夠的海水到遠處。其中一部較大但須靠人力拉動的滅火車車身太重，無法被運送到破舊的海堤上使用，[36] 大火隨山勢燒到中半山，火場遠離海岸，加上水壓不足，最終導致灌救成效不彰，這是人口增長和城市發展之初，萬萬料想不到的一個潛在問題。

總督軒尼詩（John Pope Hennessy，任期 1877–1883）凌晨三時親臨現場視察，總測量官裴樂士陪同在側，報道指裴樂士「在大火焚燒的過程中，表現得精力充沛」，[37] 似乎無懼災後的重建工作。裴樂士主理工務司署的 16 年，是香港進行過多項公共建設工程的年代，例如於 1883 年開始在銅鑼灣填海；而更重要的是，裴樂士在該年重新啟動大潭水塘興建計劃，首期工程由 1883 至 1888 年進行，除在大潭谷上興建大型水壩外，還建造了一條長 2.2 公里的輸水隧道、一條長 5 公里的寶雲輸水道、亞賓尼谷的六個濾水池和一個配水庫。整個供水系統完成後，維多利亞城的食水供應得以大大改善，保障火災時有緊急水源可用，[38] 香港市區範圍也逐漸延伸至港島東部，推動了香港的城市發展。

「名字誕生於緣起，消失於無人念記」，就這點來說，裴樂士要比哥頓幸運，今天位於跑馬地的裴樂士道，街名總能令人聯想到人名背後的事蹟。

三、治亂難分見面初

在回顧香港初期的城市擴展之餘，兩位重要人物：愛秩序少校和量地官哥頓，很值得我們作更深入的探討，奈何有關他們的檔案資料極少，而二人交往的資料更是付之闕如。他們最少有兩年時間同

時身處香港並效力港英政府，一位是軍人，一位是文官。哥頓最初
被總督砵甸乍任命時的官銜是「田土廳廳長兼量地官及道路監督」，
直到 1844 年總督戴維斯任命愛秩序為量地處顧問（Advisor），要他
就興建街道和下水道提供意見，[39] 愛秩序此時更是「一腳踏兩船」，
涉足哥頓所負責的量地和道路監督，按道理他沒可能跟哥頓毫無交
集，甚至不相往來。

　　英軍於 1841 年 1 月 26 日在港島登陸後，英軍的工程部隊負上
開展維多利亞城早期基建的任務，在香港開埠首張測量地圖內，最
突出的是皇后大道（Queen's Road），亦即香港政府未正式為街道
命名前唯一一條由英軍軍官定名的道路。[40] 這條路自石塘咀沿皇后大
道一路往東，幾乎全是英軍的建築物，如軍營、軍部商店、軍部醫
院、海軍倉庫和船頭官（Harbour Master）辦公樓。在第一任總督
砵甸乍仍未履新、文官制度仍未建立的年代，軍人治港便宜行事是
常態，也凸顯軍人在建港初期的重要角色。

　　此時，愛秩序少校被軍部委派為皇家工兵團指揮官，負責規劃
香港的基建藍圖。他撰寫給殖民地部的報告，建議將美利軍營向東
擴展（即由現今的長江集團中心延伸至太古廣場），這無疑是從軍事
角度出發，以軍部的利益為首，軍事考量壓倒一切。

　　而作為當時的管治者，總督有更迫切的問題要面對，就是如何
增加政府收入。因此當砵甸乍於 1842 年 12 月上任香港行政官時，
看到之前政府賤賣土地，或在沒有經過拍賣程序便批地給持英籍的
申請人（包括英軍將領和有權勢的高官）等種種情況，砵甸乍立即
叫停批地政策，成立土地議會，為香港島將來的建設和規劃定下規
範。[41]

　　由此觀之，砵甸乍完全是從經濟角度出發考慮土地規劃，他於
1843 年中指令量地官哥頓提交一份城市規劃報告，並要求愛秩序考
慮該份報告，結果愛秩序拒絕就其軍事用地的計劃作出讓步。砵甸

乍指出，愛秩序的規劃是以城市的「黃金地段」作軍事發展，浪費了寶貴的土地資源。此時，有關此一地段的計劃能否被倫敦殖民地部接納，仍是未知之數，砵甸乍惟有在離職前，於香港寄出最後一封信以表明心跡：「我再次重申，本人一心只為殖民地着想 —— 即使愛秩序的計劃得以實行，我不會在此見證，所以再無人會說出不合聽的意見。」[42]

　　最終殖民地部採納了愛秩序報告的建議，決定在金鐘建立軍事基地；此時總督之位，也已由戴維斯接替。愛秩序少校的建議被接納，他事前有沒有跟哥頓交換意見？到底愛秩序有否如砵甸乍所要求去「考慮『哥頓的』報告」？我們找不到資料來證實。話雖如此，即使有否溝通無從稽考，但我們仍可以比較二人的建議，細看他們規劃的目光，以及背後的思維，從而讓人更了解他們的獨特角色和主張，如何影響香港初期以至隨後百多年的發展。

四、立場迥異再會時

　　愛秩序少校本着軍事和防衛的角度出發，提出在政府山以東一帶興建維多利亞軍營（Victoria Barracks）等軍事建築，實屬無可厚非，此際人口不過萬餘人的香港，急切需要增加軍營以容納快將抵港增補的第 98 兵團七百多名軍人；加上 1843 年 5 月爆發了香港熱病（Hong Kong Fever），大量駐守石塘咀一帶的軍人染疫，[43] 要求棄用石塘咀駐地而另覓新地方興建軍營的呼聲甚囂塵上，[44] 因此，照顧部隊的運作所需，包括興建軍人醫院及列名 21 幢軍用建築物等，成為當務之急。

　　愛秩序認為，若能擴大美利軍營一帶，使其連成一軍械、軍需及軍營的軍方專用地區，即使將港島硬分成東（灣仔以東）、西（中

區以西）兩部分，為了公眾秩序和軍事防衛的考慮，此格局不應改變。[45] 在這樣特殊的歷史時空下，愛秩序怎樣也想像不到，自己的一個主張，即把金鐘地帶規劃成軍事飛地（enclave），此後這片扼制東西兩邊之咽喉要地，有超過一個世紀，直到 1979 年，會變成了東西交通的瓶頸，將一直妨礙港島北岸的城市發展。

相反，哥頓較能從宏觀的角度來審視城市的整體規劃，經濟發展是他的主要考量，因此他的目光不只放眼維多利亞城，而是整個港島。哥頓認識到維城作為商業中心的重要性，城市要得到發展，首要是擴建道路，有 50 呎寬的皇后大道，應盡力向西及向東擴展，哥頓認為此想法跟愛秩序的軍方角度並無牴觸，因為擴展寬闊的皇后大道更有利軍隊快速東西調動。[46] 説哥頓目光遠大，是因為他除了看到皇后大道以東大有發展空間，建議興築海堤令摩利臣山和銅鑼灣發展起來外，更建議興築一環島大道（Circular Road，一譯環城大道），經黃泥涌村而抵港島南部的赤柱。廣義的環島大道，指由港島東的西灣繞至大潭，然後向西抵達石排灣，再接回維城西面，[47] 使途經的村落和地區之經濟得以發展。所謂「有人便有墟，有街便有市」，如果街道是血管，那建築物就是城市裏互連的骨肉，懂得擴展道路的重要性，哥頓看來已掌握城市發展的箇中道理。

哥頓在報告中提到黃泥涌，正正是愛秩序所忽略的一個重點。哥頓的建議極富創意，他提出興建一條由黃泥涌通出海岸的明河渠道（canal）供當地人作運輸及運貨之用，渠道兩旁興建跟渠道垂直的街道，讓空氣流通，人安其居，貨暢其流，[48] 這就是 1850 年代末發展成的寶靈頓運河（Bowrington Canal，又稱寶靈渠、鵝頸澗、鵝頸涌），流經鵝頸橋而入維多利亞港，即今天的堅拿道（Canal Road）行車天橋的所在地。較少人察看到的是，哥頓還注意到食水和排水在城市發展中所具有的重要意義，他建議的這條明河渠道，除了為當地提供交通、貿易及食水之用，其實兼有排洪及防範水浸

之能。[49] 這項建議及其後的工程，成為香港首項河流培訓專案（River Training Project）的濫觴，由哥頓監督、工務局執行的渠道興建計劃，在當年率先為港島興築了 2,440 碼[50] 的渠道，帶動了地區的發展。

最後是經費的問題。愛秩序從沒有提到興建軍營設施等的錢從何來，更沒有提及徵用土地需要作出賠償的開支，他只能做的是騰出空置的軍事設施給興建新樓之用，屬於內部調配、妥善節流而已。[51] 相反，哥頓考慮到開源方面，提出用者共同分擔和支付開發的費用，例如在批出土地時，容許業主在海岸興建倉庫、碼頭並收取上落貨費用，同時要求他們付若干百分比予政府，承擔興築海堤或道路的費用。經哥頓詳細調查和整理後，將可供發展的地段（Lot）分類羅列，分別定名為市區（Town）、海旁（Marine）、城郊（Suburban）和市場（Bazaar）四類，[52] 說哥頓是首個提出以功能來區分土地運用的人，並不為過。

所謂一朝天子一朝臣，身為砵甸乍的表弟，[53] 表哥返回英國，戴維斯繼任總督，哥頓頓失靠山，但他仍然擔任量地官一職。從殖民地部的檔案紀錄中，發現自 1844 年春季起，哥頓常因病請假，至同年 6 月更請准長達一年的休假回英國養病，[54] 期間由急庇利署任量地官一職，至 1846 年 11 月政府接納哥頓的請辭，急庇利成為第二任量地官。[55] 哥頓長期不在其位，或許解釋了他和愛秩序甚少有交集的原因。

香港對愛秩序來說是個傷心地，跟他分批到港的太太在前往香港途中病逝，自此愛秩序變得沉默寡言甚至待人冷酷，與軍中同袍每多衝突；至 1846 年時，負責興建美利軍營（Murray Barracks）及旗桿屋的華人承建商，懷疑因愛秩序單方面修改合約條款而被迫自縊，愛秩序可謂毀謗隨身。[56] 作為港口的屏障，當時港島東面設置了柴灣軍營（即日後的鯉魚門軍營），由於當時香港不論是氣候、瘧

疾、海盜及土匪，對英國士兵來說都是十分折磨，士兵普遍士氣低落、紀律不佳。愛秩序少校嚴肅地處理了這些問題，把鬧事的士兵調到鳥不生蛋的地方駐守，又准許士兵暫時離開軍營，以避免疫情擴散，大大改善了士兵的紀律。[57]

愛秩序少校於 1847 年 4 月 25 日返回英國，1854 年 12 月逝世。柴灣軍營以西（筲箕灣北面）的小港灣，便是以愛秩序的名字命名，是為愛秩序灣。

五、小港灣大火災，新填海續造地

回顧 19 世紀末的香港，經過遮打推動的中環填海計劃，中環由西至東沿岸的狹長地帶，得以向北延伸，產生了干諾道及在其上的一系列新建築物，這次填海工程創造了 24 公頃的土地。1921 至 1931 年間，政府於中環至灣仔填海，再造地 35 公頃。在人口密集的區域，有系統地策劃填海工程創造土地，成為政府擴張城市核心的重要方法。[58]

踏入 1970 年代，地下鐵還未興建之前，港島東筲箕灣一帶依然是城市的邊緣地區。在鯉魚門軍營上俯瞰阿公岩及愛秩序灣，漁船鱗集，一片浮家泛宅，戰後曾經復甦興旺的漁業，漸走下坡，一些沒有經濟能力的漁民，由於無力維修已不能出海的漁艇，遂放棄捕魚，轉為上岸打工，但上岸的漁民收入偏低，無法置業。這樣一來，漁艇就擱淺在岸邊，變成長長一列的住家艇，艇戶漸漸又加建棚屋和木屋，遠看這個小港灣的風貌，跟百年前愛秩序少校離開時所見的景象可說分別不大。

1976 年 2 月 1 日（星期日，大年初二）下午，筲箕灣愛秩序灣發生五級大火，把整個灣區的木屋、艇屋徹底燒掉。由於農曆年間

灣內泊滿漁船，連滅火輪也無法靠近協助撲救，岸邊的造船廠及工場儲存大量桐油和電油等易燃物品，不時發生爆炸；祝融肆虐，烈焰狂奔，發展成一片不受控制的火海，消防處出動了 24 輛消防車、160 名消防員，並開動三十多條消防喉撲救。[59]

　　愛秩序灣木屋區分南北二區，南區又分三段。據報首先起火的是南區第一段，有木屋居民點着火水爐後離家外出，木屋隨即着火並蔓延，不一會鄰近木屋便陷入一片火海。期間風勢兩度改變，起火時吹東風，一度燒近金華街的金華樓；未幾轉吹西風，火勢向工廠最多的第二及第三段蔓延，當猛火逼近第三段一間名為科學船廠的造船廠時，由於廠內貯有大量汽油，現場氣氛一度極為緊張。最終，烈火焚燒近三個半小時後被救熄，火場面積達 39 萬平方呎（3.6公頃）。大火燒毀五百多間木屋，令三千多人痛失家園。[60]

　　愛秩序灣大火後，政府把約 17 公頃大小的筲箕灣避風塘填

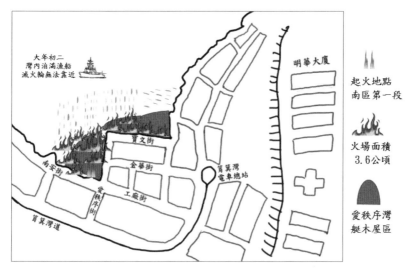

1976 年愛秩序灣大火
圖片提供：蔡利民

平，[61] 並在鄰近的西灣河沿岸進行填海，在新造的土地上興建屋邨屋苑，又興建跨海架空通道（即東區走廊），由銅鑼灣直達愛秩序灣，將港島中和港島東直接連繫起來。從三張分別於 1963 年、1985 年及 2007 年拍攝的高空照片中，可見愛秩序灣大火後的填海工程，為此區帶來了二十多公頃的新增土地以供發展，連串翻天覆地的改變，令筲箕灣變成今日的嶄新面貌。

比照 1851 年的中環下市場大火，在 125 年後發生的愛秩序灣大火，表面看似是延續「火災後填海」的模式，但細察歷史的發展，事實上愛秩序灣的填海工程在大火前業已展開，只是進度緩慢；一場大火，竟使填海所面對的種種問題得以理順，甚或意外地得到解決，事後回看，不啻是歷史上的一大巧合。

1972 年初，政府於愛秩序灣修築一條長 122 米的海堤，這個規模細小的填海工程，造出了 4.5 英畝（0.3 公頃）的土地，用作興建碼頭、海水抽水站及漁業批發市場。[62] 這個項目標誌着愛秩序灣填海計劃的正式展開，為了整頓灣內臭名遠播的船戶、艇屋和海旁木屋，改善惡劣的環境衛生，政府擬定於灣內四個地區分期進行填海，預計在 1979 年完成時，可獲得 28 公頃填海土地。[63] 由此可見，

1963年	1985年	2007年

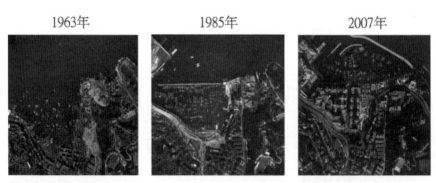

愛秩序灣填海再填海
鳴謝：航空照片版權屬於香港政府，經地政總署准許複印，版權特許編號 06/2009。

一開始，填海得地不過是副產品，能清理此一令香港蒙羞的貧民窟區，才是政府的首要目的 —— 畢竟當時在報章上，充斥着的都是「最污穢的愛秩序灣」、「木屋區毒窟」等報道。[64]

政府在開展工程前，就填海計劃對地區所造成的影響做了深入的研究，發覺要處理的事項極其繁多。[65] 受影響的各方面包括：250艘船艇，艇屋及木屋居民約 6,000 名，船廠、[66] 木廠、工廠及商業建築物達 112 間，興民街渡輪碼頭（由筲箕灣至觀塘／鯉魚門／調景嶺，每月載客量合共達 570,000 人次），避風塘內之運輸工具（俗稱「送人艇」）、海心廟、南安街巴士站等，也都需要一一妥善安排遷置。

當中又以遷置船廠一項，困難最大、影響最廣。船廠為避風塘內外，以及來自外地的船隻，提供廉價修船服務，機器廠備連船排滑道（slipway），佔用不少土地，聘用大量工人，帶動相關行業，養活眾多家庭，成為當地經濟紐帶；在覓得填海後新地段興建船廠前，亟需政府資助或提供補償，而官民之間的談判和拉鋸，無疑是個冗長的過程。另一邊廂，繼於 1972 年徙置灣內部分居民往新建成的柴灣興華邨第一期後，亦因興華邨第二期遲遲未建成，恐怕最少要多等數年。[67] 對於仍然住在灣內的居民來說，自然也沒有誘因要自行搬離，方便當局進行填海。

1976 年是農曆丙辰年，據說丙屬火而辰屬龍，故龍年應屬火龍，未料到火龍竟在大年初二便肆虐愛秩序灣。坊間有說大火是因癮君子「追龍」（點火吸食毒品）所致，[68] 亦有災民指責消防處沒有全力撲救，讓大火吞噬整個灣區的木屋，[69] 好等填海工程可以加快進行。最終消防處完成調查後，報告的結論是「大火起因無法確定」。[70] 而在大火發生九個月之後，在一份東區民政主任撰寫的報告中，則多少反映了政府對事件的解讀。對於一直為大眾所詬病，有着「可悲的生活環境」的愛秩序灣，2 月的一場大火，「就清拆而言

不啻是因禍得福」（a blessing in disguise so far as clearance work was concerned），[71] 皆因家園盡毀的居民，將更願意搬到任何可以容身的新居所。

結語

　　現代都市發展講求規劃，有專責的部門例如城規會統領其事。然而，香港在開埠初期，規劃二字實在無從説起，應付災後重建，興築海堤或填海造地等，充其量只能算是問題處理或應急對策，缺乏宏觀和長遠的考量，視事的除了總測量官外，就只有負責執行的工務局。話雖如此，凡事總有第一次，放諸香港，英人由佔領港島伊始，軍人愛秩序少校與量地官哥頓分別從各自的視界出發，對土地利用和城市發展作出種種建議和安排，雖然有其局限，但也走出影響致遠的第一步。

　　歷史中充滿不可預知的因素。城市大火，無論在甚麼時代總會發生，造成人命和財產的損失，一如《聖經‧約伯記》所言：「人生在世必遇患難，如同火星飛騰」，[72] 但往往令人意想不到的是，在特定的因緣下，城市大火跟土地供應，竟也陰差陽錯地扯上了關係。

注　釋

1　1915 年落成的山頂消防局是一幢單層瓦頂建築，現為二級歷史建築，但它最初並不是消防局，而是山頂學校，1966 年學校遷出時，消防處將之改用為消防局。此外，位於堅尼地城卑路乍街 14 號的前西區消防局，於 1923 年建成時只佔用四層高樓宇的一部分，作為堅尼地城消防局，1937 年時易名為西區消防局，現為保良局陳區碧茵頤養院。2009年，前西區消防局被評為二級歷史建築。

2　黃棣才：《圖說香港歷史建築 1920–1945》（香港：中華書局，2015），頁 130。

3　〈香港填海的歷史、現況與未來大計〉，國泰商務網站，擷取自 https://discovery.cathaypacific.com/hong-kongs-land-reclamation-past-present-future/?lang=zh-hans（瀏覽日期：2022 年 10 月 12 日）。

4　〈香港地理資料〉，香港特別行政區政府地政總署網頁，擷取自 https://www.landsd.gov.hk/tc/resources/mapping-information/hk-geographic-data.html（瀏覽日期：2022 年 10 月 12 日）。

5　〈香港 2030+ 跨越 2030 年的規劃遠景與策略　公眾參與〉，香港特別行政區政府網站，2016 年 10 月 27 日，擷取自 https://gia.info.gov.hk/general/201610/27/P2016102700744_246207_1_1477567620328.pdf（瀏覽日期：2022 年 1 月 18 日）。此數字其後在 2021 年 10 月又有大幅度修改，發展局稱估計到 2048 年，香港將欠缺 2,600 至 3,000 公頃的土地，擷取自 https://www.pland.gov.hk/pland_en/p_study/comp_s/hk2030plus/TC/strategy_a.htm（瀏覽日期：2022 年 10 月 12 日）。

6　〈港大倡填船灣淡水湖起樓〉，《晴報》，2017 年 7 月 27 日，擷取自 https://skypost.ulifestyle.com.hk/article/1866670/港大倡填船灣淡水湖起樓（瀏覽日期：2022 年 10 月 12 日）。

7　〈46 小時山火燒禿菠蘿山　生態受影響　10 年才復原〉，《蘋果日報》，2008 年 1 月 4 日。

8　〈焚燒卅五小時災難性山火終撲滅　漁護處長昨日下令　關閉部分郊野公園〉，《華僑日報》，1986 年 1 月 10 日，第一張第一頁。

9　〈香港法例第 208 章《郊野公園條例》（第三部第 10 條）〉，擷取自 https://www.elegislation.gov.hk/hk/cap208!zh-Hant-HK（瀏覽日期：2022 年 10 月 12 日）。目前全港有 24 個郊野公園，連特別地區總面積達 44,300 公頃，約佔香港四成的土地面積。

10　"Name of our Town," *The Friend of China and Hongkong Gazette*, 7 April 1842, no. 3 vol. 1, 9.

11　Memoranda with Reference to Barrack and Hospital Accommodation, 28 June 1843, CO129/2, 120–128. 愛秩序的報告正式提交給 Major-General Alexander Fraser, Lord Saltoun（Lord Commanding in China Land Force），時為駐華英軍陸軍統帥。

12　"Government Notification," *The Friend of China and Hongkong Gazette*, 5 January 1843, no. 42 vol. 1, 168.

13　Mr. Gordon Report on the Present State of the Colony, 6 July 1843, CO129/2, 138–151.

14　英軍測量官歌連臣（Lieut. Thomas Collinson，愛秩序的部屬）在寄回英國的信札中提供了佐證，信中他説：「At the instigation of the Commandg. Royal Engr. (Aldrich), he (Governor Davis) took away the site for a Church Sir Henry Pottinger had previously promised, to made a parade ground.」，26 January 1845, HKMS140–1–1。

15　Respecting Major Aldrich Declining any Remuneration for Superintending the Civil Works, 24 September 1846, CO129/17, 211–220.

16 何佩然：《城傳立新 —— 香港城市規劃發展史（1841-2015）》（香港：中華書局，2016），頁 38-39。

17 "The Fire," *The Friend of China and Hongkong Gazette*, 31 December 1851, vol. X no.105, 426.

18 Ibid., 427.

19 Ho, P. Y., *Water for a Barren Rock － 150 Years of Water Supply in Hong Kong* (Hong Kong: Commercial Press, 2001), 11.

20 *The Friend of China and Hongkong Gazette*, 1 January 1852, vol. XI no. 1, 2. 報中節錄前量地官哥頓的報告書章節（CO129/2, 145-148），極具先見之明地提出下市場必將消失、興建海堤及填海的經費從何而來、道路及海旁用地的精細規劃等各項預測，當中估計夷平近岸小山以填海，所得土地之價值將大大超越夷平山崗的代價，足見哥頓眼光獨到。

21 哥頓曾建議仿效澳門在維港北岸各處興築海堤，「praya」一詞來自葡萄牙語「praia」（海灘）。

22 Tregear, T. R. & Berry L., *The Development of Hong Kong and Kowloon as Told in Maps* (Hong Kong: Hong Kong University Press, 1959), 8.

23 何佩然：《城傳立新》，頁 20。

24 Holdsworth, M. & Munn, C., *Crime, Justice and Punishment in Colonial Hong Kong: Central Police Station, Central Magistracy and Victoria Gaol* (Hong Kong: Hong Kong University Press, 2020), 302-304.

25 The Land Resumption in the New Territories, 4 October 1926, CO129/494, 23.

26 何佩然：《城傳立新》，頁 28-39。

27 *The Hongkong Government Gazette*, 9 May 1868.

28 Holdsworth, M. & Munn, C., *Crime, Justice and Punishment in Colonial Hong Kong*, 302-304.

29 Nebbs, A., *The Great Fire of Hong Kong* (Hong Kong: Bonham Books, 2010), 110 & 114. 由 1868 年滅火隊成立，至 1941 年監督一職不再由警察首長出任為止，足足有 73 個年頭。

30 Captain Superintendent of Police to Colonial Secretary, *The Hongkong Government Gazette*, no. 161, 17 October 1874, 572.

31 CO129/170, 531-534. 自 1891 年起，總測量官改稱工務司（Director of Public Works）。

32 "Report of the Director of Public Works for the Year 1909," in *Hong Kong Administrative Report* (Hongkong: Hongkong Government, 1910), Appendix O. 香港的第二個避風塘——油麻地避風塘，則要待 32 年後的 1915 年，才得以興建和落成。

33 "Terrific Fire in Hongkong," *China Mail*, 26 December 1878, special issue; Nebbs, A., *The*

Great Fire of Hong Kong, 55.

34　Nebbs, A., *The Great Fire of Hong Kong*, 6.

35　"Terrific Fire in Hongkong," *China Mail*, 27 December 1878, 3; Nebbs, A., *The Great Fire of Hong Kong*, 64.

36　Nebbs, A., *The Great Fire of Hong Kong*, 35, 52 & 109.

37　"Terrific Fire in Hongkong," *China Mail*, 27 December 1878, 3.

38　Nebbs, A., *The Great Fire of Hong Kong*, 110.

39　Cowell, C., "Aldrich, Edward," in *Dictionary of Hong Kong Biography*, ed. M. Holdsworth and C. Munn (Hong Kong: Hong Kong University Press, 2012), 3.

40　Hong Kong Surveyed by Captain Sir E. Belcher in H.M.S. "Sulphur," 1841, RID no. MA002386, Hong Kong Public Records Office.

41　土地議會專注於道路建設的最佳位置，合法拆除任何障礙和提議可發展的土地，以應付日益增加的華人和歐洲新移民。參考 "Journal of Occurrence," *The Chinese Repository*, vol. XI from January to December 1842, Canton, 184−204，轉載自林準祥：《香港 · 開港──歷史新編》(香港：中華書局，2019)，頁 134−136。另見 Tregear, T. R. & Berry L., *The Development of Hong Kong and Kowloon as Told in Maps*, 5。

42　砵甸乍之原文：「In conclusion I repeat, that the whole matter is one in which I have but a single object — the good of the Colony. Even should Major Aldrich's plans be ordered to be carried out, I shall not, I trust, be here to see them acted on, and, therefore, no one can possibly offer a more disinterested opinion.」，見 Covering Letter, 31 July 1843, CO129/2, 250。

43　Cowell, C., "The Hong Kong Fever of 1843: Collective Trauma and the Reconfiguring of Colonial Space," *Modern Asian Studies* 47, no. 2 (2013), 334.

44　Ibid., 336 & 351−356. 作者在文章中使用的分段標題「Mammon versus military──a battle for the centre of the city」，已清楚地表明了這種經濟與軍事的二元對立思維。

45　CO129/2, 120−127.

46　Ibid., 140.

47　Ibid., 148−150.

48　Ibid., 142−143.

49　Gordon, A. T., "Mr. Gordon Report on the Present State of the Colony (Enclosure No. 3)," Sketch of Survey, 7 July 1843, CO 129/2, 96−175.

50　*Historical and Statistical Abstract of the Colony of Hong Kong 1841−1930* (Hong Kong: Noronha & Co., Government Printers, 1932), 2.

51　CO129/2, 121−122.

52　Ibid., 143, 146 & 150.

53　Cowell, C., "The Hong Kong Fever of 1843," 340.

54　Leave of Absence Granted for One Year to Surveyor General Gordon, 6 June 1844, CO129/6, 114.

55　The Resignation of Mr. Gordon and His Appointment of Mr. Cleverly as Surveyor, 24 November 1846, CO129/17, 374.

56　Cowell, C., "Aldrich, Edward," 2−3.

57　〈【港識‧地名探索】愛秩序灣究竟有多愛秩序？？〉，港識多史網站，擷取自 https://www.wetoasthk.com/【港識‧地名探索】愛秩序灣究竟有多愛秩序？/（瀏覽日期：2022 年 10 月 12 日）。

58　何佩然：《城傳立新》，頁 21。

59　〈火龍昨肆虐筲箕灣　愛秩序灣木屋盡燬　逾三千人無家可歸〉，《星島日報》，1976 年 2 月 2 日，第 16 版；〈消防人員全體出動　設臨時指揮部〉，《華僑日報》，1976 年 2 月 2 日，第三張第一頁。

60　〈龍年火神施下馬威　筲箕灣發生五級大火〉，《工商日報》，1976 年 2 月 2 日，第一頁；〈龍年以五級大火開年　愛秩序灣焚木屋五百〉，《工商晚報》，1976 年 2 月 2 日，第三頁。

61　Working Party on Dwelling Boats, 11 December 1978 − 20 June 1979, HKRS409-5-8, Hong Kong Public Records Office.

62　〈筲箕灣愛秩序灣　將進行填海工程〉，《華僑日報》，1972 年 11 月 5 日，第二張第二頁。

63　"Aldrich Bay Survey," Partial Reclamation at Aldrich Bay (To remove the boat squatters living in deplorable condition), 10 July 1971−13 May 1975, HKRS1443-2-10, Hong Kong Public Records Office.

64　〈最污穢的愛秩序灣　居民盼望徙置〉，*Star Hong Kong* (Chinese edition)，1972 年 2 月 20 日；〈木屋區毒窟　如秘密機關〉，《星島日報》，1972 年 12 月 25 日；"Aldrich Bay a Disgrace," *Star Hong Kong*, 22 February 1972；"Aldrich Bay Squatter Area to be Reclaimed by Govt," *South China Morning Post*, 3 June 1972。

65　"Aldrich Bay Survey," HKRS1443-2-10.

66　例如位於西海旁街 11 號的「合利興」便有超過 60 年歷史，船廠佔地 17,000 平方呎，有四條船排滑道；隔鄰 38 號的「瓊興」更有 80 年歷史，是一間佔地 4,190 平方呎的傢具廠。

67　"They'll Just Have to Wait," *Hong Kong Standard*, 19 December 1972.

68　〈道友追龍引起大火　焚屋數百災民四千〉，《新報》，1976 年 2 月 2 日。

69　〈消防員拒絕救火　消防處強烈否認〉，《華僑日報》，1976 年 2 月 4 日，第二張第一頁。

70　〈調查報告書完成　愛秩序灣大火　肇因無法確定〉，《星島日報》，1976 年 2 月 16 日。

71 "City District Officer (Eastern) to C.D.C. (Hong Kong), 15 November 1976," Reclamation at Aldrich Bay, 27 October 1976 – 4 April 1978, HKRS1443-2-12, Hong Kong Public Records Office.

72 《聖經‧約伯記》第五章 7 節。

第二部分

街角逸事

天國一條街：
窩打老道與林子豐家族

李金強

────────

前言

　　近代基督教的傳入，始於 1807 年英國倫敦傳道會傳教士馬禮遜（Robert Morrison, 1782–1834）來華宣教。由於清廷禁教，歐美傳教士只得在澳門、馬六甲、巴達維亞（即今雅加達）及曼谷四地作為傳教基地，等待入華宣教。直至鴉片戰爭（1839–1842）後，清廷割讓香港及開五口通商，歐美傳教士遂得以進入香港設教，並以此為跳板，進入中華大地宣教，香港基督教由是發軔。[1] 其中浸信會、聖公會、公理會、倫敦傳道會、信義宗三巴會（巴色、巴冕、巴陵）、循道會，相繼在港開基，建立教會，開設學校、醫院。其初分佈於中、上環及西環一帶，及至 19、20 世紀之交，隨着辛亥革命後，國內華人南移，加速九龍半島的油麻地、尖沙咀、紅磡、九龍城等地發展。[2] 隨着天星小輪（1898）、油蔴地小輪（1924）相繼啟航，港九日漸一體化，港島各宗派的宣教足跡亦漸及九龍，紛紛建立教會。[3] 及至中國內戰（1945–1949），大量國內難民流落香港；

歐美傳教士亦因韓戰（1950-1953）撤出內地，群集香港，遂開展其宣教事工，港、九、新界各區教會由是日增。[4] 而位居九龍半島的窩打老道，於 1949 年前後，基督教及天主教會，紛紛至此一貫通自西向北之通衢大道，陸續建立教堂及其設施，得見十架沿街而矗，堪稱為「天國一條街」。

一、窩打老道的教會及其設施

就香港教會發展而言，早期乃由歐美差會傳教士來港開教，及至 20 世紀上半葉，由於中國教會自立運動興起，教會漸由華人自治、自養、自傳，以至自行建立教會。[5] 香港亦不例外，其時各教會除教牧、傳道努力宣教外，尚須注意為各教會更有信徒出錢出力，尤以出身商人之信徒最為突出，以其奉獻最多，造福教會。商人信徒因能掌握新式工商業「技術」而獲利致富，故能奉獻不輟，促成香港教會得以建堂宣教及籌辦社會事業，使戰後香港的教會與社會，獲得長足發展。[6] 以香港浸信會為例，其發展有賴出身香山商人之王廣昌（1849-1915）、王國璇（1888-1974）父子、南北行潮商林子豐（1892-1971）等信徒，奉獻錢財，促使浸信會於宣教、教育、醫療、出版、慈惠，均獲成績。[7] 而窩打老道之中華基督教青年會九龍會所、培正中、小學、浸會大學及醫院的建立，皆與林子豐及其家人具有密切關係，此即本文以林子豐家族為個案之因由。

窩打老道一稱，乃源自「Waterloo」之中譯。Water 為水，Loo 為森林，意即水源充足的森林。此字音譯為「滑鐵盧」，乃因 1815 年英國威靈頓公爵（Duke of Wellington, 1769-1852）領導英普聯軍，大敗法國拿破崙（Napoléon Bonaparte, 1769-1821）於比利時布魯塞附近之滑鐵盧而著稱。英治時期，以此命名該路，然卻以粵

香港浸會學院首任校長林子豐博士
鳴謝：香港浸會大學

音轉譯為「窩打老」。窩打老道始建於 1906 年，乃因港府削平京士柏山坡，興建廣華醫院而起；及至油麻地避風塘建成，向西伸延至渡船街。隨着九龍塘開發，遂將該路向北延至九龍塘，以至獅子山隧道。窩打老道遂成為由西轉北，蜿蜒曲折之主幹大道，[8] 故窩打老道為一貫通九龍與新界之重要幹線，全長 4.4 公里。西起油麻地渡船街，經南北向之彌敦道，向東轉北蜿蜒而行，出現三個上建天橋之交匯點。其一至亞皆老街及公主道三路交匯；其二，再北行至太子道、界限街又見三路交匯；其三，再北上至聯合道、歌和老街再現三路交匯。三處交匯點，其上均建有天橋，疏通南北車流。至此遂與獅子山隧道口相接，直達新界。

　　窩打老道沿途兩旁，則遍佈基督教、天主教之教堂、學校及社福機構。其間兩大宗教相關設施之分佈，約略可劃分為南、北兩段。南段由窩打老道與彌敦道交界始，至亞皆老街、公主道交匯點而止，其上為公主道天橋。北段起自與太子道、界限街交匯點，其上為窩打老道天橋，經第三交匯點，至獅子山隧道口而止。[9] 南、北兩段，十架處處，福臨窩打老道，殊堪注意。

　　現將南、北兩段之教會及其設施，列述如下。

① 香港中華基督教青年會九龍會所及城景國際
（窩打老道 23 號）
② 基督教香港信義會真理堂、信義樓及信義中學
（窩打老道 50 號、50 號 A 及 52 號）
③ 循道衛理聯合教會安素堂及檔震社會服務處（窩打老道 54 號）
④ 真光女書院（窩打老道 54 號 A）
⑤ 九龍華仁書院及聖依納爵小堂（窩打老道 56 號）
⑥ 港九五旬節會聖潔堂（窩打老道 71 號）
⑦ 基督教會聖徒聚會所（窩打老道 71 號 A 四樓）
⑧ 香港培正中、小學及培正道浸信會
（窩打老道 80 號、培正道 20 號）
⑨ 中國基督教播道會窩打老道山福音堂（窩打老道 84 號）
⑩ 瑪利諾修院學校（窩打老道 130 號、何東道 5 號）
⑪ 香港聖公會基樂（窩打老道 132 號）
⑫ 方濟會院（窩打老道 133 號）
⑬ 九龍塘基督教中華宣道會及九龍塘宣道小學
（窩打老道 134 號、蘭開夏道 2 號）
⑭ 基督中心堂（窩打老道 144 號）
⑮ 香港浸會大學、香港浸信會醫院、大學浸信會、區樹洪健康中心
（窩打老道 224 號、222 號及聯合道 330 號）

窩打老道基督教及天主教教會設施示意圖

圖片來源：原圖來自《袖珍香港九龍地圖》（香港：中華書局，1940），此圖曾經加工。

二、南段的教會及其設施

　　窩打老道南段兩側，首見香港中華基督教青年會九龍會所及城景國際酒店。隨之而見則為香港信義會真理堂、信義樓及信義中學；循道衛理聯合教會安素堂及楊震社會服務中心；真光女書院；九龍華仁書院及聖依納爵小堂（St. Ignatius Chapel）；港九五旬節會九龍堂；基督教聖徒聚會所；浸信會培正中、小學及培正道浸信會；播道會窩打老道山福音堂，合共 16 處教堂及教會設施，均其來有自。以下分述其建置之由來。

（1）香港中華基督教青年會九龍會所及城景國際（兩處）
（窩打老道 23 號）

　　1844 年佐治衛良（George Williams, 1821–1905）於倫敦創設青年會，傳至北美而大盛，建立北美協會，吸納城市及學校青年入會，宣揚福音，並提供住宿及社會服務，以「非以役人，乃役於人」為宗旨，加入者眾，成為一跨宗派的普世宣教組織。1895 年北美協會來華，始於天津建立青年會。1900 年於上海成立青年會總會。1901 年，由蘇森牧師（Walter J. Southam）來港創建青年會，下設西人部（European Department）及華人部（Chinese Department）。至 1908 年分立，前者發展成為今之「香港基督教青年會」（YMCA of Hong Kong），而後者則演變成「香港中華基督教青年會」（Chinese YMCA of Hong Kong）。香港中華基督教青年會於 1913 年，始建會所於必列者士街 70 號，至 1918 年改於同街 51 號建新中央會所，留傳至今。[10]

　　隨着九龍半島發展，人口日多，該會董事決定至九龍設立支會。1927 年獲政府低價賣地，得窩打老道 23 號興建九龍會所，1929 年落成。1934 年 10 月 10 日於同址相連地加建會所一座，擴

充會務，由時任會長林子豐主禮。香港淪陷及光復後，一度被徵用之九龍會所，經林子豐向政府交涉，於 1947 年獲得發還。至 1966 及 1996 年先後改建，擴展而成樓高 25 層之新會所及一國際賓館。2008 年國際賓館翻修，擴建而成今之城景國際（The Cityview）。[11] 九龍會所遂以此為基地，招收會員，宣講福音，推動體育，文化及社會慈惠服務，為香港青年及弱勢社群提供服務。[12] 而城景國際則提供酒店住宿、餐飲服務，成為本港基督教團體聚會之重要場所。

（2）基督教香港信義會真理堂、信義樓及信義中學（三處）　（窩打老道 50 號、50 號 A 及 52 號）

　　信義會乃由馬丁路德（Martin Luther, 1483–1546）於 1517 年倡導宗教改革而誕生，主張信仰本於《聖經》，信徒乃「因信稱義」而得救，此為信義會之由來。初為德國、丹麥及北歐諸國所信奉，繼而傳入北美。信義會得以來港宣教，乃由香港開埠之初港府撫華道（Chinese Secretary）郭士立（Karl F. A. Gützlaff, 1803–1851）發起所致，郭氏出身於信義會之傳教士，於公務之餘，不但在港組織福漢會，僱用「福、潮兄弟」進入內陸傳教，更呼籲德國信義會差會之三巴會——巴色會（Basel Mission）、巴冕會（Barman Mission）及巴陵會（Berlin Mission）來華宣教。前二者日後演變成香港之崇真會及禮賢會，此為歐美各國信義會來港傳教之始。[13] 此後歐美各國信義會差會相繼入華宣教，於河南、陝西、兩湖、山東先後成立教會。至 1908 年決定合一，建立全國性的信義宗教會。1920 年於河南雞公山成立中華信義會，期間又於 1913 年在湖北灄口建立信義神學院，培育牧會人才。及至內戰爆發（1945–1949），中華信義會決定將灄口信義神學院南遷香港，至沙田道風山落腳。隨着新中國建立，來港之中華信義會總監督彭福（1888–1975），決定與神學院師生及該會傳教士留港發展。至 1954 年，已建立 15 所堂會

和佈道所，並於同年 2 月 27 日成立基督教香港信義會，除宣教建堂外，更從事興辦教育及社會服務工作。[14]

　　就真理堂之建立而言，1950 年 1 月 1 日，彭福得見大批難民南下，即在尖沙咀加連威老道世界信義宗辦事處，舉行第一次主日崇拜，隨即成立信義會國語聯合禮拜堂，為該會在港首建之堂會。至 1963 年遷入窩打老道 50 號新禮拜堂聚會，易名真理堂。真理堂為英籍香港名建築師甘洛（Eric Cumine, 1905-2002）的傑作，外形由具有 11 呎高的十字架鐘樓之半腰處，延伸出教堂主體建築，右高左低。地下正面設有三道拱門，形如海浪，左邊開設道聲書局。二樓為禮堂，堂內設計形如倒轉的方舟，支撐天花板為「船底的骨格（架）」，寓意洪水與挪亞方舟的故事（見〈創世記〉6 章 13 節至 8 章 19 節）。聖壇中央懸掛金色十架，背後為一巨大梯形彩色玻璃窗，寓意雅各在伯特利夢中所見之天梯，有上帝使者上下往來（〈創世記〉28 章 10 至 22 節），可見禮堂具有反映〈創世記〉神人關係之強烈宗教感。[15] 而教堂後側 50 號 A 為信義樓，乃該會總辦事處及社會服務部所在地。山坡上 52 號則為信義中學。由此可見，窩打老道 50 及 52 號為香港信義會宣教的中樞，因而該處被譽為「福音見證的複合體」。[16]

（3）循道衛理聯合教會安素堂及楊震社會服務處（兩處）（窩打老道 54 號）

　　18 世紀英國約翰衛斯理（John Wesley, 1703-1791）及其弟查理衛斯理（Charles Wesley, 1707-1788）創立英國循道公會，其後至美國宣教，建立衛理公會。鴉片戰爭後，循道、衛理兩會先後來華傳教，開啟英美循道、衛理兩會在華之傳教事業。英國循道會於 1851 年由義務教士俾士（George Piercy, 1829-1913）來華傳教，首途至香港，後至廣州、佛山，相繼建立教會，合成循道會華南教

區。就香港而言，循道會最初只服務駐港英軍及外僑，至 1884 年，澳洲墨爾本循道會之梁安統牧師（1827-1913）於退休後來港，創設華人教會，時稱中華循道會。該會至 1936 年在黃仲凱牧師（1922-1995）主領下，推動建堂，購得灣仔軒尼詩道及莊士敦道交界處地段，興建巍峨教堂，香港循道會由此發展，日見擴展。[17]

至於美國衛理公會，於 1847 年，派遣柯林（Judson D. Collins）及懷德夫婦（Moses White）至福州宣教，從而建立美以美會（The Methodist Episcopal Mission）。1939 年，該會與監理會及美普會合一而成「中華基督教衛理公會」。及至 1949 年新中國成立，衛理公會傳教士、教牧、信徒亦相繼來港避難，並在南來黃安素會督（Ralph A. Ward, 1882-1958）領導下，分別於港九建立教會。1953 年首先於北角開基，建立衛理堂。1954 年計劃在九龍建立另一據點，使該會逃難至香港之福州及上海信徒，可於九龍聚會，並聘楊震牧師（1916-1964）主其事。開堂之初，會眾於前述之窩打老道青年會禮拜堂聚會。至 1967 年，獲政府批地窩打老道 54 號建成教堂，並開設社會服務中心，服務社群。1956 年，有感黃安素會督一生服務中國教會，教堂遂以安素為名。而 1964 年首任牧師楊震息勞歸主，為紀念楊牧之貢獻，故以其姓名命名社會服務處。[18]

自 1950 年代以降，在港之循道、衛理兩會，早已合作宣教及從事教育、慈惠事工。又因兩會本出同源，且獲英、美差會支持，至 1968 年兩會商討合一。1975 年 10 月 25 日，兩會終於宣佈合一，是為香港基督教循道衛理聯合教會的誕生。而安素堂及楊震社會服務處，亦由是冠稱香港基督教循道衛理聯合教會。[19]

（4）真光女書院（一處）
（窩打老道 54 號 A）

真光書院，原為廣州真光女子中學的成員，來港建校，分設而

成。該校乃美北長老會那夏理姑娘（Harriet N. Noyes, 1844–1924）於 1872 年至廣州沙基開辦真光神道學校，招收基督徒家庭的女兒，推動女子教育。日後收生漸多，1917 年於白鶴洞創設真光中學。至 1928 年國民政府成立，主張收回教育主權，全國教會學校均須註冊立案，立案後改稱私立真光女子中學，並轉而隸屬由長老會與倫敦傳道會、公理會合一而成之中華基督教會。1935 年始至香港堅道 26 號開辦香港真光小學。繼於 1937 年抗戰開始，白鶴洞的真光中學遷來香港，翌年於九龍福華街增設香港九龍真光分校。1941 年香港淪陷，學校遷回粵北。抗戰結束，白鶴洞真光中學復員，由馬儀英（1909–1974）任校長。而堅道的香港真光則於 1946 年復課，由何中中（1906–1979）任校長。1949 年廣州解放，馬儀英校長率白鶴洞員生南下，至九龍窩打老道 115 號，繼續辦學，1960 年遷至九龍塘真光里 1 號現址。及至 1972 年，九龍真光中學為了紀念創校 100 周年，向港府申請建立一所英文中學，此即現今位於窩打老道 54 號 A 的真光女書院，由高文蘊女士出任校長。1973 年書院正式成立，並至 2005 年擴張新翼。該校秉承真光校訓「爾乃世之光」，以德、智、體、群、美五育及靈性培養學生，成為本港的著名女校。[20]

　　上述真光中學，原由美北長老會所創立。隨着 20 世紀初期中國教會推動合一運動，該會扮演重要角色，時該會誠靜怡牧師（1881–1939）出任中華全國基督教協進會會長，與同會傳教士高伯蘭（Asher Raymond Kepler, 1879–1942）對於教會合一，主張尤力。於 1927 年促成長老會與倫敦傳道會、公理會，合組跨宗派的中華基督教會。[21] 故原屬長老會的真光中學，改屬中華基督教會至今。

（5）九龍華仁書院及聖依納爵小堂（兩處）
（窩打老道 56 號）

　　1540 年由聖依納爵・羅耀拉（St. Ignatius of Loyola, 1491–

1556）創立耶穌會（Society of Jesus），效忠教皇，矢志宣教，尤重知識傳教。於明清之交，由參與創會之沙勿略（St. Francis Xavier, 1506–1552）遠道東來，始傳中國。至利瑪竇（Matteo Ricci, 1552–1610）來華，宣教之餘，傳入西學，傾倒明季士大夫階層而大盛，促成中西文化交流，尤受史家所關注。[22] 至清代康熙、雍正時期，因禁教（1662–1735）而衰。鴉片戰爭後，該會重新來華宣教，從此落地生根。就香港而言，羅馬教廷於 1841 年以降，在港先後成立宗座監牧區、代牧區以至教區展開傳教活動，信徒日增。1926年第四任宗座代牧區恩理覺主教（Enrico Valtorta, 1883–1951）邀請愛爾蘭耶穌會士來港，設立傳道會，協助辦理教育，因耶穌會士素重教育和學術工作之故。該會來港後，傳教辦學，至 1932 年接辦信徒徐仁壽（1889–1981）所創立之香港及九龍兩所華仁書院，並將愛爾蘭耶穌會辦學的模式移殖兩校，以英語授課，運作至今。兩校成為香港著名英文中學，培養不少中英雙語華人精英，著聞香港社會。其中九龍華仁書院，於 1952 年搬遷至窩打老道 56 號新校舍，並由第 22 任港督（1947–1957）葛量洪爵士（Sir Alexander Grantham, 1899–1978）主持啟用儀式。至 1959 年，於校內設聖依納爵小堂，始行彌撒。1970 年代，由首位華人神父陳福偉（1923–1993）主持聖依納爵小堂。[23]

（6）港九五旬節會九龍堂（一處）
（窩打老道 71 號）

1907 年美國五旬節會傳教士嘉活力夫婦（A. G. Garr and Lilian Garr）來港宣教，借必列者士街美華自理會（公理堂）聚會，以說方言及聖靈施洗吸納信眾，故被視為「靈恩派」，頗受宗派教會非議。時嘉牧雖未習華語，但在其傳譯莫禮智（1868–1926）及信徒宋鼎文（1883–1958）協助下，得於香港創設教會，然而會務實由

莫、宋二人主持，並於 1910 年自立，改稱香港五旬節會，至 1937 年自置會堂於香港衛城道 11 號。1927 年計劃開設九龍支堂，得教友贈送樓宇，始設支堂於吳淞街。1938 年購得窩打老道 71 號，遂興工建設支堂會址，於 1940 年落成。港九兩堂會皆由會友奉獻而成，此該會為靈修信仰產生「熱度」而有以致之。至 1982 年再以 850 萬港元重建九龍堂，建成一座地下為銀行（滙豐銀行），二樓以上為教堂的混合大樓，巍然立於今窩打老道及梭椏道交界處，引人注目。此外，該會成立之初，已見華人信徒自治、自傳、自養，故被視為「中國五旬節派自立教會的先驅」。然九龍支堂部分會眾，一度主張脫離香港五旬節會，改名「九龍五旬節會」，卻為宋鼎文之子宋常康（1917-2018）所反對，並就堂會業權「打官司」成功，而支持成立九龍五旬節會之會友則集體離開，再以九龍五旬節會之名稱另立新會。原有之港、九兩堂如一，是為港九五旬節會九龍堂之得名。[24]

（7）基督教會聖徒聚會所（一處）
（窩打老道 71 號 A 四樓）

瑞典自由浸信會女信徒艾喜德（Asta Nilsson, 1922-2005），早年受陝西榆林宣教士費約翰牧師、師母影響，自青少年時，已經有來華宣教之感召。1946 年東來宣教，由於國共內戰，宣教目的地陝西榆林為紅軍所解放，只得於天津、內蒙一帶學習華語及宣教，至 1949 年被迫離華返國。1954 年初，得悉香港湧現難民潮，決定來港宣教，遂加入日後創立靈實醫院的司務道教士（Annie Skau Berntsen, 1911-1992），同在調景嶺難民營傳揚福音及從事救濟事工。稍後在同工傳道范銘恩帶領下，至土瓜灣參加家庭聚會，自 1956 年起於土瓜灣宣教，並成立伯大尼小學，借興學傳教，向學生及其家長宣揚福音，藉此吸納信眾，遂成立「基督教會聖徒聚會所」。初設於北帝街，尤重內地新移民及基層市民之福音工作；其後

遷至土瓜灣德信大廈，漸具教會規模。故該會乃由艾喜德及華人信徒合創的獨立教會。隨着信徒增加，以土瓜灣為母堂，向外植堂，包括禧年堂（觀塘）、素德堂（深水埗）及旺角堂，[25] 而旺角堂即位於窩打老道 71 號 A 松園大廈四樓，乃由土瓜灣母堂分出而立，但現時已脫離該會，自行發展。

（8）香港培正中、小學及培正道浸信會（三處）
（窩打老道 80 號、培正道 20 號）

美國浸信會由叔未士、叔何顯理夫婦（J. Lewis Shuck, 1812-1863、Henrietta Hall Shuck, 1817-1844）首先來華宣教，於 1842 年 7 月在皇后大道創設香港浸信會，為近代中國教會史上首開之基督教教堂。繼而轉入廣州宣教，粵、港兩地浸信會從此分途發展。就粵省浸信會而言，叔牧與同會在港宣教之羅孝全（Issachar J. Roberts, 1802-1871）至廣州開教，促成兩廣浸信會建立。[26]1889 年，廣州浸信會教友本「耶穌基督的犧牲服務精神，為中國青年而努力於教育」的宗旨，[27] 創辦培正書院。至 1928 年，南京國民政府成立，教會學校須依例立案，正名為私立廣州培正中學，由黃啟明（1887-1939）出任校長，是為培正之擴展時期。至於香港浸信會發展至 1901 年，宣告自立，教堂設於堅道，其初稱香港浸信自理會，日後改稱香港浸信教會。本港浸信會各會堂及教育社會事業皆由此會而生，故有「香港浸信會之母」的美譽。至 1933 年，該會並邀廣州培正來港設置分校，於何文田開辦，由王國璇、林子豐、譚希天參與其事，初辦小學，繼辦中學。及至抗戰，廣州淪陷，1938 年又於澳門設立分校，稍後聘林子豐為義務校長。1941 年，香港淪陷，香港培正亦告停辦。及至抗戰勝利，粵、港、澳三地培正全部復校，三校鼎立。可惜內戰爆發，廣州培正停辦，而港、澳兩校仍辦。香港分校則於 1950 年向港府立案，改稱香港培正中學，附設小

學，由林子豐出任義務校長，直至 1965 年。林氏任內，獲政府撥
地擴建校舍，逐漸形成現今校址之規模。該校辦學成績卓著，歷屆
高中會考成績突出，畢業生至國內外留學者眾，校友人才輩出，如
1957 年級校友崔琦榮獲諾貝爾物理學獎，故為本港名校之一。1975
年中學部轉為資助中學，港府將其校區北部圍牆之馬路，改名培正
道，故中學位於培正道 20 號。而小學則於 1984 年分立，改稱私立
香港培正小學，以窩打老道 80 號為門牌。[28] 培正道浸信會則設於該
校宗教館一樓，初由九龍城浸信會承辦培正中學之福音工作，1986
年命名為培正中學禮拜堂，至 1996 年 12 月 1 日自立，改稱培正道
浸信會。[29]

（9）中國基督教播道會窩打老道山福音堂（一處）
（窩打老道 84 號）

19 世紀末，一批主張「政教分離」的瑞典、丹麥及挪威信義
會信徒，相繼移民北美，出現宗教復興，於美國及加拿大創設播道
會，並開展普世福音運動。該會美籍丹麥裔寬夸倫牧師（Hans J.
Von Qualen, 1854-1918）於芝加哥傳道，認識華僑信徒蕭雨滋及
吳碩卿二人，有志來華傳道。在美國播道會傳道部支持下，三人於
1887 年赴華宣教，在廣州開基建堂。初稱美瑞丹公理會，於 1931
年易名中國基督教播道會。至抗日戰爭時，由於廣州淪陷，該會避
難南下香港，1937 年於九龍太子道創設太子堂（今稱天泉堂），繼
而於侯王道，開設侯王堂（今稱恩泉堂）。隨着 1949 年新中國成立，
粵省信徒紛紛南下，促成香港播道會之發展，信徒日增，自 1950 至
1970 年代，陸續建立分堂。1975 年播道會宣教士嘉理信牧師夫婦，
同至窩打老道山文福道之女青年會，開始查經班聚會，傳揚福音，
終於成立新堂會，是為播道會窩打老道山福音堂。繼由蘇穎睿牧師
主理，至 1987 年 3 月遷入窩打老道 84 號冠華園二樓現址。[30]

三、北段的教會及其設施

　　窩打老道北段起自天橋，經第二、第三交匯點，直至獅子山隧道口而止。行車於窩打老道天橋上，可見兩旁出現宏偉之天主教建築，此即聖德肋撒天主堂及瑪利諾修院學校，二者皆為窩打老道地標式之歷史建築。其左為聖德肋撒天主堂（太子道西 258 號），乃一具高聳雲霄圓頂和尖塔之拜占庭式建築，西面旁連明愛九龍服務中心（太子道西 256 號 A）及明愛太子宿舍（界限街 134 號），位近窩打老道。其右則為瑪利諾修院學校及修院（窩打老道 130 號），此乃位於窩打老道以中世紀修道院佈局設計，糅合多種歐洲特色的建築而成。繼之者為方濟會院（窩打老道 133 號）、九龍塘基督教中華宣道會（窩打老道 134 號）及九龍塘宣道小學（蘭開夏道 2 號）、基督中心堂（窩打老道 144 號）、香港浸信會醫院（窩打老道 222 號）及區樹洪健康中心（聯合道 330 號）、香港浸會大學及大學浸信會（窩打老道 224 號），計共十處教堂及教會設施。除聖德肋撒天主堂外，現將其餘教會設施之由來，列述如下：

（10）瑪利諾修院學校（Maryknoll Convent School）（兩處）　　　　（窩打老道 130 號、何東道 5 號）

　　該校為美國瑪利諾女修會（又名聖道明瑪利諾女修會）所創辦。1911 年，華爾實神父（James Anthony Walsh, 1867–1936）及蒲理思神父（Thomas Frederick Price, 1860–1919）二人創設瑪利諾男修會（Maryknoll Fathers and Brothers）。瑪利諾取名於聖母瑪利亞（Mary）及新布罕什爾州渡假勝境的小丘山（The Knolls）合稱而成，為美國天主教本土首設之海外傳教團體，並在美燃起傳教海外的火熱。翌年成立瑪利諾修院於鄰近紐約哈得遜河畔之奧西寧鎮山上，培訓差傳海外之神父。與此同時，與華神父相交而熱心傳教

的女信徒洛慕麗（Mary Josephine Rogers, 1882–1955）與六位女信徒亦搬入瑪利諾修院，並接受修女培訓，遵循道明會（Dominican Order）會規，創設瑪利諾女修會。洛慕麗成為修女後，改名瑪利亞若瑟（Mary Joseph Rogers），出任女修會總會長而成為會祖，並於 1921 年差派以曾任校長的馬保祿（Mary Paul McKenna, 1888–1984）為首之六名修女，踏上東來宣教之途，以應來華傳教之呼召。馬修女從此留寓香港，並進入華南、東北傳教，最終香港成為瑪利諾修女傳教事業的「永久部分」。而瑪利諾修院學校，即為該會在港傳教的重要一環。1925 年創設瑪利諾修院學校，初辦幼稚園，至 1931 年購得窩打老道及界限街交界地段，興建瑪利諾修院學校的新校舍，於 1937 年建成，沿用至今，開辦幼稚園及中小學。該校以英

瑪利諾修院學校，位於窩打老道與界限街交界，旁為香港聖公會基督堂，圖左遠處為獅子山。攝於 1937 年。
圖片來源：University of Bristol – Historical Photographs of China（Ref. no.: Hn-d029）
鳴謝：Barbara Merchant and Special Collections, University of Bristol Library（www.hpcbristol.net）

語授課，其初任教之修女均具高學歷及教學經驗，又成為港府補助學校，由是著聞。[31]

　　該校因二次大戰日佔香港，一度停辦，光復後於 1953 年在主樓旁增建修院，1960 年將中學部移至校園何東道 5 號新校舍。至 1997 年，小學改為全日制，主樓及修院全歸小學部使用。1937 年建成的瑪利諾修院學校，校舍主要建築群展現出「裝飾派藝術、羅馬式、新喬治亞風格和哥德復興式」等不同建築風格，故於 2008 年被古物古蹟辦事處列為法定古蹟。[32]

（11）香港聖公會基督堂（一處）
（窩打老道 132 號）

　　1842 年，香港割讓予英國，英國國教聖公會委派史丹頓（Vincent J. Stanton, 1817–1891）到香港擔任牧師。1849 年，成立維多利亞教區，由施美夫（George Smith, 1815–1871）為首任主教，管轄香港教會事務，兼理中日韓三地教務。至第七任（1932–1966）主教何明華（1895–1975）時，除佈道外，尤重社會福利與教育。1937 年因應九龍區人口增多，於窩打老道 132 號興建基督堂（Christ Church），開始崇拜。1941 年香港淪陷，該堂成為日軍馬厩，戰後一度為英軍徵用，至今為東九龍教區英語堂。歸信的拔萃男書院舊生，視此堂為其屬靈之家。[33]

（12）方濟會院（一處）
（窩打老道 133 號）

　　方濟會，亦稱小兄弟會。1209 年由意大利聖方濟各（St. Francis of Assisi, 1182–1226）所創設，為天主教之托鉢修會。該會效忠教宗，注重學術、文化、教育事業，遊走四方，安貧而力行傳揚福音。來華傳教，始於元朝，時方濟會士孟高維諾（Giovanni da

Montecorvino, 1247-1328）於 1294 年至北京宣教，獲元成宗
（1295-1307 在位）准許建堂傳教，為國史上最早來華傳教之天主
教傳教士。至明清時期，方濟會利安當（Antonio de Santa Maria
Caballero, 1602-1669）繼耶穌會來華傳教，為入華的第二大修會，
於山東、廣東、福建及江西等城鄉傳教，以窮苦貧民為宣教對象。
時天主教會以澳門為傳教基地。及至鴉片戰爭後，1842 年方濟會士
陸懷仁神父（Michael Navarro, 1809-1877），受命自澳門來香港開
教，照顧在港英軍教友，並向教廷建議，宜於香港成立香港教區，
繼而興建第一座主教座堂 —— 聖母無原罪堂。而同會之傅安當神父
（Antonius Feliciani, 1804-1866），稍後出任香港監牧區的第二任宗
座監牧。該會先後建立男童學校、聖方濟堂、醫院及修道院，為天
主教在香港發展，奠下基石。至 20 世紀上半葉，在華天主教推行中
國化，方濟會得以成立方濟會中華之后會省。1949 年後，其成員相
繼離開內地，分佈在台灣及香港，成立七個會院。香港的兩個會院
分別為香港及九龍會院，九龍會院即位於窩打老道 133 號。[34]

（13）九龍塘基督教中華宣道會及九龍塘宣道小學（兩處）
（窩打老道 134 號、蘭開夏道 2 號）

宣道會乃由加拿大長老會宣信（Albert Benjamin Simpson,
1843-1919）牧師受其時聖潔運動及普傳福音的影響，在 1887 年創
設於美國。該會以追求聖潔生命及宣教異域為目標。成立之初，即
差派傳教士來華傳教，尤重未得之民（Unreached People Groups）
的工場，故宣道會西差會傳教士來華，即深入華西及內陸省份，如
廣西、川黔、甘肅以至西藏等地宣教。而九龍塘基督教宣道會（以
下簡稱「塘宣」）及著名的長洲建道神學院，均源於廣西宣道會。就
塘宣而言，乃由廣西梧州宣道會來港之貝光道牧師（John Bechtel）
所創設。1930 年代，貝牧在港成立宣道會兒童宿舍，照料在內地傳

教的傳教士子女。適逢中日戰爭（1937–1945）爆發，華南信徒相
繼南下香港避難，貝牧遂租賃九龍塘金巴倫道 25 號車房，成立廣西
宣道會香港分堂，為信徒提供崇拜聚會，此乃宣道會在港首設之教
堂。及至 1941 年香港淪陷，貝牧被日軍囚禁於集中營。該會熱心
會友起而自治、自養、自傳，並暫借九龍塘學校聚會，成為自立教
會。隨着信徒增加，起而覓地建堂，1954 年終於購得窩打老道及蘭
開夏道交界處地段，興建新堂，更名為九龍塘基督教中華宣道會。
以中華命名，表示乃由華人自理，再不屬於美國宣道會。[35] 該會自此
以「辦學傳教」作為策略，在學校成立分堂，至今開辦幼稚園、中
小學及國際學校共 17 所，並先後成立 22 間分堂。而九龍塘宣道小
學於 1955 年建校，初於塘宣上課，繼而獲政府撥地，於蘭開夏道 2
號興建新校舍；該校至 2002 年，完成於現址重建樓高八層之現代化
校舍，為本港著名小學。[36]

（14）基督中心堂（一處）
　　（窩打老道 144 號）

　　基督中心堂乃由曾霖芳牧師（1919–2011）於 1966 年所創
立。曾牧祖籍福建，青年時因病療養而信教，1936 年立志奉獻，
入讀上海伯特利神學院。該院由近代中國著名女西醫及佈道家石美
玉（1873–1954）與美以美會女傳教士胡遵理（Jennie V. Hughes,
1874–1951）二人所創立，並於 1930 年代組織伯特利環遊佈道團，
由著名佈道家計志文（1901–1985）、宋尚節（1901–1944）等領團
佈道，環遊全國以至海外，宣揚福音，為 1930 年代中國宗教復興的
一面旗幟。[37] 曾牧畢業後，至滇緬邊界、湖南以至大江南北，宣揚福
音，建立教會，於 1946 年回到母校伯特利神學院任教。1947 年由於
國共內戰，伯特利神學院南遷至九龍嘉林邊道續辦，曾牧亦隨之南
下，寓居香江，於神學院任教時，講授「釋經學」、「講道學」等科，

繼而著述，並至世界各地領會，由是著聞。1966 年獲信徒支持，曾牧以 25 萬港元購得窩打老道 144 號私人別墅，創辦海外神學院，培訓華語宣教及教牧人才。自 1966 至 1996 年前後 30 屆，畢業生超過四百人，至世界各地宣教；又於院內成立教會，此即基督中心堂。及至 1996 年，由於九七回歸問題，該院遷至美國加州聖荷西（San Jose）續辦，故現址今屬基督中心堂九龍塘堂。[38]

（15）香港浸會大學、香港浸信會醫院、大學浸信會、區樹洪健康中心（四處）
（窩打老道 224 號、222 號及聯合道 330 號）

位於堅道的香港浸信教會如上文所述，於 1901 年自立，至 1938 年抗戰時，聘請兩廣名牧劉粵聲（1893–1960）自粵來港牧會，為香港浸信教會發展之重大轉變階段。劉牧來港後，在該會信徒領袖王國璇、湯寵靈夫婦及林子豐、陳植亭夫婦等之協助下，拓展會務，首先於 1938 年創辦香港浸信會聯會（以下簡稱「浸聯會」），集結香港各浸信會堂之人力、物力，推動福音事業。及至 1949 年新中國建立，國內美南浸信會差會之傳教士只得結束國內事工，南下香港，隨即於 1952 年成立港澳西差會，在港宣教。該會遂聯同香港浸信會聯會，以「中西合作」的關係，同在港、澳此一「新工場」，推動及發展兩地的宣教及社會事工，促成 1950 至 1960 年代間，香港浸信會出現宗教「復興」的現象。除於港九、新界各區增設福音堂外，更值得注意者為推行教育、醫療及慈惠事工，是為 50、60 年代香港浸信會宣教之「黃金時代」。香港浸會大學（1956 年開辦，稱書院）及浸信會醫院（1963 年）均創設於此時。[39]

香港浸會大學在香港浸聯會及美南浸信會的支持下，於 1956 年開辦，上承 1900 年美國南、北浸信會在上海創設之滬江大學的體制。[40]首任校長林子豐強調在港創校源於美國浸信會興辦大學的傳

統，並為培正、培道兩校及香港中學畢業生提供升學機會。立校目的在於注重基督教信仰之教育，以及負有「保存國粹和中西文化溝通之承擔」。成立之初稱為香港浸會書院，借用培正中學新校舍。至 1966 年，獲港府撥地，於獅子山麓窩打老道 17 萬平方呎，建成新校舍，根基始建。同時取得美國浸信會所辦之大學，如奧克拉荷馬浸會大學（Oklahoma Baptist University）、貝勒大學（Baylor University）等合作，獲其提供師資，得以優化教學；又獲其承認浸會畢業生學歷，得以至美國進修。[41] 隨着香港社會之發展，高等教育需求益切，在第二任校長謝志偉及師生努力下，浸會取得港府支持，於 1983 年被港府納入大學及理工教育資助委員會（University and Polytechnic Grants Committee，簡稱 UPGC），由私立轉為公立，從此經費充實，得以開辦學位課程，進而擴建新校園於聯合道及聯福道交界，此即逸夫校園及浸會大學道校園的誕生。校區由一而三，規模由是拓展，至 1994 年更被正名為「大學」，成為本港一所追求卓越而以「全人教育」為理念的綜合型大學，為本港社會培訓專才。而窩打老道 224 號之原有校舍（師生通稱「舊校」），則改名為善衡校園，藉以記念著名企業家何善衡（1900–1997）。[42] 浸會大學以基督教立校，重視校園福音事工。1977 年於善衡校園內之基督教教育中心設大學禮拜堂，開始主日崇拜；隨着時日發展，參加者不限校內師生，該堂於 1995 年自立，成為大學浸信會。[43]

至於香港浸信會醫院的創辦，乃由浸聯會因應戰後難民群集香港，醫療需求迫切，於 1956 年 4 月 2 日租用窩打老道 76 號 A 二樓開辦醫療所，以濟民困。時「求醫者門限為穿」，遂「請求政府，賜撥院址」。1958 年，由林子豐向港府要求撥地建院，成功獲取窩打老道地段六萬餘呎為新院址，「該地段風景宜人，地方幽美，誠瑯嬛福地也」。[44] 建院經費除由浸信會聯會贊助募捐外，並獲美南浸信會捐款 200 萬港元，終於促成 1963 年香港浸信會醫院的落成啟用，新

院院址即在今窩打老道 222 號。隨着香港社會及經濟發展，浸會醫院亦不斷擴建，踏入 21 世紀，延伸至聯合道，分別於 2008 及 2015 年，增建 D 座及 E 座大樓。而該院亦漸由一服務貧苦大眾的慈善醫院，轉而成為服務中產階級、具牟利性質而能自負盈虧的私家醫院。至 1980 年代，為配合港府的社會服務政策，1983 年於院內成立區樹洪健康中心，提供老人服務。[45]

上列窩打老道南、北兩段的教堂及教會設施。來自基督教者，包括青年會、信義會、循道衛理會、中華基督教會、五旬節會、基督教會聖徒聚會所、浸信會、播道會、聖公會、宣道會、基督中心堂等；除青年會屬「跨宗派」，聖徒聚會所及基督中心堂屬「獨立教會」，其餘八會皆屬「宗派教會」。至於來自天主教者，則有耶穌會、方濟會及美國瑪利諾女修會三會。全數合計 14 個宗派、獨立教會及修會。而各教會設施，包括教堂、大、中、小學、醫院、社福機構及酒店，則合共五類。

其中以浸信會的教會事業最具地位，堪稱為窩打老道基督教之重鎮，因其建教堂、設醫院及健康中心，開辦大、中、小學，並於浸大校園內設賓館 —— 吳多泰博士國際中心；窩打老道上的其他教會，難以與之比擬。而上述的浸會事業，分佈於窩打老道，頗與晚清歐美基督教入華傳教所建立之傳教區類近。[46] 尤其在窩打老道與聯合道交界，設有九龍國際浸信會（Kowloon International Baptist Church，簡稱 KIBC，聯合道 300 號）、大學浸信會、香港浸會大學、香港浸信會醫院、區樹洪健康中心。而九龍國際浸信會乃屬美南浸信會差會，並設有幼稚園，連同附近之培道中學（延文禮士道 2 號），窩打老道南段的培正中小學，自成一個傳教區，恍如歐美基督教來華傳教模式重現於北九龍，殊具歷史意義。而上述窩打老道浸信會之教會設施，與林子豐及其家人之參與，具有密切關係，宜於下文對其生平及事業作一探究。

四、林子豐家族

　　林子豐（1892–1971）成為香港著名基督徒、商人及教育家，與其出身浸信會具有密切關係。林氏原籍廣東揭陽縣金坑鄉，父林紹勳牧師（1871–1970）出身潮汕美北浸信會，早年曾參加科舉，原為鄉中塾師，其後受洗入教，頗為傳奇。事緣其本鄉與鄰村鯉魚潭村械鬥，鄰村因信奉天主教，借外力而得勢。時美北浸信會傳教士來鄉傳教，年青的林牧遂被鄉人推舉至汕頭，加入美北浸信會，藉此抗衡，由是入教，繼而被送至汕頭礐石之耶士摩神道學校修讀。故林氏謂其父「乃先信主，然後才明白基督的真理」。[47] 從此獻身教會，並回鄉建堂傳教。曾於浸會學院史地系任教之名史家章群（1925–2000）曾晤林牧，譽其「容貌清爽，神情夷泰……為得道之士」。[48] 出生於「基督化家庭」的林子豐，自幼已熟讀《聖經》，於 14 歲信主入教，以此成材。[49] 就其生平與事功而言，歷經求學、從商娶妻立業、獻身教會與教育三大階段。

　　（1）求學：出身於潮汕美北浸信會之林子豐，早年入學揭陽真理中學（初為小學）、汕頭礐石中學。林牧為求其子能受良好教育而得以上進，不惜賣田貸款，使林子豐得以進修，於 1911 年北上習醫，入讀著名之北京協和醫科大學。惜其於手術課見血昏倒，且經濟困難，只得退學。翌年南下廈門同文書院求學，該校為美國駐廈領事巴詹聲（A. Burlingame Johnson）與六位廈門富商及華僑，於1898 年所開辦。辦學宗旨在於使學生「精通英國語言文字及漢文、各科學。所授之課程與美國高等之學校及商務學校功課相同」，故該校乃一採用美國學制，重視海洋文化及商業文明，而求學生中英文並舉，數理化並重之新式學府。[50] 林氏畢業於該校，由此開展其不平凡之一生。日後林氏得以在港營商、獻身宗教及教育事業，此皆於上述求學過程中，接受美式宗教及世俗教育，得以習識英語、商學

及西方科學有以致之。

（2）**從商娶妻立業**：1916年，林子豐為同鄉李坤盛所聘，南下香港「南北行」（文咸西街），出任廣源盛行英文書記。時值第一次世界大戰前後，「遠東未受戰火波及，生意滔滔」。林氏成為南北行潮幫商人，[51] 經濟轉佳。一次大戰結束，於1920年回鄉娶妻，於汕頭母校得識礐石名門及教會高材生陳植亭（1901–1992），一見鍾情，娶其為妻。育有子女九人，林陳氏相夫教子，克盡婦道。林氏謂夫婦「互敬互愛」，其妻「本基督之愛」教化子女，均能成才。長子思顯（1922–2007），次子思齊（1923–2010），尤為傑出。[52] 此時之林氏，在廣源盛行因能「勤慎幹練，嶄然露頭角，越七年（1923），以勞績懋著，擢升司理，益得展其懷抱」，[53] 漸成潮幫商人之翹楚。1921年旅港潮州八邑商會成立，林氏被選為會董，任法律及交際幹事，稍後並於1930年代任副會長、會長之職。任內回鄉建設，並協助國府，促成中法越南商約簽訂。[54] 而更值得注意者，為林氏夫婦來港後，至堅道香港浸信會聚會。林氏夫婦二人熱心教會事奉，出錢出力；先後任職該會傳道部、財政部及慈善部，並與該會會佐王國璇、譚希天尤其相熟。由此可見，林氏於商界及教會界之人脈漸廣，使其營商及參與教會事工，得以拓展。

王國璇為香山商人之後，與先施馬家為世交，開辦國民銀行，為其時香港富商。譚希天則畢業於東山兩廣浸信會神道學校，與主理香港浸信教會劉粵聲牧師為同班同學，1923年轉而從商，任職廣州嘉華銀行。[55] 該行乃由廣州經商之浸信會信徒所開設。隨着業務發展，1924年南下香港開設分行，遂延攬林氏出任香港分行經理，譚希天任司理。1925年林氏與陳子昭、林俊璋等潮商創立聚益輪船公司，經營暹羅和汕頭之間的輪船運輸。1927年，林氏又與浸信會商人合作投資，於粵港兩地開設新亞酒店。及至1929年世界經濟不景，波及香港，廣源盛行經營失利而結業。林氏遂與同鄉陳子昭、

方養秋、王學仁合創四維公司，自立門戶，從事煤炭貿易、米業及船務。其中煤炭貿易乃代理越南法國鴻基煤炭公司（Charbonnage du Tonkin）的無煙煤，分銷至粵港澳、上海、汕頭等埠，獲利尤豐；林氏行商之業務漸廣，由是致富。[56] 然正當壯年之林氏，事業日盛，竟於 1928 年忽染重病，除延醫治療，更蒙「牧師替我禱告，病竟然好了」，林氏由是感恩，決定「心靈完全獻給主」，[57] 自此林氏於營商之外，決定奉獻教會，由是置身近代中國教會史上著名的「基督徒商人」行列。[58]

林氏於 1920 至 1930 年代，憑其中英雙語之能力及見識，同鄉同道之人脈，逐漸在粵港商場取得成就與財富。然至 1937 年日本侵華，全國生靈塗炭，由是國內資金、勞力及企業相繼流入香港，刺激本地工商業之發展。四維公司亦隨之發展，時值祖國陷於戰難，林氏為商界翹楚及教會賢俊，亦起而參與香港華人的戰時救濟募捐。[59] 豈料日本竟於 1941 年發動太平洋戰爭，同年聖誕節，香港亦告淪陷。林氏一家被迫避難澳門，適逢法國貝當政府投降德國納粹，英治香港抵制法國貨物進口，時越南法國鴻基煤船裝載 9,000 噸煤炭，轉赴澳門卸貨。林氏乘機低價購入，繼而轉手，大獲其利。林氏至為感恩，日後見證謂「祂從前醫好我的病，現在又賜給我一筆錢財」使其立志獻身教會及教育之志益堅。[60]

隨着戰後光復，林氏重返香港，一方面對戰後嘉華銀行注資，使其復業。隨即興建總行大樓，嘉華遂成為其家族企業。另一方面投資輕工業，與鄭植之、翼之兄弟合組香港捷和製造有限公司，從事拆船、生產鋼材、電筒和鐘錶等業務。其後退出，獨自經營捷和電筒廠，交由林思顯及思齊兩兄弟主理，而自己則轉而獻身教會及教育。[61] 此即 1964 年見證所説：「最近十多年來，因為我的兒子都長大了……我把所有的生意都交給他們去打理，自己已將全部時間、精神、力量都獻給神，每天都到教會和學校工作。」[62]

（3）**獻身教會、醫療與教育**：林子豐因 1928 年患病，藉祈禱及就中醫治療而得以痊癒，已明確感恩表示奉獻教會。遂起而積極參與教會團體事工。除所屬浸信會之事工外，1931 年亦成為中華基督教青年會董事，自 1933 年起更連任會長，多達 20 屆，「歷經香港淪陷，復員、建設諸役……努力服務廿年如一日」。[63] 至 1955 年在家庭感恩會作見證，雖然年事已高，仍決定「商業上的責任可以擺脫，而宗教和宗教教育的事工，我絕對不會一天的離開」。[64] 而對教會事工的奉獻，林氏訂下三項工作目標，此即「傳道是醫人靈魂的。浸會醫院，是醫人肉體的。浸會學院，是栽培教會人才的。」[65] 此即傳道、醫療、教育三項，皆與香港浸信會的教會事業之發展，具有密切關係。1949 年後，由於新中國建立，歐美教會不容在華傳教，紛紛南下香港發展，「宗教事業重心，已由大陸移於香港，即浸會事業亦逐漸加強」。[66] 故林氏之宗教奉獻，主要成就於香港之浸信會事業。

3.1 傳道與美國之旅

就傳道而言，林氏夫婦來港後，二人早於堅道浸信會聚會及參與事工，出錢出力。至 1930 年代，該會發展九龍城事工，成立福音堂。1936 年林氏移居九龍城嘉林邊道新建住宅區，遂參與推動九龍城浸信會的發展，促成該會於 1939 年自立；林氏夫婦二人奉獻最多，故被按立為執事。翌年捐款 10,000 港元，促成士他令道會堂的興建。1938 年，林氏鑑於九龍城潮籍居民日多，遂倡議於九龍城蒲崗山，成立潮人浸信會福音堂，是為今九龍城潮語浸信會之由來。[67] 與此同時日本侵華，前述劉粵聲牧師發起成立香港浸信會聯會，林氏被選為首屆執行委員，兼慈善部委辦，至戰後 1946 年再被選為主席，蟬聯至 1971 年去世而止。期間於 1950 年代，林氏與美南差會傳教士創設港澳西差會，遂行中西合作，共同推動香港浸信會的發展，其中傳道、醫療及教育，成績斐然。1955 年，更應邀代表香

港浸聯會，前赴倫敦，出席世界浸聯會第九屆大會，獲選為該會副會長，任期五年，為亞洲人士首獲殊榮，林氏謙謂：「殊覺慚愧弗勝。」[68] 又會前先赴美國，接受奧克拉荷馬浸會大學名譽法學博士，發表演說，盛讚美國傳教士來華宣教，促成福臨中華。[69] 至 1960 年，林子豐再次出席世界浸聯會第十屆大會，地點在巴西里約熱內盧，其時適值美國貝勒大學及威克福斯大學（Wake Forest College）邀訪，決定再赴美洲一行，並由浸會學院訓導長劉光昇陪同，[70] 於 4 月 12 日起程赴美訪問兩個半月。此次行程，林氏日後出版《友誼旅程》一書，詳記行色，故摘述如下。

林氏由香港首航三藩市，到達後分別參觀加州大學柏克萊分校（University of California, Berkeley）及金門浸信會神學院（Golden Gate Baptist Theological Seminary）。繼而啟程飛往德州及奧克拉荷馬州，訪問貝勒大學、德州浸聯會、奧克拉荷馬浸會大學。再東飛北卡羅來納州（State of North Carolina），至威克福斯大學，擔任該校畢業典禮講員，而其七子思安及九子思耀亦於此時在此校畢業。故林氏謂 6 月 6 日畢業禮，為其生命中「值得記念的一天」，因最小的兒子也完成大學教育。隨即前赴維珍尼亞州（State of Virginia），訪問美南浸信會國外傳道部，與列治文大學（University of Richmond）兩處，除討論浸會學院畢業生至該校研究院深造外，亦探訪該校兩位曾於滬江大學任教的老教授 —— 韋斯伯及魏愛理，並獲邀在韋斯伯府晚膳，享用韋、魏兩位夫人烹調之上海菜，尤為驚喜。再至馬里蘭州巴爾的摩市（Baltimore, Maryland），探訪該市浸會領袖、營商之卡佛（David J. Carver），因他曾捐助 5,500 美元，支持浸會學院興建校舍。而其侄卡佛喬治博士，曾於上海滬江大學及香港浸會學院任教。林子豐又參觀以醫科著稱的約翰霍普金斯大學（Johns Hopkins University），隨即乘火車至首都華盛頓，參觀世界浸聯會總部、16 街第一浸信會及當地景點，再乘航機至紐約，參

林子豐博士（第二行右二）於 1960 年出席巴西世界浸聯會大會
圖片來源：《林子豐博士陳植亭女士金婚紀念》（香港：香港浸會學院，1971），頁 13。

觀北美浸信會國外傳道部、華爾街證券交易所、哥倫比亞大學，協和神學院、聯合國總部等。再由紐約起程飛赴南美，經委內瑞拉、阿根廷兩國首府。稍停，訪問當地浸會機構，然後至巴西里約熱內盧，出席第十屆世界浸聯會八天（6 月 26 日至 7 月 3 日）會議。

會議期間，林氏不但獲巴西政府特別頒授榮譽公民，且於酬酢中，認識著名物理學家楊振寧及美國阿拉巴馬州黑人浸信會牧師馬丁路德金（Martin Luther King, Jr., 1929–1968）。至 7 月 3 日，出席閉會禮及佈道會，為會議之高潮，由著名佈道家葛培理（William Franklin Graham, 1918–2018）主講，出席聽眾 20 萬人，詩班 3,000 人，招待員 1,500 人，陪談志工 4,000 人，結果有 12,000 人上台決志信主，林氏謂此乃其生平參加的空前聚會。林氏於此屆繼續當選為世界浸聯會副會長，並謂由於世局丕變，亞非洲浸會事工蒸蒸日上，世界浸聯會大會原希望林氏接受提名參選會長，然為林氏以高齡、體力未荷而婉謝。7 月 9 日結束此一三個月的難忘之旅，重返香港。林氏回想此次旅程，謂參訪各美國大學，為其旅程中「最

興建中的香港浸信會醫院
鳴謝：香港浸信會醫院

有價值的一部分」，加深他對「基督教教育的信念」。同時經此旅程考察，指出 20 世紀人類科學猛進，而道德卻日見敗壞淪落，故認為大學教育於培養專才之餘，品德亦不容忽略。[71] 林氏目睹「世變」，認為基督教思想之價值，尤宜與傳統中國德育精神蘊合，此乃其溝通中西、才德兼具的教育理念之形成。故林氏要求培正學生，要以「禮義廉恥」修養人格；對浸會學生，則講宜以「忠孝仁愛信義和平」的傳統精神，與基督教真義結合。此即對傳統文化「四維八德」的闡釋與發揚，而求中西文化結合之教育理念。[72] 此點尤應受到當前本港高等教育界之重視。

3.2 醫療

就醫療而言，林子豐對窩打老道香港浸信會醫院之建成，扮演

林子豐博士於 1957 年在港督府接受 OBE 榮銜時，與長子思顯（右）、次子思齊
（左）合攝。
圖片來源：《林子豐博士陳植亭女士金婚紀念》（香港：香港浸會學院，1971），頁 10。

重要角色。事實上兩廣浸信會醫院早於 1940 年，已有在港設立分院
之計劃，林氏被選為執行計劃委辦之一，惜因翌年香港為日軍所侵
佔而胎死腹中。戰後 1946 年，時任浸聯會主席之林氏，向兩廣浸信
會聯會重提舊案，計劃在港籌設分院，惜因新中國成立，粵港兩地
浸信會關係中斷而告終。林氏遂轉向美南浸信會要求支持及捐助，
在港發展醫療事工。1952 年林氏建議於浸聯會下設醫務部，推動
事工，計劃興建浸會醫院。1953 年起，由次子林思齊出任醫務部主
席，前後十載（即 1953 至 1963 年），主理其事，終獲美南浸信會
允諾支持，於 1955 年在窩打老道 76 號 A 二樓，始辦醫療所，贈醫
施藥。

　　隨着病人日增，本地醫療需求殷切，遂決定興建醫院。適逢林
思齊之英籍友人克拉克（R. C. Clark）時任港府工務司署（Public
Works Department），從而得悉獅子山麓有公地三十餘萬平方呎，為
港府留作興建社區設施之用，遂轉告其父。至 1957 年林子豐獲港府
頒授 OBE 勳銜時，趁機向港督葛量洪表達撥地建校、建院的要求，
最終獲允，是為日後浸會醫院及浸會學院得地興建之由來。1958 年

浸聯會獲地後，一方面規劃建築藍圖，另一方面進行籌款興建。在建院過程中，除獲美南浸信會大力資助外，林子豐於籌款中扮演重要角色。除領導浸聯會及轄下各堂會宣傳募捐，募得 494,706.05 港元之成績（原訂籌款 35 萬港元），更因林氏於 1955 及 1960 年被選為世界浸聯會副主席，於倫敦及巴西里約熱內盧兩次大會中，藉機推介香港浸信會的現況及發展計劃，從而獲得美南浸信會協助海外籌款，該會海外傳道部累積捐款為 2,028,501.63 港元，對浸會醫院創立，起了關鍵作用。1963 年 7 月 1 日，新建樓高八層，設 200 張病床、醫護宿舍及新式設備等，耗資 300 萬元的浸會醫院，正式投入服務。11 月 17 日，林子豐邀得美南浸信會海外傳道部東亞區總幹事郭文生博士（Winston Crawley, 1920–2010），共同主持奠基禮。而林氏計劃興建教會醫院，「用傳道以醫人靈魂，藉醫院以醫人肉體」之夙願，終於得償。[73]

3.3 教育

就教育而言，林氏最重辦學，出錢出力，貢獻最大。具有虔誠基督教信仰的林子豐，明言應「本着基督的博愛犧牲、服務的精神」及「為國家社會作育人材」辦學。進而指出具有宗教信念，在施教及行政上，「便產生一種內在的力量，給我們帶引上一條光明的途徑」。林氏認為教育為人類物質文明改善之工具，故先進國家如歐、美、日等國，均注重強迫教育，使教育普及，物質文明進步。反觀吾國則民族文化落後，物質文明不善，此皆因教育不普遍之故。林氏遂決定興學，改善國民質素，為國家社會作育人材。[74] 首先起而協助戰時及光復後之培正、培道兩校之復辦，而更重要則為創立浸會學院，為香港華人社會培養才德兼備之精英。

就培正、培道兩校而言，前者林氏已於 1933 年參與培正來港開辦小學分校之倡議及籌劃；於何文田建校時，需款 12 萬港元，其中

10 萬港元，由嘉華銀行提供透支額，才得以成事。至於培道則因日本侵華，1938 年自廣州南遷香港，獲借九龍城浸信會作為校舍。及至香港淪陷，兩校再遷澳門。由於領導乏人，員生生活不繼，時林氏亦避難於此，遂臨危受命，擔任兩校義務校長，用心規劃，兩校得以弦歌不輟。林氏從此對辦學具有信心，遂投身浸信會之教育事業。[75]

戰後兩校重返香港復校，林氏於 1950 年被培正校董會聘任為義務校長，前後 15 年（即由 1950 至 1965 年）。林氏任內，目睹其時香港青少年失學者眾，努力擴充培正校舍，1952 年獲港督葛量洪批出與何文田校舍毗連之 12 餘萬平方呎地，並獲政府兩次免息貸款 45 萬港元，而港督葛量洪且私人捐款支持，可見二人之交情。此外，香港及美國浸信會、培正家長、校友均踴躍捐款，於 1954 及 1959 年建校 65 及 70 周年，完成新校舍擴建，使該校在原校舍 A、B、

1953 年，林子豐博士在香港培道女子中學新建校舍奠基典禮上發言。
鳴謝：香港培道中學

1955 年香港培正中學忠社畢業照，前排正中為林子豐校長。這一屆名人校友有鍾景輝、趙世曾等。

鳴謝：香港培正中學

C 三座外，增建 D、E、F、L 等座校舍，又興建大禮堂、運動場、宗教館、體育館、宿舍等，進而擴充圖書館等各種新設備，培正中學由是壯大，得成名校。[76] 至於培道亦於 1945 年由林氏協助返港設立分校，借用九龍城浸信會三層建築為臨時校舍，林氏先後出任該校校主任、監督及董事。隨着學生日多，還租用嘉林邊道 37 號為校舍，時改稱為「香港私立培道女子中學」，並於 1951 年與廣州培道脫離關係。繼於 1952 年獲得港督葛量洪之協助，取得九龍城延文禮士道 74,130 平方呎官地，興建新校舍，並獲港府免息貸款 30 萬港元，得建今址之新校舍，於 1954 年落成。培正、培道兩校由是屹立於窩打老道及延文禮士道，並為香港之名校。[77]

　　就香港浸會學院而言，林氏於 1955 年至美國奧克拉荷馬浸會大學，接受名譽法學博士學位致詞時，已表示浸聯會議決在香港開辦「一所等於大學制度的浸會學院」[78]，遂於 1956 年成立由浸聯會各教會會友、培正、培道董事及美南浸信會所選出的 27 人，組成董事會，隨即向教育司署申請註冊立校，林氏及晏務理（Maurice J.

Anderson）分別被委任為正、副校長，故林氏為創校校長；劉光昇任訓導長及陳秀瑛博士任教授兼協理教務，並暫借培正中學課室上課。[79] 劉、陳二人均曾於滬江大學任教。1956年「香港浸會書院」開辦，林氏於開學禮致詞中，説明創校的三項目標與期望：一、辦一以基督觀念為首而重視知識與品德兼備的高等教育學府；二、保存國粹和中西文化溝通之責任；三、為香港高中畢業生及教會子弟，提供深造機會，而所辦科系則要適合香港所需。[80] 新成立學院共設土木工程、數理、工商管理、社會、英國語文、中國文史等六系，首屆即取錄學生一百三十餘人，然當時中國文史系不足人數而未能成系。[81]

在林氏主持下之浸會學院，迅獲「美國許多大學之重視」，並因港府對浸聯會辦學具有信心，同意撥地（即今窩打老道「舊校」校址）建校，而美南浸信會同意五年內撥款 25 萬美元支持，並派訓導長劉光昇於 1957 年赴美籌款，繼而在香港及南洋展開籌款，至 1962 年展開建校第一期平地工程。至 1963 年浸會已有三屆畢業生，除分赴英美各大學深造，也有不少於本港公私營福利機構、教育及工商界就業，頗獲社會好評，入學者眾，故窩打老道校舍的興建，迫近眉睫。[82] 林氏於 1963 年第一期平整地基工程完成後，隨即成立籌募委員會，再次發動擴大募捐，以應付新校舍建築費用。林氏捐出 10 萬港元以為之倡，並於 1965 年獲貝勒大學及史德遜大學（Stetson University）頒授榮譽法學博士學位，乘赴美之時機，為新校舍籌款，結果續獲海內外浸會及社會人士支持，籌得所需建築費用，並由名建築師甘洺設計。至 1966 年校舍建成，佔地 26,000 平方呎，為一樓高七層之新建築，時全校已擴張至文、理、商三學院 13 學系，學生人數達 1,700 人，漸具大專學府之規模。[83] 1969 年獲香港教育司核准，註冊成為本港第一間不牟利的專上學院。至 1970 年籌建大專會堂（今稱大學會堂），林氏再捐 50 萬港元建築費，以

1959 年 11 月，香港浸會學院在窩打老道校址舉行新校舍動土禮。

鳴謝：香港浸會大學

為先導。同年林氏夫婦慶祝金婚紀念，由浸會學院員生參與其事，時社會賢達、教會同工、浸會師生及其親朋宗友，均臨慶賀並撰詩文，由中文系郭霖沅編纂，並出版《林子豐博士陳植亭女士金婚紀念》書冊，堪稱盛事，亦可見林氏創校之地位。[84] 豈料翌年 3 月，林氏積勞中風，同年 4 月 17 日逝世；哲人其萎，風範猶存。時任該校史地系之章群，於悼文中追念林氏創辦浸會於香港，媲美馬相伯（1840–1939）創立復旦於上海，張伯苓（1876–1951）創辦南開於天津。三人皆為信徒，三校分立於華北、華中、華南，鼎足而三。[85] 此近代中國教育史上三大著名基督徒教育家，創校均見篳路藍縷，永垂史冊，堪稱確論。

（4）**家族承傳**：就其家族而言，子女成材尤為可貴。林氏夫婦共有七子二女，依序為長子思顯（Daniel）、次子思齊（David）、三子思進（Alex）、四女思英（Julia）、五子思忠（John）、六子思敬（Joseph）、七子思安（Samuel）、八女思謙（Alice）及九子思耀

（Timothy）。1962 年，林氏曾記述其夫婦持家以耶穌基督為主，全家皆接受神為救主，深信《聖經》較世俗知識更為重要，而全家定時舉行祈禱會。[86] 林子豐尤強調其兒女「都由內子本基督之愛以教化他們」。[87] 林思齊曾談及其信仰歷程，說明成長過程中，其家每逢周六「一定有家庭祈禱會」，及其祖父林紹勳牧師來港後，皆由其以潮州話領禱及講道。[88] 可見林氏家人子女均受基督教信仰薰陶，難怪曾任教浸會學院中文系的著名詩人作家易君左（1899–1972）謂：「林氏一門天國子，海隅千島至尊神」。[89]

　　1964 年，林子豐於 72 歲時，能夠全身獻給教會和學校，乃因兒子們已長大，故「把所有的生意都交給他們去打理」。[90] 其所創事業，分別交給諸子負責經營。長子思顯於培正小學、民生書院完成中小學課程，留學菲律賓大學（University of the Philippines），取得工程學學士學位，回港後繼承父業，出任捷和電筒總經理、浸會學院董事會主席、市政局議員、太平紳士。二子思齊畢業於嶺南大學，至美國天普大學（Temple University）得工商管理碩士，並於紐約大學（New York University）進修博士課程；1950 年因父病返港，出任嘉華銀行總經理，1967 年移民加拿大溫哥華，經商地產而致富，日後出任英屬哥倫比亞省督（Lieutenant Governor）。三子思進，馬尼拉大學（The University of Manila）畢業，初任職四維公司，後任嘉華銀行董事兼總經理。五子思忠於德州州立大學（Texas State University）得銀行學碩士學位，任捷和貨倉凍房經理。六子思敬留學奧克拉荷馬浸會大學，後於貝勒大學牙醫學院獲博士學位，為著名牙醫，惜因心臟病突發早逝。七子思安亦於奧克拉荷馬浸會大學畢業，並於威克福斯大學得醫科博士及於貝勒大學實習，後為浸會醫院醫師。九子思耀亦於威克福斯大學畢業，獲理學士，任捷和電筒廠廠長。至於四女思英則下嫁著名聖樂家凌忍揚（1925–2015），凌氏曾於奧克拉荷馬浸會大學音樂系任教。八女思

謙畢業於香港大學建築系，一度任職四維公司，後下嫁捷和集團鄭翼之（1911-2001）之子鄭樹安，為本港著名實業家。[91]

4.1 林思顯

林子豐七子二女中，當以林思顯（1922-2007）、林思齊（1923-2010）二子成就最大。身為林子豐長子的思顯，1941年至馬尼拉菲律賓大學工程系就讀時，日軍佔領菲律賓，一度被關進集中營，後獲釋放，任職巴士司機，過着艱困生活而得以完成學業；期間音訊全無，至大戰結束後始返港與家人團聚，遂以長子地位，完整地繼承其父親的參與教會、營商及教育事業。信奉基督教的思顯，亦為九龍城浸信會會友及執事，曾出任浸聯會主席（1979-1981）、中華基督教青年會會長（1974-1976），一如其父，熱心參與推動教會事工。就營商而言，思顯出任香港潮州商會兩任會長（1974-1978），並擔任家族企業要職，包括嘉華銀行、捷和電筒廠、美林電池廠的董事長、總經理等職。就教育而言，先後出任浸會學院董事會主席（1968-1986）、澳門及香港培正中學校監之職；進而擔任香港政府之公職，包括出任市政局、立法局議員（1965-1968），參與籌備香港工業總會及香港貿易發展局，因而獲委任為太平紳士（JP）及獲頒授OBE、CBE等勳銜，為香港20世紀60至80年代之紳商名流。[92]

4.2 林思齊

至於二子林思齊，成就尤大。雖生長於基督教家庭，就讀初中12歲時，尚未信主。一次於西營盤參加趙世光牧師（1908-1973）的奮興佈道大會而受感動，上台接受耶穌為救主，從此成為基督徒。此後積極參加崇拜、查經班、團契及福音事工，日後退休，且有傳教念頭。[93]據其所說，由於信神，內心常有平安，因而具樂觀及積極的世界觀，從而開展其不平凡的人生。[94]思齊亦繼承其父營商之

天賦，早於民生書院及嶺南大學讀書時期，已見其有營商之才能，繼而出國留美，前後四年，「由單元文化人變成雙元文化人」，具中英雙語及中西文化體認之能力。然因父病，結束在紐約大學博士生生涯而返港，[95] 至嘉華銀行任職，負責興建銀行大廈有成，繼而任總經理，並推動捷和電筒廠之建廠事宜；又隨父參加浸聯會，籌劃醫療及教育事工。浸會醫院及學院得以建廈，林思齊亦具貢獻，已於前述。難怪其父於一次家庭會議中說：「我最喜歡老二。」此話使其兄弟之間難免有所芥蒂。1967 年，適值香港發生「六七暴亂」，遂決定移民溫哥華，另謀發展，自行開闢「天下」，避免兄弟磨擦。而其由美返港之 17 年間，對家族企業及浸會事業之投身及擘劃，自謂扮演着「一腳踢」及「開荒牛」的角色。[96]

其時林思齊與妻子陳坤儀（1930–1997）帶着三名女兒及六萬多加幣，移民至溫哥華，面臨未來謀生之抉擇。最終在友人建議下，決定受聘為地產公司經紀，並於夜間至卑詩大學（University of British Columbia）商學院修讀地產估價課程，考獲物業評估文憑（Diploma in Real Estate Appraisal），[97] 隨即與友人合組地產公司，並獲早年相識的香港富商郭德勝（1911–1990）、李兆基（1928–）、馮景禧（1922–1985）等投資合作，先後組織二、三十家地產公司，在美加兩岸經營地產買賣，建立其地產王國，成為溫哥華之首富，[98] 至 1983 年，在其事業全盛期，決定提早退休，奉獻餘生給神，計劃至神學院進修，然終未成事。期間林氏信守《聖經》之「施比受更為有福」信條，將其全部產業變賣套現，成立林思齊夫婦基金會，從事慈善公益，貢獻社會。思齊尤重文化事業，捐獻巨款給予卑詩大學、維多利亞大學（University of Victoria）及維真神學院（Regent College），由是知名於加國。[99] 至 1988 年，由於林思齊在加拿大商界及社會表現突出，榮獲加拿大聯邦政府提名出任卑詩省第 25 任省督，是為加拿大史上首位華人省督，前後七年（即 1988 至 1995

年）。林氏更走出督府，進入社區群眾，演說 1,900 次，結交 79,000
名新朋友，簽署了 70,000 份文件，開放總督府花園，深受當地省民
及華人之尊敬與愛戴。除履行省督的權責外，更因致力促進種族和
諧，推動加拿大多元文化而屢獲好評。尤有進者，任內接待英女皇
伊利沙伯二世（Queen Elizabeth II, 1926-2022）及皇夫愛丁堡公爵
菲臘親王（The Prince Philip, Duke of Edinburgh，1921-2021），
結下情誼，獲女皇頒授皇家統帥勳章（CVO），為加拿大歷任總督
及省督之首見。[100] 思齊由是大享盛名，成為海外華人之光。觀其一生
言行及其成功之因由，曾於香港浸會大學宗哲系任教之梁燕城，譽
稱林思齊為一位「真正的仁者，一位活出生命價值的人」，[101] 謂其心
靈上充滿中國智慧和神學洞見，努力推動中西文化交流互重，從而
促進中西社會的進步，[102] 由是得以建立其不朽的一生。

結語

　　香港自鴉片戰爭後割讓予英國。隨着清季民國內憂外患，戰亂
頻仍，大量華民南移香港避難。期間港英政府用其母國政治及經濟
體制施行之際，歐美天主教及基督教之傳教士相繼來港宣教，興教
堂、辦學校、建醫院、行慈惠，香港漸成為一中西文化交流結合的
新社會。而此一特色，亦得見於社區街巷之中，九龍窩打老道即為
其一。

　　窩打老道自 1906 年開闢以來，隨着時日的發展，西起彌敦道
交界處，蜒蜿東行北上至獅子山隧道口，成為九龍一主要幹道。隨
着華人之入居，引致基督教及天主教教會之關注，前後共有 14 個宗
派教會、獨立教會及修會，本着基督慈愛濟世之精神，先後差派牧
師、傳道、神父進入窩打老道，建堂傳教，吸納信徒，興辦教會設

施，包括教堂、大中小學、醫院、社福機構及酒店，沿途分佈，合共 27 處。

　　就窩打老道之教會設施而言，較著者可見街頭路段有中華基督教青年會九龍會所及城景國際酒店，中段有香港培正中、小學及培正道浸信會，街尾末端有香港浸會大學、香港浸信會醫院、大學浸信會；其興辦皆與出身浸信會之基督徒商人林子豐之推動創設具有

1966 年 5 月 1 日，香港浸會書院位於窩打老道的校舍落成。
鳴謝：香港浸會大學

香港培正中學 1950 年代新建校舍
鳴謝：香港培正中學

密切關係，故本文即以林子豐之生平為個案研究之聚焦點。林氏原為南北行潮幫商人，由於亦為浸信會信徒，遂得以參加青年會及浸信會之教會事業。而林氏之所以能「脫穎而出」成為教會領導，此因其出身基督教家庭，得以嫻熟中英雙語及文化，又能營商而富有貲財，而更重要則為信奉上帝彌篤，立志奉獻，具有「為神為國為社會」之志節。適逢 1949 年後新中國成立，歐美教會不容立足中土，南移香江；時任浸聯會主席林子豐，即與美南浸信會實施「中西合作」，共同推動浸信會在香港的教會事業。自 1955 至 1965 年，林氏又被選為世界浸聯會副主席，由是知聞於浸信會「世界」，終獲美南浸信會大力支持及輸財；更蒙時任港督葛量洪支持其辦學，[103] 撥出培正、培道及獅子山麓公地，後者遂得創設浸會學院及醫院，由是使香港浸信會的教會事業，得以矗立於窩打老道。而林氏亦由基督徒商人，轉而成為基督徒教育家，得與馬相伯、張伯苓留名於近代中國教育史。

　　林氏辦學主張才德兼備、中西結合，為國作育英才，尤為得體。故培正中學、浸會大學，均依此方針而為本港作育大量專才，造福香港社會及海外華人。而林氏一族，子女亦見人才輩出，長子思顯得為本港社會賢達，次子思齊出任加拿大省督而為華人之光。而九龍窩打老道，亦因與林子豐家族及其他教會事業而得見天主上帝之恩典，宜其稱為天國一條街。

注　釋

1　李金強：〈基督教入華的預備時期 —— 以潮汕開教為例〉，載李金強、吳梓明，邢福增主編：《自西徂東 —— 基督教來華二百年論集》（香港：基督教文藝出版社，2009），頁193–197。

2　中、上環及堅尼地城之建置及功能，見 Leeming, F., *Street Studies in Hong Kong: Localities in a Chinese City* (Hong Kong: Oxford University Press, 1977), 9–12。劉粵聲主編：《香港基督教會史》（1941）（香港：香港浸信教會，重排增訂版，1996），頁1–3；又參陳鏸勳：《香港雜記（外二種）》（1895）（廣州：暨南大學出版社，1996），頁86，如拔萃書院設於西營盤第三街，聖保羅書院建於忌連厘街（編按：即今己連拿利）；又參李志剛：〈天主教和基督教在香港的傳播與影響〉，載王賡武主編：《香港史新編（下冊）》（香港：三聯書店，1997），頁756。

3　以浸信會為例，藉着港九一體化，漸向九龍發展教會，參李金強：《自立與關懷 —— 香港浸信教會百年史（1901–2001）》（香港：商務印書館，2002），頁73–74。香港人口自1911年後大增，參 Endacott, G. B., *A History of Hong Kong* (Hong Kong: Oxford University Press, 1964), 276，指香港華人人口1901年為280,564人，1911年444,664人，至1916年由於二次革命導致廣州戰亂，使香港人口增至528,010人，可見1911年辛亥革命後，國內人口大量南移，並多至九龍。又參 *Historical and Statistical Abstract of the Colony of Hong Kong 1841–1930* (Hong Kong: Noronha & Company, 1932)，則記1901年為300,600人，1911年為464,277人。

4　邢福增：《香港基督教史研究導論》（香港：建道神學院，2004），頁87–101及110–112。

5　趙天恩：《中國教會史論文集》（台北：宇宙光，2006），頁143–226；李金強、黃彩蓮：《基督教明燈 —— 港九培靈研經會九十年史（1928–2018）》（香港：港九培靈研經會，2019），頁25–32。

6　包括香山之先施馬家、永安郭家；四邑商人從事建築之林護（聖公會）；保險業之李煜堂（公理會）；金銀、米業之呂明才（潮人生命堂）等。又近代中國基督徒商人之研究，可參李金強：〈基督徒商人 —— 呂明才（1888–1956）父子及其貢獻〉，載黃文江、張雲開、陳智衡主編：《變局下的西潮 —— 基督教與中國的現代性》（香港：建道神學院，2015），頁685–689。並參 Austin, D. A., *"Kingdom-Minded" People: Christian Identity and the Contributions of Chinese Business Christians* (Leiden: Brill, 2011) 一書。

7　李金強：《自立與關懷》，頁65–68。

8　梁濤：《九龍街道命名考源》（香港：香港市政局，1993），頁37。

9　〈窩打老道〉，香港道路大典網站，擷取自 https://hkroad.fandom.com/wiki/ 窩打老道（瀏覽日期：2021年12月15日）。

10　趙曉陽主編：《香港中華基督教青年會會史，1901–2012》（香港：香港中華基督教青年會，2013），頁8–16；〈中華基督教青年會 —— 華人青少年的第一個會所〉，載丁新豹主編：《香港歷史散步》（香港：商務印書館，2008），頁167–180。

11　〈香港中華基督教青年會〉，載劉粵聲主編：《香港基督教會史》，頁 271–274；趙曉陽主編：《香港中華基督教青年會會史，1901–2012》，頁 116–119、128–131 及 148，又該會創會之首任華人會長為尹文楷（1870–1927），林子豐則於 1933–1934 及 1939–1956 年出任會長，其長子林思顯則於 1974–1976 年出任會長。

12　陳樹安：〈會長獻辭〉，載趙曉陽主編：《香港中華基督教青年會會史，1901–2012》，頁 5。

13　王元深：《聖道東來考》（香港：出版者不詳，1899），頁 17–18；李志剛：〈郭士立牧師在港創立之福漢會及其對太平天國之影響〉，載《基督教與近代中國文化論文集》（台北：宇宙光，1989），頁 59–74。

14　〈本會歷史〉、〈本會歷史 —— 大事小記〉及〈事工發展〉，載《基督教香港信義會金禧特刊 1954–2004》（香港：基督教香港信義會，2004），頁 20、22 及 59；戴浩輝：〈創基立業—上帝帶領香港信義會的建立和發展〉，《基督教週報》，第 2577 期（2014 年 1 月 12 日）；基督教香港信義會真理堂網站，擷取自 http://truth.elchk.org.hk（瀏覽日期：2022 年 1 月 4 日）。

15　〈本會歷史 —— 大事小記〉，載《基督教香港信義會金禧特刊 1954–2004》，頁 25；余滿華：〈教會特寫：窩打老道上的方舟〉，《基督教週報》，第 2145 期（2005 年 10 月 2 日）；鍾寶賢：《商城故事 —— 銅鑼灣百年變遷》（香港：中華書局，2009），頁 126–131，指甘洺為出生於上海中英混血兒，負笈英倫建築師學院，1949 年後至香港，成立建築師樓，且在香港大學建築系任教。

16　引文見區伯平：〈窩打老道 50 號〉，《基督教週報》，第 2853 期（2019 年 4 月 28 日）；基督教香港信義會信義中學於 1958 年由信義會興辦，袁哲思牧師（Charles Reinbrecht）任校監，連鳳卿任校長。1964 年窩打老道 52 號校舍建成，啟用至今，見〈學校校史〉，基督教香港信義會信義中學鑽禧校慶網站，擷取自 https://lssvm.edu.hk/web60/about.html（瀏覽日期：2022 年 1 月 5 日）。

17　〈中華循道會〉，載劉粵聲主編：《香港基督教會史》，頁 53–58；盧龍光、湯開建、張照、顏小華：《苦難中成長的教會 —— 英國循道公會佛山傳教發展史 1851–1949》（香港：基督教中國宗教文化研究社，2011），頁 3–9 及 24–48。

18　〈香港基督教循道衛理聯合教會之歷史〉，香港基督教循道衛理聯合教會網站，擷取自 https://www.methodist.org.hk/about/，並〈安素堂的歷史〉，循道衛理聯合教會安素堂網站，擷取自 https://ward.methodist.org.hk/church_intro/（瀏覽日期：2022 年 1 月 8 日）。美以美會入福州宣教，參 Carlson, E. C., *The Foochow Missionaries, 1847–1880* (Cambridge, Mass: East Asian Research Center, Harvard University, 1974), 171–173。

19　梁逸軒：〈香港基督教循道衛理聯合教會合一研究（1968–1975）〉（香港浸會大學中國研究社會科學學士歷史專業畢業論文，2006），頁 29–52。

20　梁家麟：《廣東基督教教育 1807–1953》（香港：建道神學院，1993），頁 91、149、256–257、272–273、282–283 及 293；梁操雅、杜子瑩、李伊瑩、關雪明、譚劍虹編：《從廣州到香港：真光流金歲月的口述故事》（香港：香港教育圖書公司，2012），〈前言〉頁 i-ii，及頁 110–111。

21　李金強、黃彩蓮：《基督教明燈》，頁 26–30；並參陳智衡：《合一非一律 —— 中華基督教會歷史》（香港：建道神學院，2013），頁 83–108。

22　方豪：〈方濟各沙勿略〉及〈利瑪竇〉，《中國天主教史人物傳（第一冊）》（香港：香港公教真理學會、台中市光啟出版社，1970），頁 58−64 及 72−82；並參張維華：《明清之際中西關係簡史》（濟南：齊魯書社，1987），頁 159−165 及 286−288；Young, J. D.（楊意龍），*Confucianism and Christianity: The First Encounter*（Hong Kong: Hong Kong University Press, 1983), 5−7。

23　李志剛：〈天主教和基督教在香港的傳播與影響〉，頁 745−747；張學明：〈香港的耶穌會士（1926-1991）〉，載夏其龍、譚永亮編：《香港天主教修會及傳教會歷史》（香港：香港中文大學天主教研究中心，2011），頁 166−168、172、174 及 211−212。

24　〈五旬節會〉，劉粵聲主編：《香港基督教會史》，頁 79−80；宋常康：〈港九五旬節會歷史〉，載《港九五旬節會七十五週年紀念特刊（1907-1982）》（香港：港九五旬節會，1982），頁 6−7；葉先秦：〈華人五旬節派自立教會的先聲和範型 —— 港九五旬節會與九龍五旬節會〉，《道風：基督教文化評論》，第 54 期（2021），頁 63−86。1965 年，九龍堂部分會眾離去，自行成立「基督教九龍五旬節有限公司」，稍後於巴富街及沙田建立會堂及中學。宋常康繼任其父監督之職，又宋氏為本港之成功企業家，其生平見〈息勞歸主：宋常康監督〉，《港九五旬節會會訊》，5 月（2018），頁 1−3。

25　〈薪盡而火傳的艾喜德教士〉，基督教會聖徒聚會所網站，擷取自 https://www.csahk.org/CMS/founder/（瀏覽日期：2021 年 1 月 10 日）;〈基督教會聖徒聚會所〉，《基督教週報》，第 2204 期（2006 年 11 月 19 日）。

26　〈兩廣浸信會沿革〉，載劉粵聲編：《廣州基督教概況 • 兩廣浸信會史略》（1937 • 1934）（香港：香港浸信教會，重排增訂版，1997），頁 145−147。

27　林子豐：〈培正中學新校舍開幕禮致詞〉，載李景新主編：《林子豐博士言論集》（香港：培正中學，1965），頁 124。

28　李金強：《自立與關懷》，頁 2−5、20−26 及 113；〈培正中學〉，載《香港浸信會聯會二十週年紀念特刊 1938-1958》（香港：香港浸信會聯會，1958），頁 25−27；〈本校歷史〉，香港培正中學網站，擷取自 www.puiching.edu.hk/CustomPage/paragraphGroup.aspx?webPageId=52&pageId=79&nnnid=45，並〈學校簡史〉，香港培正小學網站，擷取自 www.pcps.edu.hk/tc/brief-history（瀏覽日期：2022 年 1 月 8 日）。香港培正的誕生，參譚希天：〈香港培正中學的誕生〉，載《希天文輯》（香港：美天企業，1962），頁 106−110。早期培正校址，原為香港浸信教會興建分堂之地，後邀廣州培正中學黃啟明校長承接，改辦香港培正。又培正辦學成績突出，見林子豐：〈培正創校七十週年紀念慶祝大會致詞〉，載李景新主編：《林子豐博士言論集》，頁 247−249。

29　〈教會簡介〉，培正道浸信會網站，擷取自 www.pcrbc.org.hk/ 教會簡介 /（瀏覽日期：2022 年 1 月 8 日）。

30　雷榮祖：〈中國基督教播道會發展史〉及周錦華：〈在港時期〉，載《中國基督教播道會百週年紀念特刊》（香港：中國基督教播道會，1990），頁 18、21−24、27 及 31；又參謝以信：〈中國基督教播道會簡史〉，載《飛躍古今 —— 謝以信文集》（紐約：紐約神學教育中心，2003），頁 78−119。〈認識窩福，組織及架構〉，中國基督教播道會窩打老道山福音堂網站，擷取自 www.whc.org.hk/ 窩福簡史，組織及架構（瀏覽日期：2022 年 1 月 11 日）。

31　朱益宜（朱益宜、周玉鳳譯）：《關愛華人 —— 瑪利諾修女與香港（1921-1969）》（香港：中華書局，2007），頁 17-58。

32　〈瑪利諾修院學校列為法定古蹟〉，古物古蹟辦事處網站，2008 年 5 月 16 日，擷取自 https://www.amo.gov.hk/tc/news/index_id_93.html?year=2008（瀏覽日期：2022 年 1 月 13 日）。

33　鍾仁立：《中華聖公會華南教區百年史略》（香港：中華聖公會會督府，1951），頁 1-9 及 25-27；〈Christ Church［1937- ］〉，Gwulo 網站，擷取自 https://gwulo.com/node/17029（瀏覽日期：2023 年 7 月 2 日）；〈Christ Church, Kowloon Tong〉，flickr 網站，擷取自 https://www.flickr.com/photos/asianfiercetiger/5039091166（瀏覽日期：2023 年 7 月 2 日）。

34　周輝、朱曉紅：《香港天主教》（北京：宗教文化出版社，2016），頁 55；崔維孝：〈明清時期方濟會與耶穌會在華傳教客體對比分析〉，《歷史檔案》，第 2 期（2007），頁 16-23；韓承良：〈香港教區開教的方濟會小兄弟〉，網上方濟會網站，擷取自 www.ofm.org.hk/300-History-Saints/330-history/hkdioc.htm，及〈小兄弟會｜中華之后方濟會省〉，網上方濟會網站，擷取自 www.ofm.org.hk/500-ofmTW/ourladyofchina.html（瀏覽日期：2022 年 1 月 15 日）。中華之后一稱之由來，乃 1924 年駐華代表剛恒毅總主教（Celso Costantini，1876-1958），在上海徐家匯召開第一屆中國天主教會議，討論建立中國化的天主教會，會議中主教們決定把中國奉託給聖母照顧，並奉聖母瑪利亞為中華之母后。

35　梁家麟：《華人宣道會百年史》（香港：建道神學院，1998），頁 58-59；何明章：〈兩個宣道會的故事：「中華宣道會」與「香港宣道會」〉，《基督教與中國文化研究中心通訊》，第 66 期（2018 年），頁 17-27。香港宣道會有別於「塘宣」，此乃 1949 年國內宣道會傳教士紛紛南下香港，留港照料難民及在港傳教，另建教會，並延續廣西宣道會、建道聖經學院及宣道書局在港之發展。

36　〈關於塘宣〉，香港九龍塘基督教中華宣道會網站，擷取自 www.ktac.org/index.php/about-ktac/，及〈學校歷史〉，九龍塘宣道小學網站，擷取自 www.apskt.edu.hk/history.php（瀏覽日期：2022 年 1 月 13 日）。

37　戎玉琴、蔡勖奇主編：《伯特利，我們的家》（香港：伯特利教會天梯出版社，1993），頁 25-30 及 33-35。

38　曾霖芳：〈序〉，載《講道學》（台北：校園書房，1990），頁 9。周簡艷珍：〈曾霖芳牧師的信心之路〉，載《念師恩曾霖芳牧師紀念集》，頁 7-14，基督中心堂（佐敦堂）網站，擷取自 https://www.cccjor.org.hk/ 教會資源 /rev_tsang2011；〈學院簡史〉，海外神學院網站，擷取自 www.otseminary.org/assets/C-brief-history.html；及〈教會歷史〉，基督中心堂（九龍塘）網站，https://www.ccckt.org.hk/church-overview/church_history/（瀏覽日期：2022 年 1 月 15 日）。

39　李金強：《自立與關懷》，頁 99-113。

40　王立誠：〈滬江大學與香港浸會大學 —— 20 世紀浸會華人高等教育事業的歷史變遷〉，《近代中國基督教史研究集刊》，第 2 期（1999），頁 67-84。

41　林子豐：〈歡迎郭文生博士、杜禮能博士致詞〉、〈由浸會事業與高等教育談到香港浸會學院設立之經過〉、〈浸會學院開學禮致詞〉及〈對培正高中畢業同學的屬望〉，載李景

新主編：《林子豐博士言論集》，頁 36-37、180-183、196-197 及 217-218。黃嫣梨編著：《香港浸會大學校史》（香港：香港浸會大學，1996），頁 37-39，指貝勒大學自 1958 年開始派遣具有博士學位之英文教授來院任教，並為浸會教師設進修獎學金及研究生獎學金，提供赴美進修機會。

42　黃嫣梨編著：《香港浸會大學校史》，頁 12-13，立校之初原稱學院，由於教育司署規定只能以「書院」命名，而「學院」只能在校內採用。又浸會大學之發展，參頁 57-61、314-315、345-347、368-394 及 519-530。

43　〈教會簡介〉，大學浸信會網站，擷取自 www.ubc.org.hk/zh/intro/（瀏覽日期：2022 年 2 月 15 日）。

44　引文見林子豐：〈香港浸會醫院籌建院舍之需要〉，載李景新主編：《林子豐博士言論集》，頁 68；〈香港浸信會醫院簡史〉，載《香港浸信會醫院銀禧特刊 1963-1988》（香港：香港浸信會醫院，1988），頁 19。

45　甘穎軒：《全人醫治半世紀 —— 香港浸信會醫院史》（香港：三聯書店，2015），頁 42-61、208-209 及 211-213。

46　湯清：《中國基督教百年史》（香港：道聲出版社，1987），頁 554。近代歐美傳教士來華傳教，於沿海沿江通商城市建立傳教區（或稱圍地），包括禮拜堂、佈道所、學校、診所或醫院、孤兒院等社會設施，並有傳教士及華牧住所。

47　引文見林子豐：〈向世界浸聯大會作見證〉（1964），《林子豐校長檔案：演講詞》，香港浸會大學圖書館特藏部，box 1-2。又據林思齊所說，村中父老認為信教，則傳教士可帶來財富及保護，並謂為其祖父洗禮的美北浸信會傳教士，曾來港小住於其家中，參 Roy, R. H, *David Lam: A Biography* (Vancouver: Douglas & McIntyre, 1996), 5-6；林紹勳因械鬥信教，並參 Alexander, M. C., "The Remarkable Family of Chi-Fung Lam," *Home Life: A Christian Family Magazine* 9, no. 11 (1955), 31。又據李樹熙的研究，指出 19 世紀下半葉潮汕地區鄉民集體信教與械鬥，具有密切關係，當地信教乃以此維護本鄉本族利益，並以潮陽縣古溪村為個案說明，參 Lee, J. T. H., *The Bible and the Gun: Christianity in South China, 1860-1900* (New York: Routledge, 2003), 119-136。

48　章群：〈金婚慶典獻詞〉，載《林子豐博士陳植亭女士金婚紀念》（香港：香港浸會學院，1970），頁 59。

49　林子豐：〈對一班青年同道講話〉，載李景新主編：《林子豐博士言論集》，頁 91-92，謂其父勉勵他熟讀《聖經》，並謂《聖經》指導他一生獲純正思想及屬靈力量。

50　林氏學歷，參〈林子豐博士傳略〉，載徐松石編纂：《華人浸信會史錄（第五輯：先賢傳略）》（香港：香港浸信會出版部，1972），頁 201；林子豐先赴北京，繼至廈門同文書院求學，乃據其 1965 年向駐港美國領事館申請旅遊簽證（visit visa）所記，1911 至 1912 年在北京，1912 年起在廈門，該申請表格，藏於《林子豐校長檔案》，香港浸會大學圖書館特藏部，box 1-1。廈門同文書院之辦學特色，參施智源：〈略論近代廈門新式教育的發展 —— 以 1904 年美國聖路易世界博覽會上的廈門同文書院為例〉，《鼓浪嶼研究》，第 1 期（2020），頁 1-15，內附同文書院章程，該院乃模仿美國預科學校課程，主要提供英語、商業及數理學科。另 Roy, R. H., *David Lam*, 6-7，據長子林思顯所說，其父習醫，於觀察盲腸切除手術時，見鮮血切除物而昏倒，故難以習醫。

51　林子豐：〈在培正中學歡迎新信主同學聯誼會致詞〉（1961）及〈半世紀前的南北行〉（1964），載李景新主編：《林子豐博士言論集》，頁 60 及 320–322，林氏於 1961 年說：「我留港地，約計已有四十六載」，故應於 1914 年來港。然 1965 年林氏接受香港電台訪問，則謂於 1916 年來港，見〈香港電台訪問記〉，《林子豐校長檔案》，香港浸會大學圖書館特藏部，box 2–8；今取 1916 年來港之說。又於 1964 年談南北行 50 年來的滄桑，並謂南北行潮幫主要經營米業。時任職之廣源盛經營進口米業，最高營業額年值二千八百餘萬港元。又香港米業乃掌握於潮幫之手，參鄭宏泰、黃紹倫：《香港米業史》（香港：三聯書店，2005），頁 243–265。

52　Roy, R. H., *David Lam*, 7–8. 引文見林子豐：〈我的見證：一九五五年在家庭感恩會所作的見證〉，載李景新主編：《林子豐博士言論集》，頁 7。

53　〈林陳金婚榮慶徵詩文啟〉，載《林子豐博士陳植亭女士金婚紀念》，頁 4。

54　賴連三著、李龍潛點校：《香港紀略》（廣州：暨南大學出版社，1997），頁 90–91，並謂林氏在其金坑本鄉「倡浚新河道，以利水田，議築新校舍，以興學務」，由是著聞於鄉里。又參〈林子豐博士史略初稿〉，《林子豐校長檔案》，香港浸會大學圖書館特藏部，box 1–1。因促成中法越南商約簽訂，獲越南王室頒授「龍紋寶星勳章」。

55　李金強：《自立與關懷》，頁 63–69。

56　甘穎軒：〈從商人到教育家 —— 林子豐（1892–1971）的生平及其事業〉，載李金強、劉義章主編：《聲教廣披 —— 基督教與華南方言族羣》（香港：建道神學院，2016），頁 170–173；〈林陳金婚榮慶徵詩文啟〉，頁 4。

57　林子豐：〈向世界浸聯大會作見證〉；其妻陳植亭曾見證謂：「其時林氏忽患重病，初中西醫診治無效。復日夕禱告，蒙神憐憫，指示中醫診治，藥到病除，恢復健康，以此為神之恩典。」見《林子豐博士陳植亭女士金婚紀念》，頁 8。

58　李金強：〈基督徒商人〉，頁 685–697。

59　蔡榮芳：《香港人之香港史 1841–1945》（香港：牛津大學出版社，2001），頁 183–184；四維公司在《星島日報》（民 27［1938］年 8 月 2 日）刊登廣告，謂：「今國難嚴重，匹夫有責，禦侮救災無前後方之別。」林氏與潮僑發動募救國捐，又聯同香港中華基督教青年會，展開戰時救災籌募，並為國民政府在港澳籌募戰時救國公債，而獲國府頒「忠義為懷」區額，見〈林子豐博士事略（手稿）〉，《林子豐校長檔案》，香港浸會大學圖書館特藏部，box 2–8。

60　林子豐：〈向世界浸聯大會作見證〉。

61　甘穎軒：〈從商人到教育家〉，頁 173–175；又參 Roy, R. H., *David Lam*, 59，戰後煤炭貿易漸衰，此乃煤油、石油日漸取代之故，故林子豐轉向工業製造而大獲其利。

62　林子豐：〈向世界浸聯大會作見證〉；又參〈新亞酒店董事會〉，《林子豐校長檔案》，香港浸會大學圖書館特藏部，box 1–1，林氏謂集中精力處理教會及教育事工，早於數年前已將商務交由兒輩處理，故今亦請辭新亞酒店董事一職。

63　〈林陳金婚榮慶徵詩文啟〉，頁 4。

64　林子豐：〈我的見證〉，頁 7。

65　林子豐：〈基督徒要怎樣奉獻〉，載李景新主編：《林子豐博士言論集》，頁 26。

66　林子豐：〈香港浸聯會神道學院第十一屆畢業典禮講話〉，載同上，頁 66。

67　〈九龍城浸信會〉及〈蒲崗山潮人浸信會福音堂〉，載劉粵聲主編：《香港基督教會史》，頁 137-140 及 150-151。

68　林子豐：〈環遊歐美各國觀感 —— 培正培道澳門培正三校舉行歡讌會中講詞〉，載李景新主編：《林子豐博士言論集》，頁 307-312（引文見頁 310）。林氏此次歐美之行，得見美國富強，深感國家富強有賴教育，並獲美南浸信會支持，在香港籌辦浸會大學。並參李金強：《自立與關懷》，頁 103-106；〈林陳金婚榮慶徵詩文啟〉，頁 4。

69　林子豐：〈參加美國奧克拉荷嗎浸會大學畢業典禮並接受名譽法學博士學位演詞〉，載李景新主編：《林子豐博士言論集》，頁 153-155。

70　劉光昇為滬江大學第一任華人校長劉湛恩（1896-1938）之長子，其父於日本侵華時，鼓吹抗日救亡，於 1938 年為日偽收買兇手狙擊而死。劉光昇曾任教滬江大學，1956 年參與浸會學院之創辦。參〈劉湛恩博士傳略〉，載徐松石編纂：《華人浸信會史錄（第五輯：先賢傳略）》，頁 155-160；〈滬江大學首任華人校長、烈士劉湛恩後人訪問上海理工大學〉，《上海市檔案學會高校檔案專業委員會簡報 2011 年第 3 期（共第 38 期）》，上海高校檔案信息網網站，2015 年 9 月 25 日，擷取自 http://www.shgxda.ecnu.edu.cn/56/86/c31710a349830/page.htm（瀏覽日期：2022 年 3 月 1 日）。

71　林子豐：《友誼旅程》（香港：植豐書屋，1961），頁 1-4、19-21、31-33、41-47、49-52、62-66 及 68-69。

72　林子豐：〈怎樣造人？一九四三年對培正學生訓話〉及〈浸會學院開學禮致詞〉，載李景新主編：《林子豐博士言論集》，頁 104-106 及 197。

73　〈建院年誌〉，載《香港浸信會醫院銀禧特刊 1963-1988》，頁 22；譚希天：〈二十年來的香港浸信會簡述〉，載《香港浸信會聯會二十周年紀念特刊 1938-1958》，頁 12，見「醫務部」；林子豐：〈讓我們大力支持榮神益人的教育和醫療工作〉，載李景新主編：《林子豐博士言論集》，頁 261-262；甘穎軒：《全人醫治半世紀》，頁 43-71。

74　林子豐：〈為清貧學生募捐免費學額出發時對全體募捐人員致詞〉及〈培正培道二校清貧學額募捐徵信錄序〉，載李景新主編：《林子豐博士言論集》，頁 112-113，引文見頁 118。

75　林氏在澳門任職期間，進行募捐及推動兩校事工。參〈香港電台訪問記〉，《林子豐校長檔案》，香港浸會大學圖書館特藏部，box 2-8；林子豐：〈培正培道二校清貧學額募捐徵信錄序〉及〈由培正創校七十週年談澳校〉，載李景新主編：《林子豐博士言論集》，頁 118-119 及 245-246；其所任澳門兩校事工，並見〈林陳金婚榮慶徵詩文啟〉，頁 4，謂林氏接任後，「首設維持教職員糧食，資助……貧困學生……整飭教學，增設大學先修班，盡收當地失學青年就學」。

76　林子豐：〈培正中學新校舍開幕禮致詞〉、〈培正中學紀念六十五週年校舍奠基禮致詞〉及〈培正創校七十週年紀念慶祝大會致詞〉，載李景新主編：《林子豐博士言論集》，頁 124、156-157 及 248。林氏指出新校舍擴建得力於港府葛量洪及教育司高詩雅（Douglas J. S. Crozier，1908-1976）的支持，以及海內外校友、教會及社會人士贊助下，得以成

事。並參〈林陳金婚榮慶徵詩文啟〉，頁 4。

77　林子豐：〈培道港校的長大〉，《林子豐校長檔案》，香港浸會大學圖書館特藏部，box 2-8；〈香港培道女子中學〉，載《香港浸信會聯會二十周年紀念特刊 1938-1958》，頁 27-28；甘穎軒：〈從商人到教育家〉，頁 181-182。培道女子中學乃 1888 年由美南浸信會女傳道會所辦，始設校舍於廣州五仙門，後於東山購地二十餘畝建校，為廣州著名女中。

78　林子豐：〈參加美國奧克拉荷嗎浸會大學畢業典禮並接受名譽法學博士學位演詞〉，頁 155。

79　林子豐：〈由浸會事業與高等教育談到香港浸會學院設立之經過〉，頁 181-182。

80　林子豐：〈浸會學院開學禮致詞〉，頁 196-198。又參黃嫣梨編著：《香港浸會大學校史》，頁 29-30，劉光昇任教經濟學，陳秀瑛又任圖書館主任及英文教授。

81　〈浸會學院〉，載《香港浸信會聯會二十周年紀念特刊 1938-1958》，頁 24，謂開學時 131 人。又參黃嫣梨編著：《香港浸會大學校史》，頁 27，謂取錄學生 153 名，註冊入學共 132 名。又晏務理在其著述中則謂 136 人。

82　林子豐：〈培正同學日致詞〉及〈讓我們大力支持榮神益人的教育和醫療工作〉，載李景新主編：《林子豐博士言論集》，頁 227-229 及 262。

83　平凡：〈林子豐博士談美國之行〉，《今日世界》，第 323 期（1965），藏於《林子豐校長檔案》，香港浸會大學圖書館特藏部，box 2-11，校舍建築費需 600 萬港元，除本港捐款六十餘萬港元，海外捐款四百餘萬港元，而 1965 年之行獲美國熱心人士捐一百餘萬港元；並參黃嫣梨編著：《香港浸會大學校史》，頁 60-61，謂林氏於 1965 與署理副校長韋理信博士、劉光昇訓導長共同赴美，並為新校建築費籌款，帶回 20 萬元。綜觀自 1956 至 1966 年間建校捐款，獲包括香港浸聯會發動屬下各堂會及學校、美國浸信會及東南亞華僑捐款，共籌得 5,907,621.88 港元。

84　〈林陳金婚榮慶徵詩文啟〉及〈謝啟〉，載《林子豐博士陳植亭女士金婚紀念》，頁 5 及 94。

85　林子豐安息禮拜於 1971 年 4 月 24 日下午三時在九龍城浸信會舉行，下葬於香港華人基督教墳場，〈林子豐博士喪禮儀節〉，《林子豐校長檔案》，香港浸會大學圖書館特藏部，box 2-10；章群悼文，見黃嫣梨編著：《香港浸會大學校史》，頁 111。

86　林氏家庭基督教化及諸子女英文姓名，見 Roy, R. H., *David Lam*, 8 & 10。

87　林子豐：〈我的見證〉，頁 7。

88　高山青：《林思齊傳》（香港：明報出版社，1995），頁 25。

89　〈易君左賀辭〉，載《林子豐博士陳植亭女士金婚紀念》，頁 29。

90　〈向世界浸聯大會作見證〉（1964）；1962 年林氏建捷和大廈於庇利街，經營貨倉、凍房及電筒製造業。然自 1953 年起，將捷和交由長子及五子負責，並代表捷和與美國原子電池廠，在曼谷合營美林電池廠，而二子及三子則負責嘉華銀行，見〈林子豐博士事略（手稿）〉，《林子豐校長檔案》，香港浸會大學圖書館特藏部，box 2-8。

91 〈林陳金婚榮慶徵詩文啟〉，頁 5；〈林子豐博士行狀〉，《林子豐校長檔案》，香港浸會大學圖書館特藏部，box 2-10。又其子女、女婿的教育記述，參林子豐：《友誼旅程》，頁 22 及 29-33。林思顯學歷，見〈林思顯〉，《維基百科》，擷取自 https://zh.m.wikipedia.org/zh-hk/ 林思顯（瀏覽日期：2022 年 3 月 12 日）。林思齊學歷及其弟思敬心臟病逝，參高山青：《林思齊傳》，頁 66-82 及 297；其餘子女成材的學歷及職業，參 Alexander, M. C., "The Remarkable Family of Chi-Fung Lam," 30-31。

92 Roy, R. H., *David Lam*, 1, 43 & 46.〈林思顯〉，《維基百科》，擷取自 https://zh.m.wikipedia.org/zh-hk/ 林思顯（瀏覽日期：2022 年 3 月 12 日）。Clayton Funeral Home and Crematory Services, "Obituary of Daniel H. Lam," accessed 12 March 2022. www.claytonfuneralhomes.com/tribute/details/31/Daniel-Lam/obituary.html. 林氏於 1977 年移民美國德州，於 2007 年於侯斯頓（Houston）去世，享年 85 歲。

93 蔡黃玉珍、徐明怡：《夕陽顯光輝 —— 林思齊博士十五年退休生活》（溫哥華：向山出版社，2008），頁 30-31。

94 陶永強記錄：〈與神相通的生活〉，載林思齊、潘銘燊主編：《思齊之路 —— 林思齊談話》（溫哥華：楓橋出版社，1991），頁 2-10。

95 高山青：《林思齊傳》，頁 33-44 及 66-82。中學種花批發，大學時至廣州灣，協助四維公司賣煤炭而有「小孟嘗」的美譽。繼至美國留學，期間且任侍應，得見美國社會經濟之復原與強大，充實其人生。

96 高山青：《林思齊傳》，頁 84-86；又參蔡黃玉珍、徐明怡：《夕陽顯光輝》，頁 104，林氏謂其於參與「建大學或建醫院，都令他⋯⋯兄長不滿，他認為長此以往，留在香港必會起衝突。」

97 高山青：《林思齊傳》，頁 124-133。

98 林思齊、潘銘燊譯：〈對加拿大獻上感謝〉，載林思齊、潘銘燊主編：《思齊之路》，頁 91-92。

99 林思齊、潘銘燊主編：《思齊之路》，頁 9-10、21-22 及 97。林氏於 1987 年獲選為加拿大當年名人（Man of the Year）；又參高山青：《林思齊傳》，頁 189-190 及 218-224；林思齊亦捐款給浸會大學，成立「林思齊東西文化研究中心」。

100 高山青：《林思齊傳》，頁 146-169 及 302-316。又參蔡黃玉珍、徐明怡：《夕陽顯光輝》，頁 17。

101 梁燕城：〈序〉，載蔡黃玉珍、徐明怡：《夕陽顯光輝》，頁 IV。

102 梁燕城：〈以虛靈心應俗世〉，載林思齊、潘銘燊主編：《思齊之路》，頁 178。

103 林子豐與港督葛量洪之私交友誼，見甘穎軒：〈從商人到教育家〉，頁 185；又林氏盛讚葛量洪為一位具經驗而能幹的港督，任內尤其對華人特別關照，因而受愛戴。見 Lam Chi Fung to Sir Alexander Grantham, 11 December 1961，《林子豐校長檔案》，香港浸會大學圖書館特藏部，box 2-16。

逝者如斯：
試説戰前油麻地公立醫局軼事

孫德榮

前言

　　2020 年 12 月時疫肆虐，「金光大道彌敦道」講座系列網上舉辦後，黃紹倫教授和鄭宏泰博士告知 2021 年籌辦「窩打老道」講座系列，兩位先生囑余負責一講，是時自忖油麻地公立醫局或可為題。選以公立醫局為題，源自梁操雅先生和東華文物館史秀英前輩的教益，十年前調職古物古蹟辦事處教育組後，曾四次與東華三院文物館合辦老師工作坊，考察東華醫院不同時期設施，即莊嚴肅穆的東華大堂、典雅輝煌的廣華舊大堂（今東華三院文物館）、佈局獨特的東院大樓和世間罕有的東華義莊，而工作坊幸得丁新豹博士為老師們講解，期可薪火相傳。2018 年夏博物館節嘗與醫學博物館合辦活動，考察太平山區早期華人社區的演變，當天活動後又得何屈志淑教授講授華人公立醫局運動的梗概。[1]

　　回想 2016 年冬首次造訪深水埗公立醫局，順着港鐵站絡繹不絕的人潮，穿過舊區巷里，感受現址為美沙酮診所的不尋常景觀，而

油麻地甘肅街的公立醫局早已不存，卻與窩打老道廣華醫院甚有關連，考察公立醫局的發展歷程，或容我輩戰後在港出生的華人，思考醫院、診療所、健康中心、母嬰健康院等醫療機構，以及採用西式針藥、疫苗注射與麻醉手術等醫療方式是否理所當然。[2] 以下先概述戰前公立醫局的時空框架，並就油麻地較遲獲批地建公立醫局大樓、經費安排、收回賠償和出生登記處試作探討。

一、從醫局歷史建築說起

戰前政府文件檔案主要以英文記錄，華人公立醫局的英文名稱是「Chinese Public Dispensary」。戰後《退休金條例》（Cap. 89）是包括服務於由華人公立醫局委員會管理的華人公立醫局（不包括醫生），該法例的公立醫局中文名稱一直沒有改變。收集資料時見有不同的稱謂，例如民政事務局局長法團[3] 財務報告中，「Ex-Chinese Public Dispensaries Funds」的中文名稱是「前華人公眾醫局基金」；有關市政局歷史研究的譯本將「Chinese dispensaries」譯作中藥房等。[4] 現時港島赤柱、九龍深水埗、新界上水古洞各有一座稱醫局的歷史建築，下文將藉三者說明戰前公立醫局的時空框架和性質。

赤柱黃麻角道公立醫局的正立面沒有中英名稱，據說是 20 世紀 30 年代裝飾藝術（Art Deco）風格的建築。華民政務司於 1936 年度報告（頁 C15 附件 B 第 65 段）記述 1936 年 3 月 11 日赤柱村啟用位處廟宇的公立醫局，取代聖士提反書院辦理的醫局，是該報告表列九所公立醫局以外的新局，沒有善款收入，支出由香港仔公立醫局款額撥出。有關日據時期的醫療衛生報告指出，全港多所醫局即包括赤柱醫局停辦；[5] 近年研究顯示 1942 年 12 月至 1944 年 8 月曾復辦部分公立醫局，後由公醫取代。[6] 按照戰後初期的醫務報告，1946

年記錄了赤柱村重置一所醫局連留產所，該年有 4,813 人接受診治和 72 次漁民婦女生產；1947 年有 5,881 人接受診治和 146 次漁民婦女生產，正覓新址開設小型健康中心及將於 1948 年底前運作，兩份報告的公立醫局工作表格皆沒有赤柱醫局。1948 年 1 月至 1949 年 3 月的醫務報告中，公立醫局表格上新增的赤柱醫局，不可能是戰前在廟宇運作的醫局。[7]

上水古洞何東麥夫人醫局（Lady Ho Tung Welfare Centre）是 20 世紀 30 年代的建築，據稱屬藝術與工藝建築風格，雖稱醫局，英文名稱卻不是「Dispensary」。此醫局是港府接受捐款、興建和管理的醫療設施，納入政府醫務官員工作報告的新界部分。港府自接管新界租借地，採取有別於當時維多利亞城的醫療措置，[8]大埔或元朗醫局一直隸屬政府醫務官員管轄。戰前撫華道或華民政務司的工作報告（1914 年「撫華道」正式易名「華民政務司」，報章在正式易名前已稱之「華司」，以下行文稱「撫華道」或簡稱「華司」，工作報告全簡稱《華司報》），自 1906 年度公立醫局的章節出現，直至 1939 年度報告未嘗在新界區設立醫局。

深水埗醫局街的醫局建築，正立面上有「深水埔公立醫局」七個大字，正門門楣上有「Chinese Public Dispensary」、「Sham Shui Po」兩行小字。[9]1940 年《香港藍皮書》（*Hong Kong Blue Book*）的慈善機構表（頁 Za2），開列十所華人公立醫局，深水埔新址於 1936 年 10 月 26 日啟用，舊址則於 1915 年 4 月 12 日啟用。同表可見油麻地及水上醫局於 1916 年 1 月 25 日啟用，並由華人社群慈善捐獻維持，而維城東西兩約的醫局早在 1905 年 4 月 1 日啟用，九龍城公立醫局則於 1905 年 7 月 1 日啟用，均與 1915 年度《香港藍皮書》同表的首次紀錄相同，即始創之時港島和九龍共三處。

公立醫局原以東華分局或分院始為民眾服務，1905 年度《華司報》記述管理委員會成員包括撫華道（即華司）蒲魯賢（Arthur

Winbolt Brewin）[10]、馮華川、劉鑄伯 [11]（三人皆為潔淨局成員）和東華醫院主席組成（表一）。1905 年港督彌敦（Matthew Nathan）批准東西兩約開設東華分局，按《華司報》是為了處理棄屍問題，特別是嬰幼兒遺骸棄置；九龍城亦由街坊開設類似的設施。1906 年正名為「公立醫局」以示不同的機構（原文為「distinct institution」），未能確定名稱和架構轉變的原因；同年底成立 19 人的公立醫局委員會取代 1905 年的管理委員會，並且計劃成立更多類似油麻地、紅磡、九龍城的委員會管理維多利亞城的醫局。正名後的公立醫局仍是由西醫書院畢業生主理醫務和簽發死亡證明，治理嬰孩和接收嬰屍，接種疫苗。醫局工作還包括運送病人到醫院和屍體到殮房，協助薰洗染疫之房舍與賠償、助產士和棺木的申請等。1907 年護督梅含理（Francis Henry May）向潔淨局質問棄屍問題期間，馮華川和劉鑄伯在戲院宣傳公立醫局可免剖屍和協助薰洗染疫之房舍與賠償等事宜（見附錄資料一及二），[12] 隨後安排 Yeung Wan-po 街頭演說，宣傳醫局和爭取民眾支持政府的衛生措施。方便醫所（依英文名稱「District Plague Hospital」直譯是「地區治疫所」）是容許當區收容患疫者，毋須強遣隔離和可擇傳統中醫治理，創設初期租用不同地點的不同設施。在 1906 至 1908 年度《華司報》中，公立醫局和方便醫所被分述於不同章節，至 1909 至 1928 年，兩者被合併在同一章節中報告。

　　1908 年度的《華司報》，記述年初維多利亞城三所醫局交由東華醫院管理，並須遵從公立醫局委員會的督導。1908 年 5 月 4 日《華字日報》〈捉獲棄屍賞格〉：「啟者⋯⋯ 近日東華醫院分局四設 ⋯⋯茲公議以後無論諸色人等，有當場捉獲棄屍者，交到大道東二百零五號東華醫院分局送官究辦 ⋯⋯ 即賞給銀壹拾大員，決不食言，此帖是實，東約眾街正啟」，[13] 顯示當年年初的安排；但同年底東華醫院退出公立醫局事務，華司繼續擔任委員會主席，成員改為定例局

表一：公立醫局委員會成員

公立醫局委員會成員（主席為華民政務司）	資料出處
1905 年三名成員： 馮華川、劉鑄伯及東華醫院主席鄧志昂	《華司報》，1905 年度
1906 年 18 名成員： 陳培階、林子峰、胡海籌、郭耀垣、李竹如、蕭遠輝、周少岐、招畫三、彭壽春、卓堯峰、梁建安、潘寅存、莫文暢、李佑泉、謝贊泰、古輝山、梅景石、黃花農	《香港華字日報》，1907 年 6 月 10 日（資料一）
1909 年： 副主席何啟和 17 名委員	《華司報》，1909–11 年度
1916 年 18 名成員： 韋玉、劉鑄伯、陳啟明、伍漢墀、何棣生、李右泉、周少岐、李葆葵、李瑞琴、曹善允、莫文暢、何萼樓、陳綽卿、胡著雲、郭耀垣、周熾卿、蔡寶善、陳柏朋	*The Hongkong Telegraph*, 26 January 1916
1941 年成員： Dr. Li shu-fan（李樹芬）、W. N. T. Tam、Lo Yuk-tong（羅玉堂）、Kwok Tam-wan、Lo Chung-wan（盧仲雲）、Lo Yuet-cho（盧月初）、Kwong Chun-sang（郭俊生？）、Wai Shiu-po（温少甫？）、Cheung Ya-lp （以上九名成員見〈華司致布政司便箋〉，1964 年 9 月 30 日。） 羅旭和、羅文錦、曹善允、李葆葵、何汝明、黃屏蓀、李佐臣、伍華、香星樵、王吉兆 （以上十名成員見〈布政司致華司便箋〉，1965 年 1 月 14 日。）	Chinese Public Dispensaries 1. Question of Legal Ownership and Maintenance of the Building of the … 2. Question of the Govt. Take Over Assets of …, 21 October 1948 – 8 December 1967, HKRS1394-1-26, Hong Kong Public Records Office

和潔淨局華人代表、東華醫院主席及兩位首總理和一些華人領袖。[14]
1909 至 1911 年三份《華司報》一再指出公立醫局組織目的與章程，
訂明於政府的內部錄事中（日期為 1909 年 10 月 20 日存於 9262/07
C. S. O. 檔案），須取得政府同意與批准。委員會主席是華司，增設
由何啟出任的副主席，還有 17 名委員；九龍三所醫局各有由居民選
出的委員會，並且由定例局和潔淨局華人代表協助華司督導，以及
委任街坊值理（街正）以徵集意見和追查棄屍。蒲司離任後，1912
年度及其他戰前《華司報》便再沒有提及該錄事修訂或核准的資料，
也沒提及副主席、委員會成員名單、任期、委員會與地區委員會或
街坊值理關係等資料。

　　政府《行政報告》（*Administrative Report*）自 1909 年度（頁
17–18）始將華人公立醫局列入「非政府支持機構」（Institutions
Not Supported By Government），由華人公立醫局委員會管理的
方便醫所獲得政府資助 2,000 元。1916 年 12 月定例局會議通過布
政使的建議，容許將資助方便醫所的 2,000 元用於華人公立醫局；
1919 年 6 月又議決對四個主要華人慈善團體，即東華醫院、廣華醫
院、公立醫局和保良局，資助 25,000 元，並以委員會方式運作和分
配資助。[15] 戰前華人公立醫局的工作報告只見於每年政府的行政報告
《華司報》，性質是受政府資助的慈善機構，1905 年以東華醫院分局
（Branch Office）始創，1906 年正名為「公立醫局」，及至 1941 年
淪陷前共有十所醫局，即西營盤（西約）、中環（中約）、灣仔（東
約，連婦產醫所 [Maternity Hospital]）[16]、筲箕灣、香港仔、赤柱、
九龍城、油麻地（1916 年合併海港醫局）、紅磡和深水埗，分佈於
香港島和九龍半島（包括新九龍）。戰後醫務衛生署接管和復辦醫
局，[17] 除了九龍城公立醫局遭日軍拆毀，50 年代初才另建李基紀念醫
局。[18]

二、油麻地與水上公立醫局概略

　　1906 年公立醫局接續 1905 年東華分局的工作，在維城東西中三約、九龍城、紅磡和油麻地合共六區服務民眾。油麻地公立醫局於 1906 年 5 月 27 日啟用，地址是新填地街 153 號（153 Reclamation Street）；[19] 油麻地方便醫所見於《華司報》，於 1907 年租用兩半獨立房舍，1908 年獲政府資助 190 元。水上醫局（Harbour Dispensary）則在 1909 年 10 月 4 日開設，該年 3 月 2 日撫華道致輔政司的報告指出，當時的醫局無法照顧蜑民，建議成立水上醫局，人員安排與陸上醫局相若，即有醫生、文員和苦力，由公立醫局委員會下設的專責委員會負責管理（成員包括 Choa Lap Chee、Cheung Cheung-che 和 Kwok Yu-wun［郭耀垣？］），成員數目可與陸上醫局街坊值理相若，不同之處是以蜑船在銅鑼灣運作，每年省卻 160 元租金支出。由於船隻眾多，該醫局須自給自足，並謂船政道襄助至為關鍵。其後，撫華道在另一致輔政司的報告中記述，本月 25 日會議決定在銅鑼灣、油麻地和帆船停泊處逐步成立三所醫局以助蜑民（該文件上有 1909 年 7 月 1 日簡簽，推斷可能是 6 月 25 日會議）；船政道認為如有需要可在其港口辦公室設立，水上醫局應租用銅鑼灣舖位，況且每年船隻牌照費金額超過 120,000 元，相對籌措醫局每年 6,000 元經費著實不難；即使水上醫局成立後出現問題，也可於一個月內解散，不會對政府構成負擔。1909 年 8 月舉行的籌組會議最終決定購置蜑船 [20] 和得到船政道許可停泊於銅鑼灣，並成立 17 人的專責委員會管理。1910 年 7 月 26 日筲箕灣公立醫局成立後，水上醫局的醫生上下午分別在筲箕灣和銅鑼灣工作，此安排維持至何時則未有資料。[21]

　　《華司報》中沒有油麻地和水上兩所醫局合併的原因，油麻地避風塘工程延宕至 1915 年終告落成。1914 至 1916 年度《華司報》三

份報告記錄了建置新醫局的資料，即劉鑄伯、何福、何甘棠、陳綽卿、陳啟明、李右泉和 Mr. R. O. Hutchison 各捐 500 元，再加上 3,927 元（包括天后廟捐出的 500 元）的民眾捐款，合共收到 7,427 元捐款，另售出水上醫局躉船得款 110 元；建築費則是 6,938 元和雜項連傢俬是 759 元，支出合共 7,697 元。1915 年港督向理藩院報請批出油麻地海旁 2,047 平方呎的土地作水上醫局，地價和地租雖高達 8,588 元，但選址該處的原因是油麻地乃蜑民集中地，地段臨海，利便蜑民，避風塘附近亦無他址可選。兩所醫局隨後合併為油麻地及水上醫局，於 1916 年 1 月 25 日舉行開幕禮，戰前由港督主持開幕禮的公立醫局僅此一家（見附錄資料三）。[22]1916 年港督再向理藩院報請批出醫局右邊面積相若的土地，以停泊救護車並作日後擴展。兩份報批文件皆沒有提及該新醫局是與原油麻地醫局合併。[23]1931 年底該址擴建醫局大樓，建築費用為 24,461 元。[24]戰後由醫務衞生署復辦，1967 年 3 月油麻地賽馬會診所啟用後，[25]該醫局交還華司後曾作街坊會會址，1974 年民政事務司正式簽署交還契據，[26]醫局拆卸後該址現是加士居道天橋範圍。

三、油麻地較遲獲批地建公立醫局

1915 年度《香港藍皮書》的慈善機構表，首次開列當時港島和九龍的八所公立醫局和三處方便醫所。蒲魯賢任撫華道期間，九龍城街坊於 1907 年首獲批出九龍寨城的龍津義學作方便醫所，輔政司梅含理指出長期批地須取理藩院准許，故採取短期方式批出。[27]西約方便醫所於 1908 年 7 月和 1911 年 3 月兩次獲得批地，[28]1909 年 8 月紅磡和東約分別獲批地建公立醫局和方便醫所，1910 年中約亦得以優惠價購入土地作公立醫局。1912 年 5 月和 8 月時任港督梅含理向

1949 年 10 月甘肅街油蔴地及水上公立醫局舊照兩幀
鳴謝：Alexander Turnbull Library, Wellington, New Zealand

理藩院報批深水埔和筲箕灣公立醫局的公函均提及蒲魯賢與當區坊
眾商議後的選址。[29]1907 至 1912 年七區已獲政府批地用作華人地區
醫療設施（不論是醫局或醫所），何故蒲魯賢任內惟獨沒有籌劃撥地
興建油蔴地公立醫局？

　　1905 年 10 月 24 日巡警道早上的報告檔案顯示，九龍再有五宗
棄屍案件，合共六具嬰幼童遺骸移送殮房，港督彌敦曾經與撫華道
商議棄屍問題，並與衛生司、工程司等討論籌建九龍醫院選址，於
11 月 17 日批准建議的地段撥予東華醫院興建九龍的醫院，並定下
須先由華人提出建院才告知用地安排的方針。[30]從 1906 到 1908 年度
《華司報》東華醫院的章節可見，九龍半島興建華人醫院已由政府同
意批地進展到正式撥出土地，政府擬提供 30,000 元建院經費，可是
直到 1911 年落成再沒有提及此項經費。同前引述檔案顯示，1906
年 5 月撫華道在其辦公室舉行了兩次會議，華人接受建院任務，並
需提交地段草圖以便推動；1907 年 3 月已收到捐款，期可勘定甚至
圍封該地段，4 月 4 日籌建委員會組成，新醫院設計需時任巡院醫

生 Dr. Koch 參與，以便規劃和估算費用，7 月 4 日報告建院估價約 180,000 元，因建置東華醫院和保良局皆獲撥建院經費，稱華人擬向政府請求於 1909 年撥備 90,000 元經費。然而，1907 年 5 至 7 月因梅含理任護督期間多番施壓，撫華道惟有接受護督多項建院規定，即由東華醫院負責九龍新醫院日後管理、西醫駐院、巡院及隨時接受政府檢查等安排。1907 年 7 月 26 日，撫華道提交華人稟請九龍籌建醫院的英譯本，並擬請予 30,000 元建院經費以作日後營運之用。該稟請應可視作屈從梅護督指示，由華人向政府提交的書面承諾。[31] 查該檔案中擬請政府提供 30,000 元建院經費，見於撫華道 1907 年 7 月 26 日向署理輔政司譚臣提交由何啟、韋玉、馮華川、劉鑄伯等 14 人聯署的 1907 年 7 月 18 日（即丁未年六月初九）建院稟請譯本，而覆函不見於該檔案（見附錄資料四及五）。[32]《辛亥年閤港倡建廣華醫院徵信錄》（下稱《倡建徵信錄》）首頁的〈廣華醫院緣起〉中印錄政府資助 30,000 元，接着的目錄頁上卻蓋印紅字三行：

> 前幅第七行說明
> 三萬元之下須加此款仍存皇家每年計回息二仟元連每歲撥助六仟
> 伍佰元合共捌仟伍佰元為常年經費特此補行改正

究其原因是港督盧吉於 1907 年 11 月 27 日函請理藩院批出 13 萬平方呎建院、30,000 元開辦經費撥助即可生息每年 2,000 元，連同每年撥款 6,500 元和其他收入以作每年經費，並於該函第八段開列六項建院規定，即：一，新醫院須由東華醫院管理；二，駐院西醫須經港督核准；三，政府醫療部門委任巡院醫生；四，衞生司隨時可巡察該院；五，該院不可治理傳染病；以及六，知會港督的巡院醫生指示必須遵從。1908 月 1 月 23 日理藩院批覆是按來函第八段六項規定，同意撥地建院連歲撥經費 6,500 元，但對 30,000 元撥

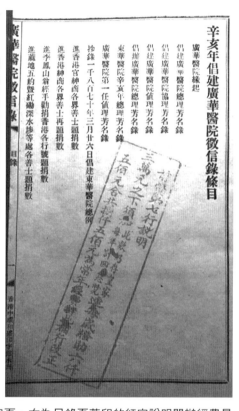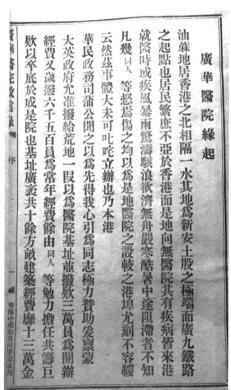

左圖為《辛亥年倡建廣華醫院徵信錄》緣起頁，右為目錄頁蓋印的紅字說明開辦經費最終落空。

圖片來源：《辛亥年倡建廣華醫院徵信錄》

鳴謝：東華三院文物館

款作每年孳息 2,000 元的安排卻提出異議，認為年撥增至 8,500 元即可。[33]《華司報》記錄了 1908 年批地後隨即進行平整，並考慮修訂建築圖則加以節約；1909 年 9 月簽訂造價 76,400 元的建築合約，當時除約 70,000 元的捐款外，尚需籌措 47,000 元；1911 年 5 月廣華醫院竣工，撫華道雖額外籌得 30,000 元捐款，但因支出達 112,000 元，不足之數為 19,000 元，因此東華醫院借出 22,000 元墊支興建費

用。乙卯年（1915 年）《倡建徵信錄》核定建院總收支，實為共支銀 152,934.01 元，各界捐款即共進銀 174,171.856 元，並沒有得到政府的開辦經費。

蒲魯賢尚任撫華道期間，1911 年 10 月 23 日東華醫院董事局會議紀錄顯示，廣華醫院啟用後尚需討論如何解決常年經費問題，嘗有建議將「街坊每年所捐公立醫局款撥入」，最後議決「仿照東華醫院行捐及殷商年捐之法」和設「籌款值理」。[34] 辛亥和壬子《廣華醫院徵信錄》中開列的收支中沒有關於公立醫局的款項，卻記下按法例歸屬廣華醫院的麻地痘局支出，[35] 兩年度分別是 476.32 元和 1,341.56 元。《華司報》記錄廣華醫院到了 1915 年度才首次在財務上沒有出現不敷之數。

時序上兩任港督（即盧吉和梅含理）向理藩院報批各區公立醫局或方便醫所的用地，皆是晚於 1908 年 1 月理藩院就廣華醫院的批覆，蒲司任內竭誠推動油麻地廣華醫院的建設，不單與華人共議建院計劃，還在政府內部多番要求實地劃定地段和圖則、謀求建院經費、爭取合理的西醫駐院與巡院安排等事宜，檔案內留下 1907 年 7月 26 日呈交英譯稟請時的立場：

> 我與籌建委員會探討政府對醫院資助問題時，曾指出沒有法例明文規定醫院須由政府維持，惟在此恕我直言，沒有政府 —— 尤其是專斷家長式政府可以宣稱，提供社群中貧窮民眾的醫療住宿是某些人士的義務，而不是政府責任。醫院所需經費，多少金額該由全個社群透過稅收支付，多少金額該由富人口袋透過慈善承擔，只是權宜之事。[36]

四、經費安排

　　公立醫局帳目表明政府只提供少量資助，財政來源主要是民眾、戲院、廟宇或善長仁翁等捐款，歷年皆有結餘。1906 年首份醫局帳目的第一項，是承接 1905 年東華分局的盈餘。1906 年《華司報》指出帳目是華司經手的收支，維多利亞城的收支全由華司掌控，九龍半島公立醫局醫生和文員的薪酬由華司支付，各地區委員會支付經華司核准的租金、雜役工資和雜項支出。初期醫局在總帳以外，分列維多利亞城、九龍半島各區的帳目，自 1909 年起，醫局總帳之外不再分拆各區收支帳目，只在總帳分列維城、水上及日後成立的筲箕灣醫局支出，1916 年 3 月 1 日起油麻地帳目併入總帳，1917 年下半年起亦併入九龍城帳目，直到 1938 年和 1939 年最後兩份報告才沒有紅磡和深水埗的分區獨立帳目。《華司報》從沒有地區方便醫所的獨立帳目，1907 年起方便醫所的資助見於有關地區醫局帳目。

　　醫局收入只有藥瓶費，灣仔婦產醫院（Wanchai Maternity Hospital）和贊育醫院（1922 至 1933 年屬公立醫局）收取少量費用。[37]1913 至 1926 年每年 500 元藥物費用交雅麗氏醫院直接向海外採購以節省支出，1931 年起改由政府醫藥庫存提供，1939 年的醫務改革報告附件 D 指出政府是以成本價提供。[38] 除了自 1918 年有債券和定期存款利息的收入，中環和筲箕灣醫局分別於 1912 至 1922 年和 1934 至 1938 年租出部分樓房；深水埗醫局於 1920 年出售新九龍地段 141 號而有進款，以及在 1927 年起有八幢樓房專作收租之用。1917 年起政府正式資助公立醫局，[39] 自 1928 年華人慈善基金資助醫局且金額常較政府撥助多，醫局經費基本上是取用於民。

　　1906 至 1915 年油麻地公立醫局十年的帳目皆有盈餘，1916 年

與水上醫局合併，其結餘 3,431 元轉到廣華醫院。除了此項結餘見於公立醫局帳目，在《華司報》廣華醫院帳目中，1915 年收到油麻地公立醫局 375 元退款，1916 至 1928 年及 1931 至 1939 年收到油麻地公立醫局名義兩千多至七千多不同金額的款項（表二），皆不見於1916 年及以後的公立醫局帳目。查香港大學圖書館收存的 1931 年和 1933 年《廣華醫院徵信錄》之收入部分，列出每月公立醫局撥來款銀，兩年分別是 5,634.70 元和 3,773.60 元，兩年的金額與《華司報》廣華醫院帳目所列油麻地醫局款項相同。1931 年和 1933 年《廣華醫院徵信錄》還開列每月碼頭租項收入，兩年租銀分別是 400 元和 300 元。[40] 碼頭租項的由來、何時開始和終止、是否指旺角南頭街附近的碼頭、與合併後油麻地及水上醫局的關係等尚待查證。[41]

《華司報》沒有交待油麻地公立醫局於 1915 年度的結餘安排和為何在 1916 年進行合併，也沒有說明廣華醫院帳目中為何有公立醫局的款項。東華三院檔案的兩則資料透露，1917 年廣華醫院得到舊油麻地公立醫局名義的撥款，合併後公立醫局陸上居民的月捐歸入廣華醫院經費，水上居民的捐款才是公立醫局的經費。[42] 1934 年 12 月李右泉（油麻地公立醫局主席）要求廣華醫院以自身名義勸捐，東華醫院董事表明廣華每年勸捐一次，堅持以公立醫局名義收取月捐款項，確保不影響廣華常年經費。[43] 由此可見，油麻地公立醫局不是廣華醫院的負累，[44] 倒是與水上醫局合併後，其陸上居民的捐款被轉作廣華醫院的經費。

五、收回醫局的賠償

1946 年度醫務報告是戰後公立醫局的首份工作紀錄，其中指出九龍城和紅磡民眾要求復辦醫局和表列了七所醫局的工作，但沒有

表二：1915–1939 年廣華醫院帳目中收到油麻地公立醫局的款項 *

年度	廣華收到公立醫局款額（元）
1915	375
1916	3,431**
1916	5,590
1917	5,977
1918	5,204
1919	4,449
1920	5,389
1921	5,699.72
1922	6,086.82
1923	6,948.95
1924	7,241.88
1925	6,093.48
1926	6,677
1927	6,561.98
1928	6,643.82
1929	無
1930	無
1931	5,634.7
1932	5,070
1933	3,773.6
1934	3,764.6
1935	3,664
1936	3,064.8
1937	2,293.3
1938	5,012
1939	4,303.8

＊ 資料取自歷年華民政務司工作報告
＊＊ 僅此項見於公立醫局帳目

與華司安排交接的資料。[45] 接管公立醫局的計劃雖早見於 1939 年度的醫務報告，[46] 但戰後司徒永覺醫生調養回港後，復任醫務總監，任期不足十個月，1947 年 5 月初離港，未有周詳處理在他回港前已接管的醫局。復辦醫局出現各種問題，如維修經費來源、能否為戰前員工提供退休金和宿舍待遇，及如何處理公立醫局樓房等。[47] 戰後公立醫局地段交還資料表明，於 1974 年交回深水埗八幢作收租用途的樓房，只有租戶獲得賠償，[48] 油麻地公立醫局大樓則因收地進行道路工程，於 1974 年得到賠償。[49] 何以政府作出賠償？

戰後華民政務司經費匱乏，對公立醫局被接管和維修沒有反對意見，並且認同交還契據可將醫局轉作政府建築物。至於不同意庫房將原有定期存款和債券利息等歸入政府收入帳目，當時的原因是戰前醫局職工退休金問題仍未解決。復辦紅磡醫局所引起的水錶安裝和穩固工程費用、灣仔醫局何高俊醫生宿舍待遇、清除白蟻的業主責任等爭議，促使時任華民政務司杜德（Ronald Ruskin Todd）重新檢視公立醫局房產的信託性質和地段紀錄，1950 年的結論是必須通過法例徹底解決信託問題。1952 年華民政務司再被要求將持有款項和債券利息歸入政府收入帳目，因為當時醫局支出全數由政府支付。1953 年債券到期本金取回後，核數部門再三追問立法進展，延至 1961 年布政司仍未將法案草本交行政局審議。[50]

戰後首位華人署任華民政務司徐家祥，曾於 1964 至 1967 年間簽發多份便箋，質問政府徵用公立醫局的理據，指出 20 年沒有收到分文租金，力爭撤回擬交行政局的文件（編號 XCR（63）370），要求大幅修改條例草案，妥當處理其受託人責任，避免捐款者或其代表索償，拒絕將油麻地醫局撥予油麻地警署，以及要求歸還被徵用的公立醫局。[51] 1967 年 8 月 23 日立法局動議《結束華人公立醫局委員會條例草案》首讀時，徐家祥表明此簡短的（原文為「short and simple」）草案旨在終結有關華人公立醫局委員會的土地信託爭議

──該委員會於 1941 年已停止運作，法案可讓華民政務司收結該委員會事務。議事錄中有七小段徐家祥的發言紀錄，交待公立醫局的設立源於處理棄屍問題及醫局工作概況，並簡單說明 14 幅按 1928 年華民政務司法團條例受託地段的現況、資產爾後如何處置等。[52] 1964、1967 和 1969 年，筲箕灣賽馬會診所、油麻地賽馬會診所和灣仔鄧肇堅醫院相繼落成後，華民政務司收回筲箕灣、油麻地和灣仔三所醫局，再租予地區街坊會或慈善團體。[53] 1980 年代筲箕灣和灣仔醫局先後交回政府，兩者交還契據皆沒列明賠償。1974 年油麻地

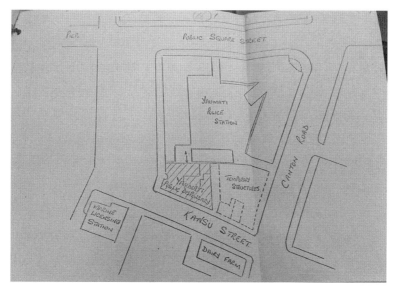

1967 年油麻地公立醫局與警署位置圖。1967 年 3 月警務處長致布政司便箋的附圖（比例：50 呎等於 1 吋），該函要求將公立醫局（斜線部分）納入警署範圍。

圖片來源：Memo of Commissioner of Police to Colonial Secretary dated 21 March 1967 – Attached Plan, Enclosure No. 16, K.I.L. 1296 – Chinese Public Dispensary at Yaumati, 9 April 1947 – 15 May 1974, HKRS337-4-59, Hong Kong Public Records Office（HKRS337-4-59(#16^1)）

鳴謝：政府檔案處歷史檔案館

醫局地段交還契據列明賠償金額，當時 1973 年民政事務司署再次據
理力爭，得到批地條款容許的收地賠償，惟估值經已減半。[54]

六、公立醫局的出生登記處

　　1967 年 3 月 28 日港督戴麟趾（David Clive Crosbie Trench）
主持油麻地賽馬會分科治療所的啟用典禮，同日《工商晚報》刊登位
處油麻地公立醫局的出生登記處將於周六（即 4 月 1 日）遷至廣華
醫院。1950 年《生死註冊條例（第 174 章）》列明出生登記處依然
隸屬醫務總監，1979 年改隸入境事務署前，生死註冊處曾屬登記總
署管轄。[55]1962 年 5 月，登記總署向布政司署申請租用 600 至 800 平
方呎辦公室，擬在九龍中央郵局落成前，解決油麻地出生登記處需
辦理大量個案但空間不足的問題，卻因耗費甚鉅而不獲批准。在戰
後嬰兒潮期間，出生登記處曾設於油麻地公立醫局和廣華醫院內。
出生登記處為何設於公立醫局？它是在何時隸屬於醫務總監？

　　《生死註冊條例》實施前，港督麥當奴（Richard Graves
MacDonnell）曾於 1867 和 1868 年致函理藩院。其函件中指出影響
來港流動人口的因素、華人大多隻身來港謀生，以及錫蘭條例並不
適用於香港。[56]1872 年定例局通過該條例後，撫華道負責香港人口的
生死統計，1873 年起按季刊憲報告，1891 年起改在每年的工作報告
中，及至 1908 年交由潔淨局總辦（Head of Sanitary Department）
負責。條例實施後，港島華人的生死登記按地區於撫華道官署及筲
箕灣、赤柱和香港仔警署處理，九龍半島村落則在油麻地警署。強
行租借新界後，1899 年公告九龍城警署為生死註冊處，1904 年界
定新九龍地區為深水埔和九龍城警署負責範圍，1911 年新界九所警
署定為生死地區登記處。1912 年華人出生登記處改在公立醫局，並

由各區醫局書記擔任地區登記官，原因是婦女惡於進出警署和嬰孩接種疫苗時即可進行登記。1923 年潔淨局總辦公告八所公立醫局負責華人出生登記的地區範圍。1931 年中新成立的香港仔公立醫局接替香港仔警署，為當區華人作出生登記。1932 年起，醫務總監取代潔淨局總辦，依例成為生死登記官，並且安排新界 12 所警署落實地區生死登記工作。醫務工作年度報告自 1932 年起，附件包括生死登記。[57] 潔淨局工作範疇的改變，可視作香港公共衛生和市政再次改革的序幕，以逐步處理 1908 年修訂《公共衛生與建築物條例》的後遺症。市政局成立得力於醫務總監威靈頓醫生推動，而 1906 年展開的《公共衛生與建築物條例》調查可能是導致港督彌敦任期不足三年被調任的原因之一。[58]

結語

　　回溯油麻地公立醫局舊事，撫華道蒲魯賢任內推動多區醫局建設，惟獨油麻地未獲撥地，當與籌建廣華醫院有關，而廣華建院經費落空，反映戰前政府對華人醫療的承擔有限。油麻地與水上醫局合併後，帳目結餘和陸上居民捐款轉作廣華醫院經費，華民政務司工作報告沒有片言隻語交待。戰前公立醫局是主要的華人慈善團體，卻沒有像東華醫院、廣華醫院或保良局受到法例監管，更由不是華籍的華民政務司擔任主席，負責運作公立醫局委員會。1912 年出生登記處改設於公立醫局，是《生死註冊條例》實施 40 年後的重要修訂，直至戰後改屬註冊總署才搬離。公立醫局自成立即與《生死註冊條例》的 1896 年修訂存有關連：疫症爆發後規定遺骸備有死因證明方可下葬，經醫局的西醫書院畢業生診斷證明即免剖驗屍體；1908 年政府更首次公告華人西醫准予簽發死亡證的名單。[59] 設立醫局

的建議早見於 1892 年度撫華道工作報告，但 1892 年 9 月港督回應理藩院查問死因登記和改善華人醫療的進展，只是擬於 1894 年預算中資助西醫書院 2,000 元和畢業生須服務香港；[60] 理藩院覆批雖認同撫華道駱克對九龍沒有一個認可醫生的觀察，但油麻地卻到 1906 年才出現華人自資的醫局，1911 年華人籌款興建的醫院才落成。戰後公立醫局被接管，1960 年代油麻地、灣仔和筲箕灣公立醫局交回華民政務司，端賴首位華人署任司長鍥而不捨的爭取，能取得批地條款容許的收地賠償，正是民政事務司署正直不阿公務員的敢言成果。公立醫局之設說是處理華人棄屍問題，僅在港督盧吉任內收一時之效。[61] 戰前華人公立醫局委員會秉持「濟活與救危」[62]的宗旨，在港島及九龍多區設立官民合辦的公立醫局，即一特殊的慈善機構，在政府規限下由華民自費為民眾提供西式醫療服務。戰前公立醫局事蹟已被遺忘，華人公立醫局的誤稱在多份民政事務局局長法團報告中重複出現，能不教人掩卷慨歎。

附記：本文草成幸得湯保歸校長啟導和訓勉，東華三院文物館提供資料，劉韻儀小姐協助報章資料整理和李明珠小姐校訂，謹此申謝。內文錯誤乃屬筆者。

附錄

資料一：〈公立醫局演說情形〉，《香港華字日報》，1907 年 6 月 10 日。

本港公立醫局於廿八日三句鐘，假座太平戲院演說醫局事宜，到者約四千餘人，座為之滿，華民政務司為主席，畧述公局之原

起，係為利便華人起見，由劉君鑄伯傳譯。

　　馮華川云：主席先生并在座諸君，今日到會蓋為公立醫局之事，諸君有如此熱心，不勝為大眾感謝，我華人寓居本港，而最畏者為時疫二字，身受者則畏劏驗，同居者則畏薰洗，且查屋之人本無醫學，或病者原非時症，而在疑似之間，尤恐其誤會，如此種種畏懼，枕蓆不安，遂至甯棄屍於道而不敢報，職是之故，□至視港地為畏途，弟等目擊耳聞，惻然於心者，蓋已久矣。因與蒲主席劉鑄伯兩君，講求善法，呈請政府，准我等自行設立公立醫局六所，并□分派本港畢業醫學生為各局醫生，凡我華人如有染病之家，即於就近各局，請其診視，倘非時症，則由該醫生給以憑據一紙，俾其安心調理。如果係疫症亦可保全，免其劏驗。如有洗屋，該局亦有公正之人董其事。如有因洗屋而至毀壞物件，亦由潔淨局主席及劉鑄伯君與弟三人估其價值歸□政府給還。或有小孩身故送來各局，即由該局給銀一元以酬其勞。所有辦法務臻妥善。此醫局係主席蒲君、劉鑄伯與弟三人創設，蒲君仍恐我三人有時或不暇兼顧，是以本年再派值理十八位，為陳君培階、郭君耀垣、周君少岐、卓君堯峰、莫君文暢、古君輝山、林君子峰、李君竹如、招君畫三、梁君建安、李君佑泉、梅君景石、胡君海籌、蕭君遠輝、彭君壽春、潘君寅存、謝君贊泰、黃君花農，同為勷理以期久遠。此後我居港華人，如有染病者，固宜請局醫診視，以藉保全。至於藥服中西，聽其自擇，或不幸而死者，尤不可如前，棄屍道路以傷骨肉之情，則樂業安居，前之視為畏途者，今則可以視為樂土矣。但願在座諸君互相傳述，使港內居人盡悉此公立醫局之便益，以副政府愛我華人，能俯順輿情之大德也。有人謂我華人每不滿於政府立法之嚴苛，又不肯出而助政府之不逮，而通上下之情，及法已立，而退有後言，豈非無益乎！此言真足以窺破我華人之陋習者矣，在座諸君已多明此旨，亦當同此抱歉，深望廣為勸導，俾我華人終有自治

之見識，思想協助政府，共致太平，庶不負主席與及發起各君之苦心，而諸君今日此行亦不虛矣。

劉君鑄伯云：馮君所言，諸君料已聆悉，如或另有所疑及有不明白，抑別有所見，不妨直抒議論，從長商酌。

資料二：〈紀劉君鑄伯演說〉，《香港華字日報》，1907 年 6 月 24 日。

十二日劉君鑄伯在高陞戲院演說，勸華人勿棄屍事，及公立醫院之裨益華人，是日華民政務司為主席，馮君華川及公立醫局值理均到會，午後三點鐘開演，到場約二千人，座為之滿。

馮君華川先起而言曰：今日之演說事，想在場諸君，皆已先知，現局中同人以我等華人，多有棄屍陋習，故特請劉君鑄伯將潔淨新例及本局利益，詳晰解明，俾眾周知。

劉君鑄伯曰：座中諸君皆弟之好友，今日弟之所言，乃係公立醫局利益華人之事，現公立醫局共有六所，一在西營盤第一街，一在九如坊，一在灣仔，一在九龍，一在油蔴地，一在紅磡，均派有華人書記及西醫駐局，該西醫是華人習西醫之術。諸君如有患難之事任往各醫局，詢問書記及西醫便知一切，其有病死或疫證，經請用局中醫生看過何證，給回憑據紙一張，則可免剖屍之事。又如有人患疫，薰洗一層，且有醫局書記工人監視，如有毀壞什物，由潔淨局賠償。溯公立醫局創設在一千九百零四年，前任港督禰行文潔淨局，謂華人棄屍之事，有何善法可以銷滅，故設公立醫局，將潔淨則例［皆］告華人，及為種種利便華人之事，以免棄屍。現今潔淨之例經已改妥，不比從前之過嚴，我華人此後，決不可仍前棄屍，望諸君將弟所陳之意，告之同居或相識之人，永除棄屍之陋習。此事政府責成弟担任，如再有棄屍之弊，弟必至里□，弟目下不敢留鬚，實因此故。今逢禮拜六日之期，諸君臨場聽弟演說，弟實深為

感激等語，場中人皆為鼓掌。

馮君華川又言曰：劉君鑄伯所言之事，諸君料已共知，弟前月廿日在太平戲院，曾將公立醫局所設，利益華人之事經已說明。今劉君鑄伯所言，如我華人仍有棄屍之事，則劉君必至脫鬚，但我等華人共知潔局之例不同，後日諒必不復棄屍。劉君亦斷無脫鬚之理，即使鬚果脫去，然此為公益之事，當亦無妨。諸君於此事，倘有未明可向醫局或弟處，再為究問。

蒲政務司即起言曰：劉君鑄伯所演說之〔言〕，諸君當勸導華人，照此解說，此後勿再棄屍。

譚君子剛亦起而言曰：劉君鑄伯今日演說，乃為我等華人利益起見，望諸君傳佈於衆，勿更棄屍，免設立醫局之三官紳，為政府所責備，並代衆人向官紳稱謝，衆聞言皆鼓掌而散。

資料三：〈油蔴地及水上公立醫局開幕〉，《香港華字日報》，1916 年 1 月 27 日。

昨日下午油蔴地公立醫局及水上醫局行開幕禮，港督、港督夫人、輔政司、華民政務司、督署秘書官、劉鑄伯、韋寶珊、李右泉諸君及值理等多人，均與會焉。

李右泉歡迎來賓後演說，畧謂油蔴地公立醫局成立以來，拾有餘年，水陸居民獲益良多，惟其中詳細各情，恕不陳述。幸蒙政府撥地為建築公立醫局之用，故油蔴地原有之醫局，得與水上醫局合併也。今日此局開幕，與生意開張不同，吾不能望其將來發達，祇望將來辦事各員殊無忙碌之狀耳，救濟病人固是善事，然無病人可濟則尤為善，此政府與值理之所厚望焉。吾更望吾之願可償也。因病症流行，故有公立醫局之設，今醫局既已成立，病症或可完全自滅，且藉港督吉星照耀，病症自然消滅，此值理等之所深信者也。說畢旋請港督行開幕之禮。

　　港督開幕之辭，先追論本港醫局之起源，謂當香港疫症盛行之時，政府決意與華人協力以消除其毒，其首先之辦法是使居民將症報告，以便將染者移入醫院，限制其傳染。由是醫局先成立于域多利城，然後逐漸推廣。醫局歸壹華人西醫，全權盡法管理。至壹玖壹四年，本港醫局診症只有捌萬六千宗，而供給之數達叁萬玖千元。此宗巨款全由華人熱心捐助，防止疫症、痘症及別傳染等症之力，政府得華人協力之助誠屬不少。此新醫局之建費，計銀六千五百元，完全由油蔴地善長捐助，內有壹部分是由劉鑄伯君及其友人，各皆慷慨捐銀五百元，以為建築之費。此又可見**華人之協力辦事，不費於政府也**。余身為行政官長不得不深謝，油蔴地之人士與其友人急公好義之心。至於主席以余為吉星照耀，余可□余前四拾五年，未有壹日病在床中者。願此星庇護各人，皆得康健云。說畢隨即宣佈開幕。

資料四：〈來稿照登〉，《香港華字日報》，1907 年 10 月 29 日。

（筆者按：即丁未六月初九日（1907 年 7 月 18 日）〈眾紳稟請興建油蔴地醫院〉）

　　具稟人何啟韋玉等，稟為興建油蔴地醫院，懇詳　督憲乞恩給與資欵用臻厥成，併求年助養院經費以廣　皇仁而惠黎庶事。竊以油蔴地毗連新界，迤邐九龍一帶半壁河山，地方遼闊，居民浩眾，加之九廣鐵路將成，行見輻輳所至，商業陡興，更非疇昔可比，紳等迭據是處商民殷告，謂邇年鋪戶日增，丁□日盛，疾疹間作，勢必日見其多，雖港地有東華醫院以藥以醫，畢竟一水遙遙，緩急尚難獲濟，何如就地設院，始足以利便群生，猶為功德莫大等。由紳等目擊摯誠，因時制宜，於該地立院，是弗可須臾緩者，乃弗辭讕劣竭，力謀為己。曾稟請　皇家給有地址一所在案，旋向港上街坊題捐，已得四萬二千元，更於油蔴地新界九龍等處，中西人士簽將二萬元，二共會計現有六萬二千元之的欵。惟大廈非一木能

支，車薪非杯水可弭，綜其大致建院工料，須五萬五千元，院用傢私器具須五千元，院事既竣，每年經費須一萬六千五百元，乃足以供敷衍。預維經費一節，於本土街坊年中可簽六千元，東華醫院年發二千元，求我　皇家歲助六千五百元，猶欠二千元之數，非得三萬元母本生放，每歲收其子息藉以彌縫，殆未克臻者濟夫，為善弗厭其滋，樹德豈嫌其厚，紳等別無他著堪籌，祇有籲乞　皇家恩賞，如紳等所簽六萬二千元的歟，以為建院之資，更於每年給發六千五百元為養院之費，如是則該院規模大備，堪可久持，勢若金甌之固，再查東華醫院業西醫之華人，其常［川］使用向係皇家所與，今若每年有此六千五百元巨歟支給，則該生使用可由醫院自理，毋煩皇家分歧，以院內除此華人西醫之外，於皇家西醫另派一名前往監督，而皇家大醫生亦可隨時親駕巡視，一如東華醫院現章循辦。惟此懇恩賞給建院工程及養院經費，兩端理合一併陳明，上叩崇轅，伏望仁臺大人，丙鑒轉詳督憲大人鈞察，恩准所請，照給施行，則斯土斯民，永戴鴻慈，伊無既極矣，右稟上呈

　　華民政務使司蒲大人臺前惠鑒

　　丁未六月初九日　何啟　韋玉　馮華川　劉鑄伯　周少岐　何甘棠　潘寅存　李鳳珊　周熾卿　李右泉　何蕚樓　唐麗泉　鄧志昂　古輝山　等叩稟

資料五：〈來稿照登〉，《香港華字日報》，1907 年 10 月 30 日。

（筆者按：即〈撫華道（1907 年 8 月初）覆函〉）

　　沃生寶珊仁兄：大人閣下案准閣下暨馮紳華川等函，稱以油蔴地距離港地，雖屬一衣帶水，惟東華醫院治［療］病民究難利便，迭據是處商民殷請就地設院，現經籌得經費六萬二千元，惟將來院事竣後，不敷甚多，懇請轉求政府照捐數賞給歟項，并每年給發院費六千五百元等。由經本司詳奉督憲批行，以所請撥歟一事，應俟

明年進支預算表發布後，再行核［處］，約遲一二月當可商議等，因即經遵批函布台端，知照在案。現復奉督憲批行，該紳等前擬在油蔴地就近建設醫院，俾可利便居民，具見列紳存奠安羣庶之心，使躋登仁［義］之域，嘉詣善行，殊堪欽佩。本部堂對于茲舉，甚為加薦，現擬先由皇家撥送地段一區，為建院基□之用，并助給嘗欵三萬元，及俟該院告成後，每年撥給院費六千五百員。凡茲三端均本部堂勉力維持，欲以［副］諸紳，玉成之望者也。惟是此事須先由本港定例局會議，再詳請理藩院核奪，兼之撥給院費現不能決定何時，須察看國帑度支情形始能發給。

又稟內所稱，如皇家允助六萬貳千元為建院之資，更每年給發六千五百元為養院之費，則該院規模大備，勢堪久持等語，尤見列紳創始，即求經久可大之規，將來斯免半途而廢之患，但建院之費，公家現在僅能助給其半，則所欠三萬餘元尚無的欵可指。想列紳既具斯宏願，必能集腋以成，尚希再行竭力籌捐，當可再湊約貳萬元之數。誠如是則該院磐石之安，金甌之固，自不難如願以償，此又本部堂所厚望於諸紳者矣。

其餘所擬章程，如請業西醫之華人常用駐院，及皇家西醫一名前往監督，皇家大醫生可隨時親駕巡視數節，均臻妥協，應准照行。惟業西醫之華人，在本部堂之意，擬由皇家聘定，惟未諗列紳之意奚？若仰安撫司轉告列紳知之等。因奉此相應遵批函布台端，希為電察，并轉致馮劉列紳知照，是所切盼，專此奉布，

　　敬頌均祺　名正具

1　Ho, F. C. S., *Western Medicine for Chinese: How the Hong Kong College of Medicine Achieved a Breakthrough* (Hong Kong: Hong Kong University Press, 2017), 75-78

2　有關西方醫學在港的發展歷程，見 Chan-Yeung, M. M. W., *A Medical History of Hong Kong: 1842-1941* (Hong Kong : The Chinese University of Hong Kong Press, 2018)；羅婉嫻:《香港西醫發展史 1842-1990》(香港：中華書局，2018)。香港公共衛生史，見 Yip, K. C., Wong, M. K., & Leung, Y. S., *A Documentary History of Public Health in Hong Kong* (Hong Kong: The Chinese University of Hong Kong Press, 2018)。

3　1928 年《華民政務司法團條例》在戰後是香港條例第 310 章，現為《民政事務局局長法團條例》(第 1044 章)。

4　劉潤和:《香港市議會史 1883-1999：從潔淨局到市政局及區域市政局》(香港：康樂及文化事務署，2002)，頁 71。「一名醫官被借調華民政務司參與管理中醫院及中藥房的工作」，英文原文是「A medical officer was seconded to Chinese Secretariat for work related to Chinese hospital and Chinese dispensaries.」(頁 73)。

5　Selwyn-Clarke, P. S., *Report on Medical and Health Conditions in Hong Kong for the Period 1st January, 1942 - 31st August, 1945* (London: His Majesty's Stationery Office, 1946), 16.

6　李威成:〈日佔時期香港醫療衛生的管理模式：以《香港日報》為主要參考〉,《臺大文史哲學報》，第 88 期 (2017)，頁 119-155。有關公立醫局討論，見頁 127-128。

7　*Report of the Director of Medical Services for 1946*, 21-22. *Report of the Director of Medical Services for 1947*, 23-24. *Report of the Director of Medical Services for January 1948 - March 1949*, 38-39. 1949 年的《香港年鑑（第二回）》(香港：華僑日報，1949)，下卷頁 F18 沒有開列赤柱公立醫局。

8　新界醫療分區、租借新界後醫療措置的梗概，以及 1933 年兩次與聖約翰救傷隊舉行會議協調新界區的醫療分工，見 1931 年度醫務報告頁 M86、M88 及 1933 年度醫務報告頁 M113-114。另見概況於 Wellington A. R. (Director of Medical Service), *Changes in the Public Health Organisation of Hong Kong During the Period 1929 to 1937 (Sessional Paper No. 4 of 1937)*, 20 February 1937。第 55 至 59 段介紹其任內新界醫療服務的發展。

9　Lau, L. K. P., "Traces of a Modern Hong Kong Architectural Practice: Chau & Lee Architects, 1933-1991," *Journal of the Royal Asiatic Society Hong Kong Branch* 54 (2014), 59-79. 深水埗公立醫局建築風格的分析，見頁 65-67。

10　蒲魯賢徑（Brewin Path）位於港島半山區。蒲魯賢慈善信託基金（基金）按照《蒲魯賢慈善信託基金條例》(第 1077 章) 成立 (https://www.elegislation.gov.hk/hk/cap1077!en-zh-Hant-HK?INDEX_CS=N&xpid=ID_1438402556446_002)，可參考東華三院百年史略編纂委員會:《東華三院百年史略（上冊）》(香港：香港東華三院庚戌年董事局，1971)，頁 96-97。

11　馮穗祥（華川）1899-1909 年任潔淨局局員，曾任東華醫院壬辰年總理（1892 年中華匯理銀行）、丁酉年總理（1897 年中華銀行）、辛丑年首總理（1901 年旗昌銀行），以及保良局己亥年（1899-1900）和癸卯年（1903-1904）主席。劉鶴齡（鑄伯）於 1901-1911 年任潔淨局局員，曾任東華醫院己亥年總理（1899 年屈臣氏洋行）和己酉年主席（1909 年股商）。兩人皆為廣華醫院倡建總理，見東華三院百年史略編纂委員會：《東華三院百年史略（上冊）》，頁 66-68、73。有關劉鑄伯的研究，見蔡惠堯：〈深港聞人劉鑄伯：生平、志業與意義〉，《臺灣師大歷史學報》，第 50 期（2013），頁 199-245。

12　馮華川和劉鑄伯的演說內容分別刊載於《香港華字日報》1907 年 6 月 10 日和 6 月 24 日。*Hong Kong Daily Press*, 24 June 1907.

13　〈捉獲棄屍賞格〉，《香港華字日報》，1908 年 5 月 4 日，香港新聞。

14　《東華三院發展史》和《東華三院百年史略》中，〈東華三院九十年來大事記〉和〈東華三院百年大事年表〉的記述，是 1905 年 4 月 11 日九龍紳商曾到院，舉行增設分局會議，因經費籌措不易和疫症漸退，此事遂延擱不辦。1908 年 12 月接華民司函，公立醫局自 1909 年由華民司料理，又着首總理三位擔任公立醫局值理。見東華三院發展史編纂委員會：《東華三院發展史》（香港：香港東華三院庚子年董事局，1961），〈第四輯〉頁 4-5；東華三院百年史略編纂委員會：《東華三院百年史略（下冊）》，（香港：香港東華三院庚戌年董事局，1971），頁 59-60。

15　*Hong Kong Hansard*, 21 December 1916 & 5 June 1919.

16　1919 年東約率先提供婦產服務，1911 年啟用禮照片見似有東約公立醫院的名稱。公立醫局設立的贊育醫院於 1922 年啟用，並於 1934 年 1 月交政府管理。

17　〈各區公立醫局將直轄衛生局〉，《香港工商日報》，1947 年 2 月 17 日，第 3 版。

18　有關李耀祥參與戰後九龍城街坊福利會和捐助開設李基紀念醫局，見梁元生、卜永堅：《香港園丁：李耀祥傳》（香港：中華書局，2019），頁 162-173。

19　見 1906 年政府醫務報告有關 plague measure 部分，頁 425。

20　1909 年《華司報》購入躉船和維修的支出為 844 元。

21　Establishment of a Dispensary for Boat Population, 2 March 1909 – 26 August 1909, HKRS58-1-46-44, Hong Kong Public Records Office.《華司報》1909 及 1910 年度公立醫局有關章節。

22　合併後醫局開幕禮的報道見於《香港華字日報》，1916 年 1 月 27 日及 *Hong Kong Telegraph*, 26 January 1916。

23　Dispensary for the Boat Population, 15 May 1915, CO 129/422, 177-182. Yaumati Harbour Dispensary, 4 Apr 1916, CO 129/432, 383-387.

24　《華司報》1931 及 1932 年帳目中支付建築商 Tai Tack Shing 費用，分別為 19,461.22 元和 5,000 元，合共 24,461.22 元。

25　油麻地賽馬會診所今存 1967 年 3 月 28 日港督戴麟趾主持啟用典禮的銅製牌匾。

26　見注 3 有關官銜的變更；K.I.L. 1296 – Deed of Surrender, 10 May 1974, HKRS265-22B-71, Hong Kong Public Records Office。

27　有關龍津義學部分，見黃佩佳（沈思編校）:《香港本地風光‧附新界百詠》（香港：商務印書館，2017），頁 86、142。District Plague Hospital in Kowloon City – Petition for Permission to Utilize a Government Building & for Grant of Money for Repairing Same, 30 April 1907 – 14 June 1907, HKRS58-1-40-13, Hong Kong Public Records Office.

28　西約方便醫所，即現西營盤長春社文化古蹟資源中心，原址保存〈西約方便所記〉碑，刻有:「時疫之禍吾港民，也十數易寒暑矣，遞至流行，未之或息，好善者憂之，于是有公立醫局之設，然診視有局，而留醫不可無所也，于是又有方便所之開辦。查西約方便所，始以款項未充，因陋就簡，暫賃民屋數椽以為留醫之處……」District Plague Hospital, 22 May 1908, CO 129/347, 328–333. Grant of Crown Land, 7 February 1911, CO 129/375, 229–234.

29　Land for Chinese Dispensary, 4 August 1909, CO 129/357, 233–240. Land for Plague Hospital at Wanchai, 5 August 1909, CO 129/357, 278–284. Sales of Piece of Land to Chinese Public, 29 July 1910, CO 129/367, 533–539. Site for Temple and Dispensary at Shamshuipo, 29 May 1912, CO 129/390, 181–186. Lease of Site for Public Dispensary, 28 August 1912, CO 129/391, 409–413.

30　Police Morning Report – Forwarding the Tung Wah Branch Hospital at Kowloon 1. Proposed Establishment. 2. Suggest Endowment & Annual Grant, 24 October 1905 – 17 March 1908, HKRS58-1-33-1, Hong Kong Public Records Office. 港督彌敦對建院地段的批示:「Before communicating this to the Directors we will however wait for them to approach us on the subject of establishing such a hospital & let R. G. see. M. N. 17.11」。

31　同上，檔案中:8/5/07 F. H. M. to Hon Col. Sec. "I want an assurance in writing from Tung Wa Hospital Comtee …. only be recommended to S of S on condition that …."。

32　同上，檔案中:Registrar General to Colonial Secretary dated 26 July 1907（C. S. O. No.5759, Rec'd 29 July am, Regd）附有該稟請英譯本。《華字日報》於 1907 年 10 月 29 日和 10 月 30 日分別刊載稟請原文和覆函，報載覆函指政府撥助須由理藩院定奪，30,000 元建院經費最終落空。

33　Hospital Accommodation, 14 November 1907, CO 129/342, 17–25. 理藩院批覆亦見於 HKRS58-1-33-1 檔案中。

34　何佩然:《源與流 —— 東華醫院的創立與演進》（香港：三聯書店，2009），頁 278–279。

35　No. 38 of 1911, *An Ordinance for the establishment of a hospital for the care and treatment of Chinese patients in the Kowloon Peninsula* [24 August 1911]: "Section No. 7. The small-pox hospital now under course of erection by the Tung Wa Hospital on Kowloon Inland Lot No. 1264 shall be considered to be part of the Kwong Wa Hospital, and this Ordinance shall apply equally to it as to the Kwong Wa Hospital."

36　HKRS58-1-33-1 檔案中，浦氏原文:「In discussing the question of Government assistance to the hospital I had to point out to the Committee that there was no inspired law which laid down that hospitals should be maintained by the Government and I now take the opportunity of pointing out with all respect that no government least of all an autocratic and paternal Government can tell a section of the community that it is that duty and not that of the Government to provide hospital accommodation for the poorer numbers of that section. What portion of the cost of a hospital should be defrayed by the community as a whole out of taxation and what portion by charity out of the pockets of the richer citizens is only a question of expediency.」。

37　贊育醫院的帳目顯示 1928 至 1933 年間還有少量租金收入。

38　Selwyn-Clarke, S., & Technical Committee for the Reorganization Improvement of Existing Official Hospital Clinical Facilities, "Appendix D: (e) Chinese public dispensaries," in *Report of the Technical Committee for the Reorganization and Improvement of Existing Official Hospital and Clinical Facilities of the Colony of Hong Kong, 1938–1939* (Hong Kong: Noronha & Co., 1939), 77.

39　定例局 1916 年 12 月 21 日議事紀錄。

40　《廣華醫院徵信錄》1931 和 1933 年碼頭租項原文抄錄如下：「七月碼頭租項合成公司由辛未四月至壬申三月尾旺角碼頭租銀 400 元」，「八月碼頭租項合成公司癸［酉］四月初一至甲［戌］三月尾止銀 300 元正」。《徵信錄》（香港：廣華醫院，1931）；《廣華醫院、東華東院徵信錄》（香港：東華三院，1933）。

41　《東華三院百年史略（下冊）》頁 64 的〈東華三院百年大事年表〉中，1915 及 1916 年所指的「旺角碼頭」，與東華三院嘗產建設計劃編纂委員會：《東華三院嘗產建設計劃》（香港：香港東華三院癸卯年董事局，1964），頁 271〈東華三院歷年建設紀要〉中的「水上醫局」，兩者與合併後醫局的關係未能確定。

42　何佩然：《源與流》，頁 311。

43　同上，頁 172–173。

44　〈立法會參考資料摘要〉（檔案編號：DEVB/C 30/32/1《古物及古蹟條例》（第 53 章）《2010 年古物及古蹟（歷史建築物的宣佈）公告》）內「附件 B：東華三院文物館」之第 3 段：「油麻地公立醫局其後歸入廣華醫院的行政架構之下，導致醫院的財政問題更形嚴重。」

45　*Report of the Director of Medical Services for 1946, 21–22. Report of the Director of Medical Services for 1947, 23–24. Report of the Director of Medical Services for January 1948 – March 1949, 38–39.*

46　1939 年度醫務報告，頁 M30 之建議原文：「(J) The question of transferring the Chinese public dispensaries, now conducted on a semi-charitable basis, to the Medical Department with a view to their eventual development as health centres has been considered and it is expected that steps will be taken to carry out the transfer of certain of the more suitable centres in 1940.」；另頁 M49 之第 209 段。

47　政府檔案處歷史檔案館資料：【灣仔】Eastern Chinese Public Dispensary Repairs to …，

17 July 1948 – 21 December 1972, HKRS621-1-18；﹝紅磡﹞Chinese Dispensary at Hung Hom – Additions, Alterations and Repairs to …, 23 December 1947 – 22 January 1953, HKRS156-1-697；﹝油麻地﹞K.I.L. 1296 – Chinese Public Dispensary at Yaumati, 9 April 1947 – 15 May 1974, HKRS337-4-59；﹝筲箕灣﹞Sha Kei Wan Clinic & Maternity Home 1. Provision of Accommodation for the … on SIL 430 2. Construction of a New Financed by the Jockey Club, 2 March 1948 – 16 July 1968, HKRS621-1-14；﹝維修及業權﹞Chinese Public Dispensaries 1. Question of Legal Ownership and Maintenance of the Building of the … 2. Question of the Govt. Take Over Assets of …, 21 October 1948 – 8 December 1967, HKRS1394-1-26。

48　N.K.I.L. 473 – 3/9, Shek Kip Mei Street, KLN – Grant of a New Crown Lease in Respect of …, 30 September 1969 – 18 January 1977, HKRS337-4-2642, Hong Kong Public Records Office. N.K.I.L. 474 – 2/8, S Shek Kip Mei Street, KLN – Grant of a New Crown Lease in Respect of …, 30 September 1969 – 26 September 1973, HKRS337-4-2643, Hong Kong Public Records Office. N.K.I.L. 473 & 474 – Deed of Surrender, 9 October 1974, HKRS265-22C-33, Hong Kong Public Records Office.

49　K.I.L.1296 – Deed of Surrender, HKRS265-22B-71.

50　Securities (Investments) – Chinese Public Dispensaries Fund, 17 June 1947 – 9 February 1961, HKRS931-6-416, Hong Kong Public Records Office.

51　Chinese Public Dispensaries, HKRS1394-1-26；徐家祥簽發的多份便箋：Enclosure No. 18 (30 September 1964), No. 19 (23 November 1964), No. 21 (18 March 1965), No. 24 (7 August 1965) 和 No. 32 (26 July 1966)。徐氏拒絕將醫局移交警署的 1967 年便箋，見於前引油麻地檔案（K.I.L. 1296 – Chinese Public Dispensary at Yaumati, HKRS337-4-59）的第 16 號文件（Enclosure No. 16, dated 31 March 1967）。

52　*Hong Kong Hansard*, 23 August 1967. 1928 年《華民政務司法團條例》的議事紀錄是 *Hong Kong Hansard*, 29 March 1928，該例首讀發言第二段中 Schedule Part II 為華人公立醫局，Parts I、III、IV 分別是團防局、廟宇和雜類信託（如學校等）。

53　1932 年交回九龍城醫局兩地段（Lot No. 6625 in SD1, N. K. I. L. 35）以換取（N. K. I. L. 1126）建新局，日據時期因機場擴建而遭拆毀；西約醫局於 1949 年併入已於 1933 年無條件交回政府的贊育醫院；深水埔醫局 1952 年交回；1961 年交回紅磡醫局換地建學校，同年中約醫局予街坊使用；香港仔醫局只是租用兩個舖位。

54　同前引油麻地檔案（K.I.L. 1296 – Chinese Public Dispensary at Yaumati, HKRS337-4-59），1973 年 2 月 7 日便箋（SHA to CS Memo）原文：「My general comments are that S. H. A. Incorporated cannot continue to be charitable if the Government is going to deprive us of our assets. Admittedly, in some cases lease conditions stop us from getting resumption compensation for land but surely when we are entitled to compensation for buildings that money should be paid to us, otherwise there is little point in maintaining S. H. A. Incorporated as a corporate body. I fear therefore that I must insist on pressing for compensation for the building in the above lot, even if it has to go to the Resumption Board.」；有關估值討論，見同檔案便箋（例如 Enclosure No. 45）。

55　同前引油麻地檔案（HKRS337-4-59）之便箋（Enclosure Nos. 10 & 11）：Registrar General to Colonial Secretariat dated 22 May 1962 and Colonial Secretariat to Registrar General dated 9 June 1962。

56　Registration of Births and Deaths, 28 June 1867, CO 129/122, 304-306. Birth, Deaths and Marriages-non-Chinese, 28 June 1867, CO 129/122, 307-309. Registration of Births and Deaths & Marriages, 11 September 1868, CO 129/132, 317-320.

57　1872、1899、1904、1911、1923、1931 和 1932 年的有關憲報：(1) Registration of Births and Deaths, Notice, GA 1872 No. 233, 14 December 1872. (2) Police Station, Kowloon City, Register Office of Births and Deaths, GA 1899 No. 383, 8 July 1899. (3) Registration of Births and Deaths － Boundaries of Districts, GA 1904 No. 468, 24 June 1904. (4) Registry Offices in the New Territories for Births and Deaths, GA 1911 No. 80, 31 March 1911. (5) Limits of Districts in Respect of Which District Registries Have Been Established, GA 1923 No. 571, 28 December 1923. (6) The Chinese Public Dispensary, Aberdeen, Established as a District Registry Office, GA 1931 No. 464, 17 July 1931. Amendment of Notification No. 571 of 28 December 1923, GA 1931 No. 465, 17 July 1931. (7) Notification under Section 4 of the Births and Deaths Registration Ordinance, 1896, GA 1932 No.19, 8 January 1932。1912 年條例修訂，見 *Hong Kong Hansard*, 7 March 1912 和 Ordinance 3 of 1912, Births & Deaths Registration Amendment, 15 March 1912, CO 129/389, 172-174。1932 年的生死註冊資料，見 Appendix H: Registration of Births & Deaths, *Medical and Sanitary Report for Year of 1932*。

58　Commission by H. E. the Governor to enquire into and report on the administration of the Sanitary and Building Regulations, &c., GA 1906 No. 390, 11 May 1906. *Report of the Commission appointed by His Excellency the Governor to enquire into and report on the Administration of the Sanitary and Building Regulations enacted by the Public Health and Buildings Ordinance 1903, and the existence of corruption among the Officials charged with the Administration of the aforesaid Regulations* (Hong Kong Legislative Council Sessional Papers 1907). 此龐雜調查報告於 1907 年 4 月 18 日交定例局。曾任潔淨局總辦的 Sayer 對潔淨局的評論：「It was a solution involving the replacement of professional by lay, physician by administrator, …. the supersession of a permanent official personally responsible by a succession of temporary lieutenants.」，見 Sayer, G. R., *Hong Kong 1862-1919: Years of Discretion* (2nd imp.) (Hong Kong：Hong Kong University Press, 1985), 97。威靈頓醫生任內推動的改革，見其定例局報告：Wellington, A. R., *Changes in the Public Health Organisation of Hong Kong During the Period 1929 to 1937,* Hong Kong Legislative Council Sessional Paper No. 4 of 1937, 104 & 107-108。

59　Ordinance 16 of 1896, Registration of Births and Deaths, CO 129/272, 462-465. List of Chinese Medical Practitioners Authorized to Grant Death Certificates, GA 1908 no. 482, 8 July 1908.

60　Registration of Deaths Among Chinese, Provision of Medical Services, CO 129/256, 198-219.

61　1910 年 4 月盧督回鄉休假前，華商呈獻原為香港大學奠基禮準備的頌詞，精絲繡上「而

於我華人公益善舉，尤為鼎力，贊勷靡不令人稱道，如港中棄屍之事，曩者數見不鮮，公用股憂，力謀洗革，乃與公立醫局妥籌辦法，棄屍之陋習幾絕跡焉」。《學府時光：香港大學的歷史面貌展覽開幕禮及呈盧督頌詞授展儀式》（香港：香港大學美術博物館，2001），頁 17。1912 年 3 月何啟在定例局致辭中，表揚盧督遏止棄屍與妥善建立醫局和醫所，為貧苦華人謀福祉和宣傳衛生知識與法規（*Hong Kong Hansard*: 12 March 1912）。1932 至 1936 年醫務報告指出棄屍問題嚴重。

62　廣華醫院舊大堂懸掛筲箕灣公立醫局值理的賀聯，下款鈐印「濟活」與「救危」兩方章。東華三院檔案及歷史文化辦公室：《胞與為懷 —— 東華三院文物館牌匾對聯圖錄》（香港：中華書局，2016），頁 154。

開拓九龍塘：
義德的出師未捷

鄭宏泰、鄭心靈

前言

1910 年初，麼地（Hormusjee N. Mody, 1838-1911）和遮打（Catchick Paul Chater, 1846-1926）這兩位在香港社會極具影響力的知名人物作了一項私下安排：若然二人過身或遇到不測，他們合夥的「遮打麼地公司」（Chater Mody & Co.），將由時任「於仁保險」（Union Insurance Society of Canton）的總經理義德（Charles Montague Ede, 1864-1925）領導。[1]原來，當時遮打需要離港赴英，但麼地則健康甚差，相信時日無多，[2]為免公司因合夥人離世而出現真空或動盪，故作出如此安排。

若細心思考，這樣的委託其實相當特殊。因為雖然遮打無兒無女，在港亦沒有可信賴的至親，委派「外人」接掌生意算是合情合理；但麼地妻兒子女均在香港，其中三子謝漢吉．麼地（Jehangir H. Mody）為股票經紀，對金融業務有一定認識，之所以捨他而授權「外人」，雖反映義德的性格、能力、信譽及人脈關係等有過人之

處，才獲這兩位老謀深算又閱人無數的商業鉅子臨危授命，但其實也反映了麼地與兒子間存在不容低估的問題；至於遮打很可能亦對麼地家人或兒子缺乏信任，值得日後另文探討。到底這位義德是何許人也？今時今日應該鮮有人知道，因為除了九龍塘的義德道刻下了他曾經存在的鮮明痕跡，聽過他故事的人相信不多。本文將聚焦於他的身上，主要從利就於仁保險、名揚行政立法兩局、飲恨花園城市計劃及留名九龍塘四個層面作出分析，簡略介紹義德這位近乎淹沒於香港歷史的傳奇人物故事。

一、利就於仁保險

據悉，義德於 1864 年在君士坦丁堡出生，祖籍或祖輩來自英國一個名叫康瓦爾人（Cornish）的古老原住民族群。[3] 他的童年及求學資料相當缺乏，只知道他在 1884 年 3 月，即約 19 歲左右東來，加入於仁保險。[4] 此事是他事業的起步點，也是他人生成就的最穩固根基。促使他千里迢迢前來並投身於仁保險的主要原因，應與其叔父 N J‧義德（Nathaniel J. Ede）乃該公司高層有關。

在了解於仁保險對義德的重要性前，先簡略介紹於仁保險這家公司的背景及發展歷程。於仁保險是一家歷史悠久的英資保險公司，[5] 此公司於 1835 年由顛地洋行（Dent & Co.，另譯寶順洋行）牽頭在廣州創立，[6] 創立資本 5 萬元（分為 100 股，每股 500 元）。成立的原因是東印度公司於 1834 年結束在華貿易壟斷地位後，在自由競爭下商機無限，大量獨立商人湧入，但航行、經營及貨幣兌換等存在不少變數，為了轉嫁及攤分風險，不少商人都會購買保險，令保險業在中國有了發展空間。

不過，於仁保險的發展過程曾遇不少波折，如創立不久的 1839

年，因林則徐雷厲風行禁止鴉片走私，中英關係十分緊張，不少洋商離開廣州，於仁保險亦一度跟隨母公司轉到澳門。至第一次鴉片戰爭，英國取得香港後不久，於仁保險又跟隨母公司遷至香港繼續業務。到了 1860 年代，母公司顛地洋行投資失誤，債台高築，更於 1868 年倒台清盤，旗下的於仁保險難免亦受牽連，幸好當時本身財政穩健，加上早作部署，得以在那個風高浪急的時刻生存下來。

在顛地洋行清盤前一年的 1867 年，於仁保險召開股東會議，股東通過決定脫離顛地洋行獨立註冊，[7] 並由渣甸洋行大班威廉・凱瑟克（William Keswick）出任新公司董事局的主席，而一位名叫威廉斯

世紀初之於仁行
圖片來源：Wikimedia Commons

（C. D. Williams）的英國人則作主管統領實務。[8]可能萬事起頭難，成為獨立公司初期業務不見起色，威廉斯在任約一年後便以健康理由辭職，管理大權在 1868 年轉交屈特摩（Robert Whatmore）。

屈特摩在任時間亦不長，但他作出了兩項改革，令公司得以繼續發展。首先，他大增股東，把原來只有 5 萬元的股本倍增加至 125 萬元（分為 250 股，每股 5,000 元，繳足股本 25 萬，即每股實繳股本 1,000 元），用作開拓業務。其次，他將派息由每年一次改為三年一次，讓公司可先積存利潤，打好財政底子。正因能夠確立這兩項重大政策，公司得以固本培元，之後便能逐步拓展業務。[9]

1871 年，屈特摩離任，於仁保險的領導大權，交到義德的叔父 N J·義德手中。N J·義德早於 1863 年已加入顛地洋行保險部工作，因此已與於仁保險有深入接觸，在於仁保險獨立時轉投其下。在 N J·義德的帶領和努力下，於仁保險穩健成長，其間雖然曾有挫折，如在 1874 年當香港受特大颱風「甲戌風災」襲擊時，造成嚴重人命傷亡及財產損失，公司因此要承擔巨額賠償，但受挫後於仁保險很快站穩陣腳，繼續邁出發展步伐。資料顯示，1874 年公司的資產值為 34.5 萬元，至 1875 年已上升至 50 萬元，到 1877 年再倍增至 100 萬元，反映公司業務增長迅速。[10]

1882 年 10 月 24 日，於仁保險註冊為有限公司，英文名稱加入「Limited」成為「Union Society of Canton Ltd.」，應是為了減低出現債務和法律問題時股東需承擔的責任及風險。同年底，公司註冊股本倍增至 250 萬元，揭示其有更長遠的發展謀劃，對前景抱有很大信心。[11]

事實上，公司之後的發展相當突出，就以分行的分佈地區為例，原本只在廣州、香港、上海、橫濱和倫敦設有分行，其後不斷擴展至新加坡、墨爾本、馬尼拉、加爾各答、孟買、悉尼、布里斯班，甚至紐約、加利福尼亞、布宜洛斯艾利斯、約翰尼斯堡等，[12]

可見公司發展腳步急速。作為負責人的 N J・義德，在香港的名聲亦隨之水漲船高，更於 1886 年 8 月獲委任進入潔淨局（Sanitary Board，即日後的市政局），[13] 是參與港英殖民管治的重要一步。[14]

1884 年，年輕的義德東來，隨即加入於仁保險工作。[15] 他之後曾被派駐天津、北平、上海及橫濱等地，職位則由一般業務員逐步擢升至分行經理，最後更成為上海分行經理，統管華中華北業務。其間，義德成家立室，妻子為格特魯德（Gertrude Elizabeth），婚後育有一女（Violet）一子（Bertram）。[16] 義德能在職場快速爬升，雖有其叔父提攜栽培，但毫無疑問亦具出眾才華，有能當重任的實質本事與表現。

義德在上海除了打理公司業務，亦參與了不少公職活動，如擔任上海租界工務局（Municipal Council）的董事局成員。[17] 他與妻子在公益慈善上亦相當積極，曾大力推動創立「飢荒救濟基金」（Famine Relief Fund），扶助受災民眾。[18] 其間，義德當然還結交了不少華洋政商顯赫人物，擴大自己的人脈資源。

義德在於仁保險工作大約 13 年後的 1897 年，叔父 N J・義德退休，[19] 領導職位初期交予鍾斯（Douglas Jones），至 1900 年改由桑達斯（W. J. Saunders）領軍。直至 1907 年，義德終於登上大位，成為於仁保險最高領導人，那時他已過不惑之年，在於仁保險工作亦有 23 年，工作經驗和閱歷十分豐富。加上此前一年，他剛促成了一項重要的收購行動，將華商保險（China Traders' Insurance Co., Ltd.）這間業務集中於大中華區的公司納於旗下，壯大於仁保險的市場佔有率，[20] 同時亦令公司規模迅速壯大，產生一定協同效應。

因為這一升遷，義德與妻兒由上海轉到香港。環境改變沒影響其工作，他在工作上亦一如既往地十分投入，充滿雄心壯志。在上任翌年（1908 年）的股東大會中，他曾自信滿滿地表示公司財政狀況「如英倫銀行般穩健」。[21] 事實上，在他的帶領下，於仁保險的

1907 年，義德成為於仁保險最高領導人，與妻兒由上海轉到香港工作，直至 1925 年 5 月去世。
圖片來源：*China Mail*, 22 May 1925.

業務迅速增長，[22] 其間有數項具里程碑意義的發展，包括：一、1915 年吞併中華火險（China Fire Insurance Co., Ltd.），令公司規模和實力又一次迅速壯大；二、到 1919 年，[23] 合併華北保險（North China Insurance Co., Ltd.），強化業務組合，提升市場佔有率；三、因應民航業務的新發展，發出全球第一份航空保險保單（aviation policy），揭示公司能緊貼市場與社會發展脈博；四、到 1924 年時，又收購了揚子保險（Yangtze Insurance Association Ltd.），令公司在上海保險市場有近乎壟斷的地位。

　　不過，在 1924 年中，義德以健康理由辭任總經理之職，職位由劉打（Paul Lauder）接任，7 月 1 日起生效。由於義德工作表現優異，並於年初剛獲委任為行政局（即今日的行政會議）議員，進入了政府管治核心，公司自然不願放棄這位具才能與政商關係的管理人。但在確認他因健康問題實在無法兼顧工作後，亦只能無奈接

受。為感謝他多年勞苦功高，公司除了在周年股東大會上高度讚揚他外，亦在董事會中通過贈予他二萬英鎊的特殊酬金，以及按公司利潤計算的佣金，為期三年，讓他「名利雙收」。[24]

對於仁保險而言，ＮＪ‧義德與義德兩叔侄在公司工作長達 61 年，成為最高領導亦超過 43 年，其間帶領公司面對不同挑戰，並不斷取得佳績，可算是公司邁步發展的最大功臣。對義德而言，於仁保險不單是他唯一服務過的公司，且是他人生與事業最重要的平台，為他帶來巨大收入，積累豐厚財富，他的名聲與社會地位亦隨着公司發展而同步急升，最後更積聚成政治力量。可以說，於仁保險實乃其衣食父母、人生事業的基礎所在。

二、名揚行政立法兩局

義德在駐守上海時，積極參與公職及社會慈善事業，積累了一定人脈及名聲，故當他來港出任於仁保險的領軍人後，在洋人圈子內旋即成為人盡皆知、享有美名的重要人物。到港生活翌年，即 1908 年，獲港府委任為非官守太平紳士。[25] 隨着他把於仁保險的生意推展至不同社會層面，邁進一個又一個的新里程，他的名聲更盛，最後更引來港英政府的青睞，獲吸納進入行政立法兩局。

作為保險界領軍人物，義德無疑清楚名聲與信譽等無形資本的重要性，故極強調守信重諾，[26] 且在力所能及下積極參與社會事務。來港後，他亦如在上海時般，打理業務之餘還抽時間參與社會公益事務。適值在 1900 年代末港英政府籌建香港大學，他熱心投入其中，全面配合，至香港大學草創時獲委任為校董會成員，到 1914 年又再續任。[27]

至 1911 年 4 月，年過 47 歲時義德獲委任為定例局（即今日的

立法會）議員，個人名望進一步獲提升。當時的委任只屬「臨時」性質，主要代替離港返英度假的香港九龍貨倉碼頭總經理奧斯邦（Edward Osborne），因此任期不長，[28] 卻反映港英政府肯定他過去的表現，屬於開始重用的信號。事實亦是如此，至 1913 年 1 月，當奧斯邦期屆滿，港府便委任義德接替該職，可見對他的重視。[29] 同年 4 月 12 日，義德的女兒出閣，女婿盧夫（Austin M. Rotheram）擁有上尉軍銜，婚禮在聖約翰大教堂舉行，是為洋人社會一件盛事。[30]

此外，義德還是在洋人圈子相當有影響力的共濟會（Freemasonry）成員，當時會內的重要成員有遮打及輔政司施勳（Claud Severn）等政商顯赫人物。1913 年，義德獲選為共濟會香港分會的司庫，掌握財政大權，可見他守信重諾的品格以及立法局議員的身份，令他備受其他成員的信賴。[31] 他亦以此身份拓展政商人脈的關係網絡，如文章一開始提及遮打委託中對他能力及誠信的肯定，應該是在這樣的交往中建立起來。

另一點值得指出的是，義德一家乃虔誠的天主教徒，與不少居港葡人亦有交情。當時，香港房屋問題嚴重，如今天一樣有高樓價、高租金、居住空間狹窄等情況，居港葡人亦深受其苦。政府初時不願正視問題，及後在 1912 年才提出成立「公共房屋信託基金」（Public House Trust），用以支持建造「公共房屋」，[32] 義得則是該基金的委員會成員。[33] 同年，他以個人名義致函港府，建議撥出土地讓葡人集資興建「較體面房屋」，[34] 相信是有意向政府施壓。義德向傳媒透露了此計劃，並提及理想的位置是黃泥涌半山區（即現今渣甸山），[35] 引起社會高度注視。

這個後來被稱為「葡人居住區計劃」（Portugese Settlement Scheme）的提案，[36] 到義德成為正式議員後獲政府接納，並按其建議撥出土地，打算興建約 150 家獨立或半獨立房屋。[37] 不過，計劃最終並未落實，主要因籌辦期間，第一次世界大戰爆發，戰況在歐洲不

斷蔓延，影響到葡人集資的意願，令計劃未能籌集到足夠的資金。因此，義德雖成功獲批土地，但卻遇到資金不足的問題以致無力開展工程；政府遂於 1917 年以戰爭令前景不明，以及沒有資金投入等理由，宣佈取消承諾，收回相關土地。[38]

第一次世界大戰的戰火雖然打亂了義德的建屋計劃，但並沒真正波及香港。義德作為在港的英國人，雖然沒有參戰，[39] 仍以其他方式向英國表示忠誠及作出貢獻。大戰期間，港英政府為抗衡德國在華的戰爭宣傳活動（war propaganda），於 1917 年成立「公共宣傳局」（Publicity Bureau），專責推動華南地區媒體發放有利英方的宣傳。委員會成員有四人，義德為其中之一，另外三人包括出任秘書的郵政局總長（Postmaster General）羅斯（S. B. C. Ross），以及渣甸洋行大班李夫（L. N. Leefe）、英美煙草大班佩利（F. A. Perry）。

據殖民地部檔案顯示，委員會的負責人羅斯曾致函港府，指義德（相信指他的公司）承擔了過去的宣傳開支，羅斯認為這樣的做法不妥，建議由香港總商會（The Hong Kong General Chamber of Commerce）承擔相關費用。[40] 最終費用由誰「埋單結帳」，本文無意深究，但文件肯定了義德既親身參與反德宣傳工作，又願意在未知能否報銷的情況下墊支，既出錢，亦出力，故日後多份報章介紹其生平時，均提及此事，並表揚他對英國作出的貢獻。[41] 至第一次世界大戰結束後，他更成為香港總商會理事會（General Committee）的委員，參與總商會的管治工作，對商會發展有實質影響。

1921 年，大英帝國的威爾斯親王（Prince of Wales，即日後的愛德華八世）開展了遠東之旅，巡視印度殖民地並到訪日本，並於 1922 年 4 月停留香港。為接待貴賓，港英政府特別成立籌備委員會，並委任義德這位忠於君主的「帝國主義者」（Imperialist）為委員會主席，負責籌備歡迎接待事宜。這次任命同樣可看到港英政府對他的信任，而他亦不負所託，一切順行進行，賓主盡歡。[42]

　　威爾斯親王離港不久的 1922 年 5 月，由於行政局議員普樂（Henry E. Pollock），[43] 離港返英度假，時任港督司徒拔（Reginald E. Stubbs）委任義德頂替其議席，出任臨時非官守議員，進入政府管治核心。[44] 此舉相信既是對他統籌親王訪港活動的直接答謝，也反映他進一步獲港英政府的信任及重用。至 1924 年，滙豐銀行大班史提芬（Alexander G. Stephen）因病返英接受治療，行政局議席又再出缺，義德再獲司徒拔委任為臨時議員。[45] 史提芬返英不久後因肺炎病逝，按往常慣例，其席位會由義德補上。可惜，不久之後，義德本人的健康亦急轉直下，到 1925 年初，他亦要退下行政局議員之位。

　　在義德出任行政局議員期間的 1924 年 10 月 10 日，廣州發生「商團事件」。獲英國支持的滙豐銀行買辦陳廉伯組成廣州商團，多番與孫中山領導的國民政府對抗，由遊行罷市演變成武裝衝突，最終被國民黨軍隊鎮壓，陳廉伯被迫流亡香港。[46] 事件背後牽引出英國不滿孫中山的聯俄容共政策，以及有意箝制國民黨北伐進程等目的。

　　從英國政府「政治與機密部門」（Political and Secret Department）一份於 1927 年提交的內部文件中，可看到義德亦曾參與其事，負責向香港商人籌集資金並轉交陳廉伯，支持商團購買武器，對抗國民黨政府。文件提及：「陳氏（陳廉伯）曾從一眾商人手中收到大額金錢，相信那是於仁保險的義德經手」。[47] 無論義德是在港英政府「授意」下參與，還是基於與粵商的交情而為之，都反映他在中國大陸或香港政壇均具相當重要性。

　　無論是進入港英政府的立法局或行政局，在政府管治體制下議政論政，或是參與決策，義德均具不容低估的影響力。就算在其他不同層面，或在中華大地 —— 廣州、上海、天津等 —— 不同地方，曾在那裏生活多年又有一定人脈關係的他，其實亦有不被察覺的關係和人脈。對於義德在政經與社會方面的影響力，其友人曾評論道：「（義德）對本殖民地公共事務的實質影響力遠比一般認知的巨

大。」[48] 這不只是近距離觀察所得，亦應是有感而發，因此可作為義德具深厚政治影響力的一個注腳。

三、飲恨花園城市計劃

當於仁保險業務穩步發展，義德個人的政經及社會影響力亦日見增長之時，被傳媒形容為「別具企業家精神」（enterprising man）的他，顯然有了更大抱負。在進入 1920 年代時，因應當時房屋問題長期難見紓緩，勞資關係等問題又日趨緊張，他提出了個人主張，希望憑一己政商力量有所作為，當然亦不排除希望把個人事業與成就推上另一台階。那時他其實只有五十多歲，然而健康問題一直是個困擾（參考下節討論）。最終這些倡議或努力都付諸流水，其中一個原因與他出師未捷身先死的突然離世有關。

義德當時意屬的投資是「花園城市」的發展計劃，這個想法或方向無疑是受 19 世紀末英國「花園城市」概念所影響。到了 1920 年代，華洋社會似乎均認同其方向，尤其在 1898 年英國以租借之名攫取界限街以北大片土地後未有妥善利用，義德看中了九龍塘這個地方，當時那裏尚是郊區農村，人跡罕至，池塘星羅棋佈、田野阡陌四處，但由於毗連早年已割讓的九龍半島，故具相當的發展潛力。

義德這項闢地建屋的構思，有點近似 1912 年他曾提倡在黃泥涌興建「葡人居住區」的計劃，同樣是針對房屋短缺、租金昂貴等問題，因此被不少人視為舊計劃之延續，或者是失敗項目的復活。然而，他的構思是興建低密度住宅，並有學校、餐館、商場、醫院及休憩用地等不同社區設施，達至社區內的自給自足，而主要客戶或目標群，則更多地強調新興的中產階級 —— 即已不再如「葡人居住區計劃」般只限於極小撮的居港葡人，而是包容了不同的種族人士。

惟這樣的房屋規劃無助解決普羅基層市民的房屋問題，故提出時曾遭到社會低層的批評。[49]

在推動這樣的龐大計劃前，心思慎密的義德必然已先取得了政府默許，[50]因此才能獲批土地。但從昔日檔案來看，卻有多項特點令人不解：其一是整個牽涉龐大土地的項目，港英政府竟然沒有事先諮詢或請示殖民地部；其二是這個龐大地產項目，竟然屬「非為牟利」（not for profit）性質；[51]其三是項目開始之時，據說獲得滙豐銀行及渣甸洋行的支持，但後來這兩家財團卻雙雙退出。

進一步資料顯示，動工興建九龍塘花園洋房的儀式，應早在1922年9月已啟動，所以我們今天可在雅息士道休憩公園（雅息士道與金巴倫道交界或拐角處）一個不起眼的矮牆旁找到一塊寫有「The Kowloon Tong Estate founded by the Hon. Mr. C. Montague Ede, Sept. 1922」的碑石。不過，「九龍塘及新界發展公司」（The Kowloon Tong and New Territories Development Co., Ltd.）——負責整個發展項目的旗艦，卻要到1922年10月19日才向公司註冊署登記成立，[52]再在同年10月26日與政府簽訂協議取得地皮，[53]之後便大興土木，全力投入這個被稱為「九龍塘建築計劃」（Kowloon Tong Building Scheme）的地產開發項目中。計劃初期打算在九龍塘興建約250間獨立或半獨立房屋，[54]應付新興中產階級家庭的需求。

當時的九龍塘並非平地一塊，而是既有農田，亦有山丘及低窪池塘，地形起伏，地下水道縱橫交錯，因此需要進行不少移山填塘等前期工程。[55]再加上附近還有一些「厭惡性」設施或行業，例如木屋、廢品處理場及墳場墓地等，要吸引置業或投資者購入建成後的房屋，便必須將這些設施及行業遷離。[56]由於如何遷離那些厭惡設施實非義德所能處理，須交由政府以行政手段作安排，[57]所以他難以置喙，只能從旁向政府施壓，加快進程。

但項目動工不久卻出現重大轉折。其中一項甚少人注意卻相

信最為微妙的，則是上文提及本來支持計劃的滙豐銀行和渣甸洋行，後來卻決定撤出，背後原因不明，[58]此舉明顯影響了義德原來的綢繆與部署。為了解決問題、填補資金，義德看來改以公開認購（subscription）的方法集資，相當於今日的樓花買賣，即是先付首期，餘額分多期支付。資料顯示，在1923年，他將興建中之獨立屋（某些連車房）推出市場，售價為8,000元——利息每年為640元，即年息8%。[59]雖說這個預先訂購的方法能解義德的燃眉之急，但想不到日後卻引起不少問題，成為爭拗所在。

若我們細看兩家義德擁有不少控股權公司的創立與發展情況，卻又不難看到他以「非為牟利」的九龍塘及新界發展公司推動「花園城市」計劃之前，已有了另外不同層面的綢繆。扼要地說，他早於1921年5月14日已註冊成立了「香港挖掘打樁及建築有限公司」（The Hongkong Excavation Pile Driving and Construction Co., Ltd.；原名為「中華美國工業發展有限公司」[China American Industrial Developing Co., Ltd.]），並出任該公司主席之職，此舉明顯是為了推進「花園城市」的多項基礎建築工程。

其次，他亦於1922年10月參與成立「香港工程及建築有限公司」（Hong Kong Engineering and Construction Co., Ltd.），成為創建董事之一。公司的牽頭人為旗昌洋行的施雲（Robert Shewan）、山頂酒店的魯布爾（W. J. Noble）等。[60]順作補充的是，此公司的控股權日後落入猶太巨商艾利·嘉道理（Elly Kadoorie）手中，至於過去由施雲掌控的中華電力，後來亦由艾利·嘉道理掌控，並以此公司名譽於1930年代投得旺角加多利山地皮，不但發展了加多利山豪宅，亦興建了中華電力總辦公大樓，成為地區重要建築群（參考筆者載於本書的另一篇文章〈由邊陲到中心：嘉道理家族的步步為營〉）。

接着的1923年3月17日，義德又參與創立了「香港房地產信

從拔萃男書院遠眺九龍塘「花園城市」，前方為太子道，攝於 1926 年 12 月 29 日。
鳴謝：政府檔案處歷史檔案館（參考編號：03-04-099）

託有限公司」（Hong Kong Realty and Trust Co., Ltd.），[61] 公開集資，為推動九龍塘地產發展作出另一方面的資金配合，[62] 並在接着的日子中高度注視這家公司的發展，例如在 1924 年時以公司董事的身份出席股東年會，提出不同意見。[63]

　　儘管各項工程及公司組合一個接一個，但進程就如當年在黃泥涌籌建葡人居住區一樣波折不少，其中更有一些難以估算的隱憂令義德相當不安，那就是當時惡劣的勞資關係。綜合資料顯示，自進入 1920 年代，勞資衝突不少，工潮此起彼落。1922 年爆發的海員大罷工，更嚴重影響香港的航運和進出口貿易。其後罷工雖然平息，但勞資關係緊張的狀態仍然持續，雙方猜忌甚深，稍有衝突都可能擦槍走火；二來是中華大地的政治氣氛變幻莫測，不同勢力為增加政治籌碼而拉扯，勞資關係亦成為其中一個主要矛盾點。因此，不

少資本家或投資者在思考投資或未來發展時，都會把勞資問題放在重要的位置上。

由於九龍塘建屋計劃直接或間接聘用了不少基層及建築勞工，義德擔心若勞資問題持續，旗下工人可能亦會發起罷工或要求加薪，增加財政支出及牽連工程進度，影響項目的進度及盈利。為免節外生枝，他決定防患於未然，更想出一個連消帶打的化解方法，那便是成立「香港工業安全會議」（Hong Kong Industrial Security Association），透過這個組織向社會集資，興建專為勞工階層提供教育、醫療、餐館及百貨店的大廈，[64] 以紓解基層民眾的生活困難，防止勞資糾紛進一步惡化。他曾聲稱，透過這安排可以聯合僱主與僱員的力量，為雙方提供更好的保障。[65]

為了落實這一目標，到 1925 年 1 月 12 日，義德將「香港工業安全會議」註冊成有限公司，以「合作社」（co-operative company）模式運作，目標是集資 100 萬元在九龍區興建大樓（應屬商住大廈）。隨後他表示已覓得窩打老道與加冕道（近亞皆老街）交界的地皮，用作興建大樓。計劃中的大樓將有住宅，還有酒樓、百貨店及學校等設施，認為此舉可為僱員提供自給自足服務，藉此展示勞資關係融洽、彼此合作的面向。[66]

自 1924 年退任於仁保險總經理一職後，哪怕健康問題已早響警號，義德仍為九龍塘花園城市的發展計劃勞心勞力、四出奔走。例如在 1925 年 1 月親身出席「香港發展建築與儲蓄社」（Hong Kong Development, Building and Savings Society）的股東會，[67] 推動該公司的發展，其舉動反映他仍想繼續發光發熱，保持社會影響力。

儘管義德一直強調自己乃非一般地產發展商，花園城市項目亦「非為牟利」，只是想協助中產階層初次置業，但執行計劃的工程公司，如香港挖掘打樁及發展有限公司、香港工程及建築公司等，均擁有不少股份，反映他在發展計劃上畢竟有着多重利益糾纏，而並

九龍塘花園城市計劃奠基石
圖片來源：Wikimedia Commons

非純為社會公益。不過，人算不如天算，義德不惜辭去於仁保險總經理之職（但沒辭任行政局議席），全心投入九龍塘發展計劃之時，他的健康突然迅速惡化，更於 1925 年 5 月 22 日因病去世。

　　義德的突然離世就如戰時主帥陣亡一樣，令多家由他牽頭創立或主持的公司陷於群龍無首的困境，其中九龍塘發展計劃也隨之出現問題。[68] 雪上加霜的是，在他離世前後，受 1925 年 5 月 30 日上海「五卅慘案」的牽引，廣州及香港爆發了前所未見的罷工、罷課和罷市浪潮，史稱「省港大罷工」，令商業活動及日常生活均大受影響。存放在碼頭貨倉的貨物沒有工人提取運送，街道上的垃圾亦乏人清理，堆積如山，在炎夏發出了濃烈的臭味，因此，香港一度被稱為「臭港」，[69] 投資市場和物業價格自然應聲下跌。

　　在大罷工浪潮愈演愈烈的 7 月份，香港連續多天暴雨，港島太平山普慶坊護土牆倒塌，山泥頃刻間淹沒民居，造成 75 人罹難的慘劇。[70] 受暴雨影響，九龍塘區亦發生嚴重「水浸」，九龍塘村不少村屋被大水沖走，公司所興建的不少房屋亦被淹沒，遭到損毀，因此

不但影響工程進度，亦對本已緊絀的資金帶來壓力，尤其影響到投資者的信心。[71]

　　義德去世時，由於其獨子 B M · 義德（Bertram M. Ede）當時並不在港，九龍塘及新界發展公司主席一職由的近（Deacons）律師樓合夥人沈頓（W. E. L. Shenton）暫代，其遺孀亦成為董事，[72] 到 B M · 義德回來後，才由他接任，亦包括其他如香港挖掘打樁及建築有限公司的領導位置。當時，大家仍有意繼承義德的遺志，完成發展項目，但大罷工的曠日持久，大大阻礙了工程進展，令建築成本增加，甚至在某層面上影響到工程質量。至於房地產市場崩潰，物業價格大跌，尤其打擊了早前已預購者的信心，部分人更拒絕按原計劃供款，市場上亦出現有物業被公開拍賣的情況，[73] 反映有部分小業主因無力供款，違反購買協議，最終被沒收訂金，難免影響發展的資金鏈，工程亦因此進一步受到拖延，形成惡性循環。

　　由於罷工、水災等影響了工程，令成本上漲，承建工程的香港挖掘打樁及建築有限公司向九龍塘及新界發展公司追討，而九龍塘及新界發展公司因此向訂購者追討新增成本，惟這樣便激發了雙方矛盾。不少訂購者極為不滿，他們早於 1925 年 8 月已成立了「九龍塘花園城市協會」（Association of Subscribers of the Kowloon Tong Building Scheme），決意與發展商周旋到底。[74]

　　面對已經組織起來且立場強硬的訂購者，B M · 義德曾威脅要告上法庭，訂購者亦作出反擊，向政府投訴要求政府介入。[75] 隨後更揭發連政府的巨額地租亦積欠已久，多年以來只繳交了 106,149.78 元，餘下高達 315,827.22 元一直逾期未繳，引起社會嘩然。有市民因此致函報紙，要求政府深入調查，到底訂購者所支付的款項去了哪裏。[76]

　　面對這個困局與爭拗，政府一方面宣佈收回原來的土地及物業，[77] 同時亦成立委員會跟進問題，主要方向是尋求化解分歧的方

法，以免事情進一步鬧大。港府後來亦把調查寫成報告，呈交殖民地部，交代事件或項目的來龍去脈，因此才揭露原來該發展項目事前從未曾向殖民地部呈報及請示，令人不解。[78]

有關如何善後，報告提及 B M · 義德曾表示，為了維護其亡父的信用與名聲，只要訂購者支付訂購餘額及新增費用，公司便會完成餘下工程，同時亦同意免去新增費用的積欠利息（13,588.03 元）。經過多次談判與斡旋，各方最後達成和解，主要解決方案是九龍塘及新界發展公司、訂購者和政府三方平均攤分額外超支成本 —— 即每方承擔 104,083 元。[79]

問題是，到底政府有否向九龍塘及新界發展公司追回逾期未繳的地租？時任立法局議員 J P · 布力架（José P. Braga）曾多方追問，獲得的答案卻模棱兩可。[80] 不過，報告卻清楚寫明：政府不能追討任何未繳官地或政府物業的地租，[81] 即前文提及 315,827.22 元逾期未繳的地租，全數泡湯。

確切地說，九龍塘發展計劃在義德去世後出現「爛尾」所揭示的問題實在不少，不只是政府事前沒向殖民地部請示，還要承擔部分財政負擔，甚至連巨額逾期政府地租亦不能追回，成為最大輸家，情況很不尋常，亦令人不解。背後若隱若現揭示了義德與當時政府之間似是有着未為人知的不尋常安排，只是義德已作古，當年的港督亦已離任，加上當時傳媒及社會沒追究到底，問題便不了了之。更為重要的事實是，由於當時地產市道逐步走出低谷，令訂購者信心回穩，亦相信新注入的資金不是投入「負資產」的無底洞，故同意和政府共同籌集餘款，讓九龍塘及新界發展公司完成餘下工程，事件乃告一段落。

事件了結之後，「非為牟利」的九龍塘及新界發展有限公司宣佈清盤，並於 1932 年在公司註冊處除名，公司解散，[82] 九龍塘發展計劃算是劃上句號。至於由訂購人組成的組織，在 1931 年 10 月 17 日改

名「九龍塘會」（Kowloon Tong Garden City Association），採取有限公司模式註冊，[83] 並獲得不用在名稱中加入「有限公司」的許可。[84]

無疑，把九龍塘打造成花園城市的計劃令義德飲恨而終，他的突然去世，加上大罷工造成的巨大經濟、社會及投資環境衝擊，乃至天災的同時發生，令整個計劃爛尾，並因此而揭露更多問題，引起社會嘩然。雖然如此，由於各項工程已經展開，部分建築亦已完成，發展大局可謂基本底定，餘下的工程最後還是得以完成，算是實現了義德當年訂下的目標，九龍塘自那時起出現蛻變。今時今日的九龍塘，已非昔日的鄉郊小村，而是市區罕見的低密度豪宅區。義德雖然無法完成目標便飲恨而終，但他創建的花園城市，至今仍是不少人嚮往的理想家園。

四、留名九龍塘

細看義德的職業與個性，屬專業管理人的類別，而並非如創業家或企業家：其個性上有不滿足於現況、工作狂、不斷尋求人生突破等特點，其中追求事業成功，爭取社會認同與名聲，留下人生美名，尤其能讓人在其人生後期中輕易察覺，因那顯然成為他的奮鬥目標——雖然當時他的健康確實已經明顯轉差，甚至已開始倒數計時了。

社會心理學家馬斯洛（Abraham Maslow）曾提出一個「需求金字塔」（Hierarchy of Needs）理論，簡單而言是當人類的生存與生活需求獲得滿足後，便會追求更高層次的目標。[85] 像義德這樣自視甚高的帝國主義白人精英，在財富、個人事業，乃至於權力等均獲得一定滿足之後，明顯亦會思考如何才能留名後世，尤其當他的健康亮起紅燈，自覺時日無多。就如本文開首時曾提及的麼地，當他知悉自己在人世間所餘日子無多時，除爭取將尖沙咀一條街道命名為

「麼地道」以作紀念，還捐出大量財富配合時任港督盧吉（Frederick Lugard）籌建香港大學，最終不但將自己的名字清晰地鐫刻在港大的歷史中，還獲英國皇室授予爵士頭銜。[86]

　　工作上一直表現拼搏進取的義德，自進入 50 歲的知天命階段，身體健康便響起警號。到 1919 年時，更要前赴美國做一場大手術，雖然尚算成功，但醫生的診斷是他最多只能再活一年，康復之路亦甚為漫長。看到他的狀況，身邊的朋友據說亦認為「他活不了多久」（he can't last much longer），他卻一直展現出頑強生命力，不但堅持工作不斷，亦能突破「一年左右壽命」的診斷，再活了六、七年

九龍塘住宅區，房屋建築充滿着裝飾派藝術風格（Art Deco style）。攝於 1937年。

圖片來源：University of Bristol – Historical Photographs of China (Ref. no.: Hn-d032)
鳴謝：Barbara Merchant and Special Collections, University of Bristol Library (www.hpcbristol.net)

之久，這其間事業與名聲更是持續上揚。[87]

自從出現健康變差的重要信號後，義德在追求的優先次序上應是有所調整。獨子 B M・義德在 1919 年結婚，1921 年 12 月媳婦在英國誕下一子，義德榮升祖父，[88] 相信是了卻他其中一個心願。與此同時，義德又獲日本皇室頒贈「三等瑞寶章」（The Third Class of the Order of the Sacred Treasure），表揚他為日本「提供的寶貴服務」。[89] 他可能亦曾想過爭取大英皇室的某些勳章或爵位，但終未如願。

由此帶出前文提及 1922 年在九龍塘籌建「花園城市」的龐大計劃。這計劃高舉的旗幟是「非為牟利」，似乎會讓人覺得他有更高層次的追求；但若從發展計劃所牽涉的周邊關連投資及生意他皆持有不少股份來看，這明顯令人難逃「謀私」的猜疑。當然，現實上在 1920 年代，由於義德已自覺「時日無多」，故他在追逐目標上應是爭分奪秒；即便如此，健康再次亮起紅燈，還是令他難以兩面兼顧，迫不得已之下在 1924 年辭去於仁保險總經理之職，並計劃在 1925 年 5 月中再次到美國求醫。可惜他在出發前健康進一步惡化，行程被迫取消，而他亦於 5 月 22 日在山頂大宅 Derrington 去世，享年 60 歲。[90] 義德離世時，兒子不在港，只以電報通知他回港，喪禮由遺媳、女兒及女婿主持。

義德去世後，業務初時由沈頓署任，後來交回獨子 B M・義德打理。B M・義德除擔任九龍塘及新界發展公司主席，亦出任家族掌控的香港挖掘打樁及建築公司主席。[91] 至於遺產方面，據說義德在 1920 年 8 月到訪橫濱時，旅途中曾在一張小紙條上寫下簡單的遺產安排，[92] 主要是把名下財產悉數留予太太一人，並委任她為唯一的遺囑執行人。[93] 經點算後，義德在香港的遺產總值高達 1,523,791.36 元，扣除負債及喪葬等開支後，淨值為 1,222,657.45 元，[94] 有指遺產繼承人向香港政府支付了 86,034.25 元的遺產稅。[95]

　　財富再多，只如流水，義德人生最後階段追求的，明顯志不在此。遺孀及兒子亦深明其意，所以 B M · 義德在與花園城市訂購者爭拗工程「尾數」問題時，亦特別強調要維護父親名義。此外，他更爭取在已完成建築工程的筆架山處，將其中一條街道取名「義德道」（Ede Road），讓其父親可人死留名。事實上，義德為九龍塘的發展亦可謂嘔心瀝血，即使到了人生最後一刻，仍想方設法爭取盡快完成，故街道以其命名，算是實至名歸。

　　這條義德道，西北端與筆架山道交接，沿筆架山北方山腳由西而東，到接近窩打老道前初轉南走，再轉西南走，直抵歌和老街，路長約 600 米，以長度計，與窩打老道相比，實屬小巫見大巫。初期，亦只是一條小道而已，可日後道路兩旁卻豪宅林立，當中亦有不少用上了義德之名，例如義德臺、一號義德道、三號義德道……，可見「義德」這名字甚受歡迎，相信這非當年義德所能預料。

結語

　　從歷史角度看，義德的人生反映了大英帝國的國力鼎盛，疆域屬土遍及全球，科技、制度與發展腳步帶領世界潮流，所以哪怕祖籍乃康瓦爾，卻生於君士坦丁堡，然後東來，仍開展了耀目事業。在香港生活期間，他打理於仁保險生意之時，又能獲港英政府委任為行政及立法局議員，在政商界炙手可熱，更能打通政府不同部門的經脈，雀屏中選地獲授開拓九龍塘花園城市的大權，一舉一動備受關注。哪怕前所未見的發展項目因他突然去世而未竟成功，甚至留下污點，但他打下的基礎，畢竟還是讓他成為開發九龍塘的奠基人。

　　作為本文的總結，這裏可引用義德去世時，其朋友曾致函《孖剌西報》談及義德個性及為人，其中一點指義德很認同拿破崙的一

句格言：「這裏應沒亞爾卑斯山」（There shall be no Alps），意思是在他的人生中，不會有甚麼無法克服的困難或阻礙。[96] 但是我們都知道，強如拿破崙，還是敗於滑鐵盧。義德的出師未捷，飲恨九龍塘花園計劃，顯然亦受制於多重因素，健康惡化則是最致命的打擊。說到底，這是天意難違，古往今來無數帝王將相也難以抗逆，義德自然亦不能例外，發展九龍塘花園計劃上遇上了滑鐵盧。在他死後，有一條街道以他的名字命名，留為紀念，其實已是很不錯了——哪怕那條街道其實不是很長，亦甚為偏僻。

注 釋

1　Chater, "Sir Catchick Paul Chater Kt., C.M.G., Hon. LLD," accessed 28 November 2021. http://freepages.rootsweb.com/~sirpaulchater/genealogy/biography_Paul_Chater.html; Chater, "Sir Hormusjee Mody," accessed 28 November 2021. http://freepages.rootsweb.com/~sirpaulchater/genealogy/biography_Hormusjee_Mody.html

2　遮打赴英的主要目的是為了結婚，那時他已年過 64 歲，新娘子是瑞典籍且只有 36 歲的 Maria C. Pearson，二人婚後無所出。見 Terchonian, H., *Life & Times of Sir Catchick Paul Chater, 1846–1926* (Kolkata: Armenia Holy Church of Nazareth, 2005), 10。至於麼地當時已年過 71 歲，健康甚差，更於翌年去世，公司由遮打返港後繼續經營，即是原來讓義德接掌的安排最後沒有出現。

3　*The China Mail*, 22 May 1925.

4　*Hongkong Daily Press*, 23 May 1925.

5　組織採用「會社」（Society）的名稱，帶有互相幫助之意。據其中一位姓雷曼（Lemann）的早期董事在 1867 年股東會上回答投資者提問時解釋，組織本意並非為了牟利，而是利用保險服務為成員提供協助，互相裨益。見 *South China Morning Post (SCMP)*, 25 March 1935。

6　公司由顛地洋行、渣甸洋行（Jardine Matheson & Co.，另譯怡和洋行）、端納洋行（Turner & Co.）及旗昌洋行（Russell & Co.）四家洋行聯合創立。見 *SCMP*, 25 March 1935。除旗昌洋行外，其餘均為英資公司。

7　據悉，那次股東會有三十多名股東出席，其中一位相信是何東生父何仕文（C. H. M. Bosman），他手上持有四名華人股東的「代理人票」（proxies），可見他與一些具財力華人關係緊密。見 *SCMP*, 29 May 1961。

8　管理公司實務的領導職位，初期稱為「書記」（Secretary），1916 年後改為「總經理」（General Manager）。

9　*SCMP*, 22 & 28 May 1935.

10　Ibid., 25 March 1935.

11　Ibid., 29 May 1961.

12　Ibid., 22 May 1935.

13　同年「入局」的，還有嶄露頭角的華人精英何啟。

14　*The Hongkong Government Gazette*, no. 298, 7 August 1886, 743.

15　由於未見相關資料，無法肯定義德是請纓前來還是應叔父之邀。

16　Violet 在 1892 年 11 月 10 日於上海聖三一堂受洗，Bertram 則於 1896 年 7 月 22 日受洗。見 "Montague Ede," Carl Smith Collection, Hong Kong Public Records Office。按孩子出生不久即需受洗的傳統推斷，二人均生於上海，分別生於 1892 及 1896 年。

17　*North China Herald*, 8 February 1895, 24 April 1901, 2 October 1902, 14 May 1903 & 5 February 1904.

18　*SCMP*, 25 January, 15 February, 31 May & 28 June 1907. 義德的妻子格特魯德日後更曾獲比利時國王頒贈「王后勳章」，藉以表揚其對社會公益的貢獻。見 *North China Herald*, 28 August 1920。惟報道沒提及與比利時的關係，背後關係耐人尋味。

19　資料顯示，Ｎ Ｊ・義德擔任於仁保險領導期間，曾大舉投資香港房地產，惟未知獲利多少。見 "Montague Ede," Carl Smith Collection, Hong Kong Public Records Office。退休後，他返回英國修咸頓（Southampton）生活，至 1915 年 12 月去世。見 *SCMP*, 20 December 1915。從他的遺囑內容看，其妻 Marie Louise Bisebant 比他早離世，亦未提及子女。見 "Nathaniel Joseph Ede, died Oakhurst, 15 November 1915," Nathaniel Joseph Ede, 28 April 1916, HKRS143‐2‐1498, Hong Kong Public Records Office。遺產主要留給自己姐妹及一眾侄甥。

20　*SCMP*, 22 May 1935.

21　Ibid., 28 March 1908.

22　從遮打及麼地在 1910 年前交託義德的情況來看，他們沒可能在義德轉到香港時才認識，必然已有多年相知相交，亦很可能與在香港生活多年的 Ｎ Ｊ・義德有很大關係。有關義德與遮打和麼地的交往一事，有待日後進一步探討。

23　在這一年，公司改用英鎊計算，會計制度略有微調。同年，義德的健康轉差，曾動大手術（參考另一節討論），但他在仍未完全康復時已繼續工作，帶領公司取得好成績，董事局對他自然是高度讚賞。見 *SCMP*, 11 June 1920。

24　*SCMP*, 17 May 1924.

25　*The Hongkong Telegraph*, 22 May 1925.

26　*Hongkong Daily Press*, 23 May 1925.

27　*The Hongkong Government Gazette*, no. 313, 14 August 1914, 310.

28　Ibid., no. 113, 28 April 1911, 182.

29　Ibid., no. 26, 31 January 1913, 18.

30　*The Hongkong Telegraph*, 13 April 1913.

31　*SCMP*, 18 October 1913.

32　這裏所指的「公共房屋」，可說是日後香港房屋協會創立的芻議，受眾不是普羅民眾，而是當時的新興中產階級，特別是居港葡人。

33　*SCMP*, 8 March 1912.

34　Despatches, May‐June 1912, CO 129/390, The National Archives.

35　*SCMP*, 29 January 1912.

36　*The China Mail*, 22 May 1925.

37　Miscellaneous, June–December 1913, CO 129/408, The National Archives.

38　Despatches, October–December 1917, CO 129/444, The National Archives.

39　義德的獨子及女婿應曾參戰，因他們均有軍銜。

40　Despatches, July-September 1918, CO 129/449, The National Archives.

41　*The China Mail*, 22 May 1925; *The Hongkong Telegraph*, 23 May 1925.

42　*Hongkong Daily Press*, 23 May 1925.

43　普樂為英皇御用大律師（即現今資深大律師），曾出任律政司。

44　*The Hongkong Government Gazette*, no. 259, 9 June 1922, 234.

45　Ibid., no. 285, 16 May 1924, 197.

46　周康燮編：《一九二四年廣州商團事件》（香港：崇文書店，1974）；張俊義：〈英國政府與 1924 年廣州商團叛亂〉，《廣東社會科學》，2000 年第 3 期，頁 100–108。

47　File 1/1927 Pt 2 China: Situation; Despatches, 1927, IOR/L/PS/10/1197, British Library. 文件之所以會指名道姓，很可能是那時義德已作古，且亦事過境遷，各方均無意追究。

48　*Hongkong Daily Press,* 23 May 1925.

49　何佩然：《地換山移：香港海港及土地發展一百六十年》（香港：商務印書館，2004），頁 93。

50　特別的是，這個龐大的發展項目，港英政府一直沒向殖民地部彙報，至 1929 年出現問題，才作出補充交待。見 Development of Kowloon Tong Estate, 11 December 1929 – 16 June 1930, CO 129/520, The National Archives。

51　據說，董事局成員不會收受任何袍金，公司若有利潤會轉交慈善公益。見 *SCMP*, 29 July 1929。

52　此公司在 1932 年清盤結束，深入討論見其他章節。

53　Development of Kowloon Tong Estate, CO 129/520.

54　有關興建房屋的數目，說法頗有差異，由 150 間至三百多間不等。見 *The China Mail*, 22 May 1925。出現這種差異的主要原因，相信與不同分期有關，即是第一期可能只有百多間，但會繼續發展，最後目標應是三百多間。

55　何佩然：《地換山移》，頁 94–95。

56　*SCMP*, 10 October 1927. 有趣的是，相信是受開拓九龍塘的工程影響，1927 年 11 月，九龍塘區近畢架山和獅子山旁竟然曾傳出發現虎踪、聽到虎嘯的消息，令不少該區居民大驚，並曾向警方舉報，不過警方多方調查卻無所獲，事件後來不了了之。見 *SCMP*, 19 November 1927。

57　政府日後確實亦作出多項諸如墳場與厭惡產業的遷移安排（見 *The Hongkong Government Gazette,* various years），令九龍塘變成了真正「環境優美」的高尚住宅地區。

58　Development of Kowloon Tong Estate, CO 129/520.

59　*SCMP*, 23 March 1923. 落成後（1930 年代初）的售價，據說大約在 15,000 至 25,000 元之間，最低租金每月約 80 元（見 *SCMP*, 3 July 1970），與今時今日寸土尺金相比，那實在已不可同日而語了。

60　*SCMP*, 30 October 1922.

61　此公司可能因應滙豐銀行及渣甸洋行退出計劃而設立，為客戶作按揭借貸，日後曾先後易名為「新亞置業信託有限公司」（New Asia Realty and Trust Ltd.）及「會德豐地產有限公司」（Wheelock Properties Ltd.），但那已是數十年後的事。

62　*SCMP*, 11 September 1924.

63　Ibid., 1 September 1924.

64　這種模式，性質上其實一如「城市花園計劃」，只是因為目標是基層群眾，所以不是興建獨立房屋，而是多層公寓式的大廈。

65　*SCMP*, 29 November 1924.

66　Ibid., 25 February 1925.

67　Ibid., 19 January 1925.

68　在借貸問題上，若然義德仍在生，相信不會陷於周轉困難。另一點值得注意的是，對義德甚為信賴的遮打於 1926 年去世，相信他亦因而失去了一個重大的資本靠山。

69　甘田：《省港大罷工》（北京：通俗讀物出版社，1956），頁 15；盧權、褟倩紅：《省港大罷工史》（廣州：廣東人民出版社，1997），頁 174-176。

70　《華僑日報》，1925 年 7 月 18 日；*The China Mail*, 17 July – 6 September 1925；*Hongkong Daily Press*, 24 & 29 July 1925；鄭宏泰：《永泰家族 —— 亦政亦商亦逍遙的不同選擇》（香港：中華書局，2020）。

71　*SCMP*, 23 July 1925.

72　Ibid., 11 June 1925.

73　Ibid., 1 January 1926.

74　Ibid., 24 August 1925.

75　Development of Kowloon Tong Estate, CO 129/520.

76　*SCMP*, 26 August 1929.

77　Ibid.

78　Development of Kowloon Tong Estate, CO 129/520.

79　Ibid.

80　*SCMP*, 7 November 1930.

81　Development of Kowloon Tong Estate, CO 129/520.

82　*SCMP*, 21 March 1932. 香港工業安全會議有限公司早於 1926 年 4 月已結束，是義德生前為發展九龍塘項目而創立的眾多公司中，第一間倒閉結業的。香港工程及建築公司亦曾遇財政問題，一度考慮清盤（見 *SCMP*, 7–10 November 1930），後來採取債務重組方案，才逃過一劫，只是控股權在重組過程中落入艾利‧嘉道理手中（參考筆者另一文章的討論）。

83　*SCMP*, 6 November 1931.

84　到了 1970 年，英文名稱改為 Kowloon Tong Club。

85　Maslow, A. H., *Motivation and Personality* (New York: Harper, 1954).

86　Knighthood for Mr. Mody, 1909, CO 129/2507363 (in CO 129 Series), Hong Kong Public Records Office; Hong Kong University, 1910, CO 129/2507369 (in CO 129 Series), Hong Kong Public Records Office; *SCMP*, 20 May and 20 June 1910.

87　*Hongkong Daily Press*, 23 May 1925.

88　*SCMP*, 2 December 1921. 到了 1925 年 8 月，其媳婦再誕下一女（見 *SCMP*, 4 August 1925），惟那時義德已去世。

89　*SCMP*, 30 November 1921.

90　Ibid., 23 May 1925.

91　Ibid., 11 July 1926.

92　按一般情況，以義德這樣心思縝密的保險業老手，患上重病後應立即立下遺囑，作好身後事安排，但看來他並沒有這樣做，背後原因何在，不得而知。

93　義德去世後，遺孀不久返回英國生活，間中會回港一遊，到 1937 年 7 月在倫敦去世（見 *SCMP*, 15 July 1937），子女後來亦返回英國生活。由 B M‧義德打理的香港挖掘打樁及建築有限公司，則於 1956 年 2 月 12 日清盤結業。

94　若以 1923 年九龍塘獨立屋售價約 8,000 元計算，他 122.2 萬元的遺產，約可購入 152 家獨立屋；而若那 152 家獨立屋持有至今，必然乃香港其中一名大地主。

95　*SCMP*, 5 August 1925.《南華早報》的報道再引出兩個問題：其一是義德領導大型保險公司多年，對法律文件等應十分熟悉，按道理遺囑安排應不會如此草率，且此遺囑亦未能在政府檔案處歷史檔案館中找到。其二是按遺產淨值計算，遺產稅只有 6.6%，明顯與當時甚高的遺產稅率不符。若不是報道有誤，就是他曾作出一些財富轉移安排，惟因未能從政府檔案中找到相關遺囑，因此亦沒法找到確實佐證。

96　*Hongkong Daily Press*, 23 May 1925.

第三部分

華洋共處

葡裔商人布力架與加多利山的開發

丁新豹

前言

　　1842 年，清廷與英國簽訂了中國首條不平等條約：《南京條約》，並按照《南京條約》的〈第三條〉，把香港島割讓給英國。香港開埠後，吸引了部分原在廣州營商的外資洋行和商人前來經商。在港的外籍人士中，除英國人外，還有美國人、巴斯人、猶太人、印度人等，但論人數之多，則屬最早在港落地生根的葡裔人士。有別於其他外籍人士遠渡重洋，他們來自珠江口彼岸，與香港只有一水之隔的澳門。

　　葡人瓦斯科・達伽馬（Vasco da Gama）在 15 世紀後期發現了從歐洲繞過非洲南端好望角通往印度洋的航道，先後在印度的果阿（Goa）和馬來半島的馬六甲（Malacca）建立貿易據點。1557 年，葡人獲明廷允准在澳門居留營商，在 16 世紀晚期及 17 世紀初期，藉着明廷長時期實施海禁，葡人以澳門為中心，建立了一個與日本、東南亞、印度及歐洲的貿易網絡，盛極一時。[1] 但隨着葡國國力

衰退，地位被荷蘭、西班牙和英國後來居上，澳門盛況不再。在 17
世紀晚期，粵海關成立，清廷開放對外貿易，尤其是自乾隆二十二
年（1757 年）至鴉片戰爭爆發前夕，歐美商人爭相往廣州經商，但
清廷訂立的《防範外夷規條》規定外國女子不得踏足廣州，外商只
好把家眷安置在澳門；隨着香港開埠，部分澳門葡人眼見澳門經濟
一蹶不振，香港卻方興未艾，乃舉家遷來香港，另謀發展。1849 年
澳門總督亞馬留（João Maria Ferreira do Amaral）被刺殺，引發恐
慌；1874 年強颱風吹襲澳門，哀鴻遍野，慘受重創，也觸發部分葡
人移居到香港來。[2]

一、澳葡望族

　　來自澳門的葡人在香港多服務於港府各部門及外資商行。除少
部分自行創業，或為醫生、律師等專業人士外，他們大多只從事文
職工作，廁身服務機構的中下層，能晉身大企業領導階層的，可說
是鳳毛麟角。早期在港落戶的葡人中，布力架（José Pedro Braga）
是出類拔萃的一位。他先後從事印刷業、經營報章，參與過中華電
力的早期發展，任香港工程及建築有限公司（Hongkong Engineering
and Construction Company Limited）的董事局主席，使公司轉虧為
盈，亦致力於九龍中部加多利山的開發，成為首位獲港府委任為立
法局議員及頒授勳銜的葡裔人士。

　　約瑟・彼德・布力架在 1871 年生於香港，是家中八兄弟的么
子。父親威辛・艾美利奧・布力架（Vicente Emilio Braga, 1834-
1900）生於澳門，移居香港具體時間不詳，但估計應在 1862 年以
前。布力架家族早在 1712 年已定居澳門，是澳門葡人望族。威辛・
布力架早年曾開設梳打水廠及投資地產，但均以失敗告終。1866 年

葡裔殷商若瑟·彼德·布力架
鳴謝：香港社會發展回顧項目

他任職香港鑄幣廠，兩年後鑄幣廠倒閉，機器被售予日本政府，在大阪開設皇家造幣局。威辛·布力架在 1871 年被聘為該廠的總會計師（1871-1875），繼而受聘於日本財務省教授簿記；也曾擔任神戶的葡國領事，與明治維新重臣伊藤博文相熟。1897 年，已過耳順之年的威辛·布力架退休，並往上海投靠女兒，1911 年在上海去世。可知在約瑟·布力格出生前，父親已遠赴日本，終生沒有再回到香港來。[3]

約瑟的母親嘉露蓮娜·瑪麗亞·羅朗也（Carolina Maria Noronha, 1843-1906）是本港首席印刷商德芬諾·羅朗也（Delfino Noronha）的女兒，在澳門出生，1860 年來港，兩年後在堅道的聖母無原罪總堂與威辛·布力架結成連理。羅朗也家族於 1735 年從葡屬果阿移居澳門。德芬諾 1824 年生於澳門，在澳門的聖約瑟書院求學，在校期間受過印刷技術訓練。他在 1844 年移居香港，旋即開設印刷廠，取得港府合約，承接印刷港府刊物，終成為香港首屈一指的印刷商，並於 1883 年歸化英國，是本港為數不多的英籍葡裔人

士。[4] 約瑟‧布力架自孩提至青少年時代住在外祖父家中，由外祖父撫養成人。他小時候常往外祖父在油麻地的度假別墅 Delmar 遊玩，數十年後，記憶猶新。[5] 算起來，德芬諾‧羅郎也是最早在九龍置業的非華裔人士之一，布力架自小耳濡目染，對九龍並不陌生；他後來領導開發的加多利山，距離外祖父的別墅只有一箭之遙。

二、初出茅廬

約瑟‧布力架年幼時就讀意大利嘉諾撒仁愛女修會開辦的小學，校址在堅道，是嘉諾撒聖心書院的前身；接着轉往聖若瑟書院唸中學。聖若瑟書院成立於 1875 年，是喇沙兄弟修會所開辦，原專為葡裔學生而設，後來才逐漸兼收其他族裔學生。早期的聖若瑟書院位於港島半山羅便臣道。約瑟‧布力架在聖若瑟書院名列前茅，曾考取庇利羅士獎學金。畢業後遠赴印度加爾各答大學及亞爾拔學院繼續學業。1889 年，他以優異成績畢業，並考取全印度第一名，獲獎學金赴英國進修。約瑟自小的願望是成為一位大律師。然而，事與願違，香港爆發天花，約瑟的三位兄長均不幸染疫身亡，母親決定召回約瑟，他只好無奈放棄理想，回港陪伴母親，並加入外祖父開辦的印刷廠，成為一名經理。[6] 1895 年，他在堅道聖母無原罪座堂，迎娶來自澳洲塔斯曼尼亞的柯麗芙‧寶勒小姐（Olive Pauline Pollard, 1870-1952）。布力架來自傳統天主教家庭，但寶勒小姐卻是基督新教教徒，後來布力架的子女大多受母親影響，跟隨母親改信基督新教。

1900 年標誌新世紀的開始，就在這一年，他的外祖父德芬諾‧羅朗也去世，他的舅父們也無意繼續經營，翌年以 35 萬港元把公司售予香港政府。[7] 行將踏入而立之年的布力架只好另謀高就，轉

往澳門謀生，在一間商業學院教授英語。1902 年，隻身回港，把家人留在澳門。[8] 未幾，獲股商何東推薦，擔任《士蔑西報》（*The Hongkong Telegraph*）的司理。[9] 該報是美籍猶太人約瑟・諾貝爾（Joseph Nobel）於 1881 年創辦，編輯是羅拔・史密斯（Robert Smith），華人以諧音《史蔑報》稱之，是當時香港三大西報之一。史密斯在 1895 年去世，《史蔑西報》被約翰・佛朗西斯（John Francis）收購，1900 年切斯尼・鄧肯（Chesney Duncan）成為該報編輯。[10] 後來又轉了幾任編輯，該報股權落入何東及一班華人手中，以華商會所名義擁有。[11] 布力架早年在外祖父的印刷廠任職，印刷業是老本行，相信何東是看中這點，才以該報大股東的身份，推薦他當上司理一職。除此之外，也可能和布力架在 1895 年發表的《香港外籍族群的權益》（*The Rights of Aliens in Hong Kong*）一書有關。

戰前的香港，種族歧視十分嚴重，作為人口主要組成部分的華人，在多方面受到不公平待遇；即使同屬白種人的葡人，待遇亦與其他歐洲人迥然有別。比方在人口統計中，他們是與英國及歐洲人區分開來，1931 年的華民政務司蒲魯賢（Arthur Brewin）曾解釋：「葡人與其他歐洲人有明顯區別，故應從其他歐洲人區分開來。香港的葡人是一個在熱帶地區定居下來並已完全適應並融入當地環境的歐洲族群。」[12] 1921 年的人口統計報告作出解釋：「葡人操一種特別的方言，它糅合了葡語、馬來語、日本語、粵語及興都斯坦語，正反映出他們的來源。」[13] 由於葡人在東來過程中曾在多個亞洲地區居留，與當地婦女通婚，所以在血統上已不再是純種歐洲人，這個處境正好與香港的混血兒相若。不單香港政府歧視來自澳門的葡裔人士，香港的英國社群也有同樣取態。[14] 在英資洋行中，葡裔職員只能當中下級職員。布力架在其書中，針對英人對同胞的種種責難和社會對葡裔的誤解，不慍不火地諄諄開導，這對於身為混血兒的何東深有同感，認同布力架的觀點之餘，更佩服他仗義執言，勇氣可嘉。

　　布力架的《香港外籍族群的權益》一書，在香港及海內外引起廣泛的關注和回響，令他受到國際知名的《路透社》賞識，於 1906 年獲委任為該社的香港通訊員，這職位延續至 1931 年。何東推薦布力架擔任《士蔑西報》的司理還有更重要的原因，就是藉着他入主《士蔑西報》來為華人發聲，打破英人對輿情的壟斷。然而事與願違，1909 年中葡兩國就澳門疆界問題展開談判，[15] 葡裔的布力架被委任為葡方談判成員，為爭取澳葡擴充疆界出謀獻策，而《士蔑西報》的編輯伯力那（A. W. Brebner）更在報章發表支持葡萄牙的文章，使《士蔑西報》的華人股東大為震怒，迫令布力架自行請辭。[16] 在《士蔑西報》任職八年後，布力架終在 1910 年離開，但與何東仍維持着友好關係。翌年，何東等人把《士蔑西報》售予《南華早報》。

三、備受器重

　　離開《士蔑西報》後，布力架決定自行創業，租賃了德輔道 16 號開辦布力架洋行（J. P. Braga & Co.），經營他最擅長的印刷業，並進口來自中國大陸的小商品，比方炮竹、牛角、葵扇、筷子等，他還特地印製一本商品目錄表，以廣招徠。[17] 因缺乏資金，公司規模不大，此時已過了不惑之年的布力架，家庭成員已增至 13 人，生活擔子很重。1917 年，他曾有意染指澳門的鴉片專賣，但競投失敗。[18] 在經濟上，布力架只是勉強維持，但他多年通過報章對港府施政的批評和進言，及作為《路透社》駐港通訊員向外報道香港事物，使港府對他另眼相看。1919 年，他獲委任為太平紳士，成為香港葡裔族群中獲此殊榮的四人之一。[19] 1922 年，當時的英國皇太子愛德華作環球之旅造訪香港，布力架成為籌備小組成員之一，反映他作為本地葡人菁英，逐漸受到港府所器重。[20]

在 19 世紀晚期，已有部分葡人從港島搬往九龍居住；踏入 20 世紀，移居九龍的葡人按年遞增。1911 年的人口統計指出，有 490 名葡人居於九龍界限街以南，而 1921 年的人口統計指出：「九龍京士柏以南增加了 1,048 名非華裔居民，其中大部分是葡人，尖沙咀興建了大量歐式屋宇。」而在 1931 年的報告更指出：「大部分葡人已遷往九龍，由於過去十年有大量華人挾巨資自廣州來港，港島的業主大幅加租，葡人首當其衝，紛從港島移居九龍。」[21] 在這個大氣候下，布力架一家也在 1926 年從港島的羅便臣道，遷往九龍尖沙咀的諾士佛臺（Knutsford Terrace）。除了上述原因，更直接是由於 1925 年省港大罷工引發股市大跌市，布力架損失慘重，不單把儲蓄輸光，還負債纍纍。據其兒子記述，其後十多年他一直未能收復前失，[22] 而九龍尖沙咀的租金遠比羅便臣道低廉，相信這是布力架一家搬往九龍的主要原因。布力架在搬往九龍後，加入九龍居民協會（Kowloon Residents Association）並成為幹事。該會是個關注九龍發展的壓力團體，創辦於 1919 年，由居住在九龍的歐洲人所組成，並在布力架加入前一年，有份成功促使港府在九龍中部興建九龍醫院。[23] 布力架移居九龍及加入九龍居民協會後，不時在報紙上發表文章，就九龍的發展向港府進言，而他日後的發展，亦與九龍的開發息息相關。

同年，布力架被港府委任為潔淨局臨時議員，任期至 1936 年完結。查潔淨局成立於 1883 年，是因應查維克（Osbert Chadwick）勘查香港衛生環境所提交的報告而成立，乃負責本港公共衛生的一個諮詢組織，[24] 成員有不少華人。布力架是首位被委任為潔淨局議員的葡裔人士。他在加入潔淨局後，秉承一貫敢言的風格，在議會上就九龍的衛生情況向當局質詢及作出種種改善建議，受到政府的重視。據知他對九龍爆發傷寒及中環街市衛生環境的改善，十分關注。[25] 在任後期，正值港府銳意理順政府負責公共衛生的不同部門之

權責，並通過《1935 年市政局條例》，改組潔淨局，成立市政局，相信布力架在這方面提供了不少真知灼見。

　　1928 年，布力架應新旗昌洋行（Shewan, Tomes & Co.）的東主羅拔・施雲（Robert Shewan）之邀出任中華電力有限公司（The China Light and Power Company Limited）的董事；同年較早時候，公司董事利希慎遇刺身亡，其家族後人為了繳納數目龐大的遺產稅及清還大量貸款，只好賣掉部分股票套取現金，其中以中華電力的股票最多，悉數售予猶太股商艾利・嘉道理（Elly Kadoorie）。[26] 由是，嘉道理家族便成為中電的大股東，[27] 艾利・嘉道理亦順理成章加入公司的董事局。當年董事局的成員還有羅拔・施雲、甘頓（A. H. Compton）、韋特（H. P. White）、羅沙（C. A. da Roza）、塔格特（J. H. Taggart）和何東。[28] 艾利・嘉道理與羅拔・施雲相識多年，在中電成立之初，艾利已投資中電，是當時的七個主要股東之一。但嘉道理家族取得中華電力的決策權，是在 1928 年購入利希慎的股份及艾利加入董事局之後。兩年後，艾利的兒子羅蘭士・嘉道理（Lawrence Kadoorie）亦成為董事局成員，並於 1935 及 1939 年出任公司主席。1932 年，羅拔・施雲以年事已高為由，退出中電董事局。翌年，中華電力與新旗昌洋行經法律仲裁達成協議，不再擔任中華電力的管理工作。[29] 1934 年，中電的創辦人羅拔・施雲在港去世。在嘉道理家族主理下，從 1930 年代開始，業務有飛躍發展，包括開展新界供電計劃，這與布力架息息相關。

四、發展中華電力

　　中華電力有限公司（The China Light & Power Syndicate Limited）成立於 1900 年，原是新旗昌洋行屬下的公司之一。起初，

該公司除供應電力給尚未發展的九龍外，還收購了由馮華川及其他華商成立於廣州的電力公司，馮華川是新旗昌洋行的買辦。[30] 但公司營運兩年後，因資金不足而轉售予中華電力。然而，廣州的電力公司長年虧本，1918 年中電出售虧本的廣州電廠，重點發展九龍，並進行改組，名稱改為「1918 中華電力有限公司」（The China Light and Power Company（1918）Limited）。隨着九龍逐步開發，中華電力的業務蒸蒸日上。[31]

嘉道理家族是伊拉克賽法迪猶太人，原居巴格達，是當地的望族，19 世紀中葉移居印度孟買。1880 年艾利‧嘉道理抵港，在新沙宣洋行任文員，派往華東的商埠；三年後，其弟伊利斯（Elias Kadoorie）抵港，兩人均當經紀。艾利夥拍沙宣的班治文及喬治樸斯，成立了 Benjamin Kelly and Potts，生意漸上軌道。1911 年，嘉道理家族改往上海發展，艾利憑藉販運馬來亞橡膠賺了大錢，兩兄弟在 1920 年代來往於香港和上海間，生意橫跨兩地。伊利斯成為香港大酒店有限公司（Hongkong and Shanghai Hotel & Co.）的大股東，而艾利則看中中華電力的發展潛力，在 1928 年吸納了利希慎的股份後，成為公司的大股東。

布力架得到艾利‧嘉道理的器重，他們都對新界的未來發展充滿信心。1929 年，中華電力向政府工務局提出為新界提供電力，政府反應冷淡，把建議束之高閣。最後，布力架以立法局議員身份覲見港督金文泰（Cecil Clementi，任期 1925–1930），力陳計劃之可行。金文泰在百忙中召集相關政府高官舉行特別會議，中華電力由艾利‧嘉道理及布力架兩人代表出席，終説服港府應允把中電服務拓展到新界。[32] 同年 11 月 30 日，港府與中電簽訂協議，落實中電供應電力給新界的計劃。這是中華電力發展的里程碑，而玉成其事者，布力架功不可沒。布力架先後在 1934 及 1938 年出任中華電力的董事局主席，每星期兩次向艾利提交業務報告。艾利‧嘉道理

作為公司的東主，為免董事局主席在位太長做成專斷，所以每隔若干年便委任不同董事出任主席。在布力架擔任主席期間，中華電力取得長足發展，包括在紅磡鶴園拓展新發電廠，以及在加多利山山腳、亞皆老街及窩打老道交界，興建總辦公大樓。[33]

在布力架加入中華電力董事局的翌年，他的政治地位更上層樓，港府委任他為立法局議員，代表九龍居民，成為第一個代表九龍的立法局議員，更是首位獲此殊榮的葡裔人士。[34] 查九龍地區在1920年代，隨着何文田和九龍塘花園城市計劃先後開展，移居當地的英國人逐漸增加，他們透過九龍居民協會和憲制改革協會，不斷向港府爭取立法局應設立一個代表九龍居民權益的議席，港府也有見九龍逐漸開發，而認識到設立九龍議席的需要。另一方面，香港經歷了20年代中葉的省港大罷工，社會動蕩不安，臨危授命的港督金文泰深切明白團結各族群的重要，而作為香港人口主體的華人，固然是籠絡的首要對象。因此，在1926年破天荒委任周壽臣擔任議政局議員，[35] 而其他以香港為家的少數族裔中，論人口、長久以來對港府的支持，非葡裔人士莫屬。布力架是九龍居民，是九龍居民協會的骨幹，又是葡裔的領袖人物，具備了金文泰心目中理想人選的基本條件。另一方面，布力架長年關注及熱心社會事務，從《士蔑西報》時期到任潔淨局議員，一直支持港府施政，對本港市政衛生的建設和改善，貢獻良多。由是以觀，布力架委實是九龍地區及葡裔代表的不二之選。金文泰在1929年布力架首次出席立法局會議致歡迎詞時指出：「本人歡迎首位代表葡裔人士擔任立法局議員的布力架先生，我們十分欣賞本地葡裔社群的價值觀，我們特別高興布力架先生作為香港之子，開啟立法局設葡裔議席之先。」[36] 報章對布力架的委任反應正面，[37] 本地的葡人社群更是歡欣雀躍，熱烈慶祝。[38]

布力架在1935年英皇壽辰的授勳名單中榜上有名，獲頒帝國官佐勳章（OBE），以表彰他對香港社會的貢獻，是首位獲此殊榮的本

地葡裔人士。社會對此反應正面，而本地的葡人社群，更是雀躍萬分，在西洋會所（Club Lusitano）大排筵席，熱烈慶祝。然而，布力架的兒子們認為以父親的投入和貢獻，理應獲頒更高榮銜，因為看來建樹不如其父的一些英裔議員，反而獲頒更高榮銜。布力架表面上處之泰然，但內心不無戚戚然。[39]1937 年 1 月，立法局兩任期屆滿，布力架從立法局退下來，港府沒有再頒予更高勳銜，布力架難掩失望之情，但報章對他任內的貢獻予以高度評價，差堪告慰。[40]

五、開發加多利山

在 1920 年代後期，布力架曾獲邀加入香港工程及建築有限公司的董事局。這是一間私人股份有限公司，成立於 1922 年，早年主要承接政府土木工程，負責打樁及建造工程，創辦人之一正是羅拔・施雲，另外還有香港大酒店的總裁占姆士・塔格特（James Taggart）。[41]何東是大股東之一，布力架正是獲何東的邀請加入董事局。[42]他在 1929 年 6 月把 500 股公司股份以 650 港元轉讓予何東，[43]反映了何東對布力架加入香港工程及建築有限公司當董事後信心增加，故增持公司股份。何東和他的女婿羅文錦也是公司的董事。1920 年代的香港工潮不斷，其中省港大罷工延續年半，百業蕭條，公司虧損甚鉅。1930 年，艾利・嘉道理加入董事局，並成為該公司的大股東。同年，布力架被推舉為董事局主席，在位直至日軍犯港。兩人繼中華電力後，再次携手合作打天下，艾利・嘉道理雄於財，而且投資獨具慧眼，布力架精明能幹，數年間，公司轉虧為盈。而其中規模最大，最具野心的工程項目是購入一個在九龍中部的荒山，開發成一片高尚住宅區——這就是現今的加多利山。

查九龍半島在 1860 年簽署的《北京條約》連同昂船洲割讓給英

國，最早發展起來的是尖沙咀，有少量歐人，包括葡裔人士，在 19
世紀晚期遷到九龍，而華人則大多集中在油蔴地一帶。[44] 1898 年，
英國通過《展拓香港界址專條》，租借原邊界以北至深圳河以南土
地，深水埗因與旺（芒）角接壤，港府在此填海並進行開發。踏入
20 世紀，廣東一帶在清末民初時期政治動蕩、治安不靖，不少富有
華人舉家遷到香港來，中上環一帶租值因而大漲。另一方面，隨着
部分本地華人富起來，不斷購入半山物業，外籍富豪固然可搬上山
頂，但畢竟能住在山頂的只有少數，而洋人對於居住環境、空氣要
求較高，理想家居最好有花園、網球場，並可以豢養寵物，但港島
人煙稠密，無法提供上述居住條件。私人發展商有見於此，乃在九
龍及新九龍購入土地，開發低密度花園洋房區。其一是 1920 年葡裔
發展商梭椏（Vascon Cellos Soares）在何文田亞皆老街和窩打老道
一帶興建洋房區，其二是九龍塘城市花園。[45] 而其三，便是艾利・嘉
道理投資、布力架當主席的香港工程及建築公司所開發的加多利山。

　　加多利山計劃是布力架的兒子曉・布力架（Hugh Braga）構思
的。他 1929 年畢業於香港大學工程學院後，在工務局實習了兩年，
然後便加入父親當總裁的香港工程及建築公司。那時候，花園城市
（garden city）在英國本土大行其道，這種風氣也吹到香港來。梭椏
的何文田洋房區和九龍塘的花園城市正逐漸發展起來，曉・布力架
覺得發展花園洋房住宅區大有可為，他看中了何文田 2657 地段並作
詳細勘察，之後繪製設計草圖，計劃得到董事局通過，布力架大力
游說艾利・嘉道理支持。1931 年 11 月 16 日，政府推出九龍中部、
位於拔萃男書院與九龍醫院之間佔地 1,333,000 平方呎的山崗，布
力架代表香港工程及建築公司以港幣 326,000 元成功投得，[46] 政府對
此幅土地的買家有以下規定：「此幅土地及宅邸須由不同的獨立單位
組成，買家須興建獨立或半獨立的宅邸，每個單位不少於 8,000 平
方呎，附設車房及附屬建築。」[47] 並於翌年 1 月 20 日，舉行開工儀

式。[48]

　　這個後來命名為「加多利山」的大型地產項目廣受關注。在建築工程動工前半個月，《南華早報》的《周日特刊》在 1932 年 1 月 7 日大篇幅報道此龐大的地產項目，刊登了一幀該山崗一帶的照片，大字標題是：「九龍的花園城市提供毫華住宅」，小字標題是：「購入面積達 1,330,000 平方英呎的土地興建現代化鄉郊」，報道內容為：「香港工程及建築有限公司將在九龍進行一項野心勃勃的工程，興建 65 幢房屋，每間屋有網球場，每幢房屋住一個家庭。當工程完成後，殖民地將有一片建築最現代化、地點適中、設計美觀的花園洋房。」[49]

　　1933 年 1 月 22 日的報道指出：「現在布力架議員作為香港工程及建築公司的領導，掌控了可能是碩果僅存的這邊山崗（按：指界限街以南）之土地，將會發展成何文田及九龍塘以外的另一個花園

布力架在加多利山開發啟動禮上發言，他時為香港工程及建築公司的總經理。攝於 1930 年代初。

鳴謝：香港社會發展回顧項目

式住宅區，香港亟需更廣闊的城市空間，以打破舊區的擠迫空間，改善公共衛生、增加香港的吸引力⋯⋯鄉郊生活、清新空氣、花園、網球場⋯⋯這種城市文明社會應具備的設施，香港的生活環境已越來越理想，市民的心態也有所改善。」[50]

在地理位置上，這個小山崗有何特色？首先，它位於亞皆老街、窩打老道和太子道的中央，交通尚算便利。除了上述提到它毗鄰梭椏於 1920 年代初開發的何文田洋房，和伊德等發展商籌劃的九龍塘花園城市外，它東面朝向九龍首間為歐洲人而設，在 1925 年開幕的九龍醫院，西面毗鄰拔萃男書院，那是港府在 1918 年批予拔萃男書院在九龍興建的新校址，面積有 23 畝，在 1921 年動工，在 1926 年落成開課。[51] 油麻地火車站（後易名為旺角車站）就位於拔萃書院旁邊。

然而，這塊看來具有發展潛力的小山崗，為甚麼一直沒有發展

布力架（右二）與他的兩位恩人，分別是穿唐裝的殷商何東（左二）和香港工程及建築公司東主艾利·嘉道理（左一）。攝於 1930 年代初。
鳴謝：香港社會發展回顧項目

商染指呢？這個計劃的構思者和工程師曉‧布力架指出：「發展商對於投資開發這塊地有所猶豫的主因，是這裏有一個 200 呎長、50 呎高的花崗岩小山崗，佔據了亞皆老街 3/4 的闊度，政府在推出這塊土地拍賣時，指定投得此地的發展商，需自費夷平石山，我們把這三萬噸的石變成一個採石場，開採山石，把原來的義務變成盈餘，早期興建的房子和護土牆，正是用這些石興建的。」[52]

另一方面，隨着何文田和九龍塘的開發，居民中有不少是信奉天主教的葡裔人士，那時候，九龍唯一一座天主堂是尖沙咀的玫瑰堂，與何文田和九龍塘有一段距離。1924 年，一群具影響力的熱心教友致函香港教區主教，提出成立籌備委員會，籌募興建教堂所需資金。其中一個積極推動者正是布力架，[53] 他當年還未搬往九龍居住。經多年籌備，教會在 1928 年 11 月 13 日的土地拍賣中以最低價 38,250 港元，投得太子道和窩打老道交界，第二地段佔地 76,500 平方呎的土地，每年需納地租 526 元，為期 75 年。教堂在 1932 年奠基，在 1933 年落成開堂。[54]

與此同時，教會支持 1921 年已在尖沙咀辦學、來自美國的瑪利諾女修會在聖德勒撒堂附近購地建永久校舍，為住在九龍塘及何文田區的葡裔及其他族群提供教育。1931 年，瑪利諾女修會在教會的支持及港府的同意下，購入界限街與窩打老道交界，面積達 20 萬平方呎的土地，每年需付 1,000 元地租。因校園範圍廣袤，建築需時，校舍在 1937 年才啟用。[55]

另一方面，1917 年在尖沙咀開設的聖若瑟書院分校，也計劃搬到葡裔居民與日俱增的太子道和窩打老道地區。1923 年，喇沙會代表首次向政府索取十畝土地，以興建可容納 800 名學生的大型男校。經過多年與港府商討，他們終於在 1928 年 4 月的土地拍賣中，以最低價港幣 120,000 元投得這片十英畝的土地。未幾，喇沙會再購入毗鄰的三畝原為陳炯明夫人名下的私人土地。[56] 1930 年 11 月

5 日，喇沙書院舉行奠基典禮，冠蓋雲集，芸芸賓客中更見到聖若瑟書院舊生、立法局議員布力架的身影。[57] 可見加多利山周邊地區在 1930 年代初，已增添了不少設施，對虔誠的天主教徒布力架而言，感覺格外親切。

六、艱巨的工程

加多利山的開發工程相當艱巨，必須移去大量泥石，才能進行地盤平整工程，再修築馬路及興建房屋。從 1934 年的圖片中，可見近亞皆老街山邊的石山已移平；1936 年，有四幢房屋落成，而連接亞皆老街和太子道、穿越加多利山的街道和另外一條在山上的環形街道正修築中，1936 年 11 月 6 日刊憲，前者命名為嘉道理道（Kadoorie Avenue），後者是布力架街（Braga Circuit）。[58] 1937年，布力架在年報中指出：「工程進展良好，部分主要建築已竣工，本公司的三幢房屋及一間別墅已落成，並已入伙，還有一間是私人擁有，一排六幢半獨立房屋希望能於 5 月底落成。另外，我們正準備興建更多獨立及半獨立房屋，還有一間平房的設計圖已準備好，這類平房甚受租客的歡迎。西南部分尚未發展，需等待供水及排水系統完成後才動工。屆時，我們會周詳計劃俾能獲取更多收益。這些房子的外觀及室內佈局都非常講究，還配備電熱爐、雪櫃，而中華電力在電費上更給予特別優惠，問詢者眾。」[59]

1938 年出版的《維多利亞城街道指南》，嘉道理道的 30、33、51、57、59、61、63、65、67 號及布力架街的 4、16、18 號，已經落成。[60] 同年，政府工務局的工務報告指出：「一些主要的建築物已落成，包括兩間歐式房屋及六間歐式公寓……。」[61]1939 年，加多利山項目有新發展，香港工程及建築公司增購了毗鄰拔萃男書院的

九龍內陸地段 K. I. L. 4137 號，發展為住宅區。布力架在當年的年度會議中，介紹了這幅增購的地皮：「拔萃男書院與本公司名下的物業之間的小山丘佔地 161,000 方呎，擴充了我們的發展範圍，非常難得。」[62] 通過是次拍賣購得的九龍內陸地段 K. I. L. 4137 號，正是目前從亞皆老街上加多利山那段嘉道理道，它在 1948 年 10 月 21 日刊憲，作為原嘉道理道的延伸。[63]1940 年，布力架家族部分成員遷入加多利山，比方作為該工程的大腦的曉‧布力架入住布力架街 18 號的山景公寓，諾埃爾‧布力架（Noel Braga）夫婦遷往布力架街 22 號，而保羅‧布力架（Paul Braga）則遷往布力架街 4 號。[64] 但布力架及夫人則仍居於尖沙咀的諾士佛臺。至於嘉道理家族成員的羅倫士和賀理士，則在二戰結束後的 1948 年，才入住嘉道理道 24 號。[65]

1941 年，戰火瀰漫，香港形勢岌岌可危，布力架在戰前最後一次，也是他作為香港工程及建築公司董事局主席的最後一次周年大會上，交代了加多利山的最新發展：「雖然因當前局勢影響了各類物料價格，花園洋房（garden estate）的發展和建築穩步向前。」[66]

1941 年 12 月 8 日，日軍襲港，是年聖誕，香港淪陷。香港的葡裔紛紛逃往澳門避難，布力架則選擇留在香港，打理公司業務及照顧員工。他在 1942 年多次往來港澳之間，翌年 1 月，布力架決定移居澳門。[67] 在澳門，布力架大部分時間用於撰寫 *The Portuguese in Hongkong and China*。1944 年 2 月 12 日，若瑟‧布力架心臟病發逝世，葬於澳門的西洋墳場（St. Miguel Cemetery）。

結語

綜觀若瑟‧布力架一生事業，與三個人有着密切關係，他們分別是：何東、羅拔‧施雲和艾利‧嘉道理。布力架先是獲何東的賞

識，執掌《士蔑西報》，後來又推薦他任香港工程及建築有限公司董事，囑託他把公司業務轉虧為盈，最終布力架亦不負所託。終其一生，何東與布力架維持着友好關係；在香港淪陷後，兩人不約而同往澳門避難，渡過艱辛的日子。

其二是中電創辦人羅拔·施雲（主席任期為 1901 至 1931 年），施雲邀請他當中華電力的董事，是布力架踏上事業成功之路的開始。翌年，布力架便被委任為立法局議員。不要忘記，施雲同時也是香港工程及建築公司的創辦人及董事，相信何東推薦布力架加入該公司成為董事局，需得到羅拔·施雲的首肯。

而布力架在事業上能有所成就，大大得力於艾利·嘉道理。1920 年代晚期，適逢艾利·嘉道理從上海回到香港，決心在香港大展拳腳，通過購入股份，先後入主中電和香港工程及建築公司；他

加多利山上的布力架街。
攝於 2022 年。
圖片提供：丁新豹

對布力架的才幹，十分賞識，委以重任，布力架因而得以兩度出任中電主席，而布力架亦憑藉他立法局議員的身份，說服港督金文泰同意讓中電服務拓展到新界，是中電發展的里程碑。艾利·嘉道理入股香港工程及建築公司及當上董事後，更推舉布力架為董事局主席，而且在位直至 1941 年太平洋戰爭爆發。其間難度最高、最浩大的工程，首推九龍中部加多利山開發為花園洋房。這個計劃是由布力架的兒子曉·布力架構思及提議，但最為重要的，是得到艾利·嘉道理全力支持。要知道，當時的加多利山只是座毫不起眼的荒山，要平整地盤築路建屋，需移走大量石頭泥沙，耗資鉅大，如非具有長遠目光，不會作此投資。今天加多利山上只有兩條街道，分別是嘉道理道和布力架街，正是當年艾利·嘉道理和布力架兩人通力合作的歷史見證。

注 釋

1   葡人東來及居留澳門，見丁新豹、盧淑櫻：《非我族裔：戰前香港的外籍族群》（香港：三聯書店，2014），頁 42；Boxer, C. R., *Fidalgos in the Far East 1550-1770: Fact and Fancy in the History of Macao* (Michigan: University of Michigan,1948)；Braga, J. P., *The Portuguese in Hongkong and China* (Macao: Fundação Macau, 1998), 5-12。

2   香港的葡裔人士，詳見丁新豹、盧淑櫻：《非我族裔》，頁 39-56；葉農：《渡海重生：19 世紀澳門葡萄牙人移居香港研究》（北京：社會科學文獻出版社、澳門：澳門特別行政區政府文化局，2014）；李長森：《明清時期澳門土生族群的形成發展與變遷》（北京：中華書局，2007），頁 187-277；Braga, J. P., *The Portuguese in Hongkong and China*, 117-242；Sá, L. A. de, *The Boys from Macau: Portugueses em Hong Kong* (Macau: Fundação Oriente Instituto Cultural de Macau, 1999)。

3   雲仙·布力架生平，見 Forjaz, J., *Familias Macaenses*, vol. III (Macau: Fundação Oriente, Instituto Cultural de Macau, Instituto Português do Oriente, 1996), 323-324；約瑟·彼德·布力架生平見上書，頁 324-326；Ure, G., "Braga, José Pedro," in *Dictionary of Hong Kong Biography*, eds. M. Holdsworth and C. Munn (Hong Kong: Hong Kong University Press, 2012), 45-46；Braga, S., "*Making Impressions: The Adaptation of a Portuguese*

Family to Hong Kong, 1700–1950," (PhD thesis, The Australian National University, 2012)。有關約瑟·布力架的兒子 Noel Braga、Hugh Braga 及 Stuart Braga 生平，見 Forjaz, J., *Familias Macaenses*, vol. III, 326–330。

4　羅郎也生平，見 Forjaz, J., *Familias Macaenses*, vol. II, 820–821；Braga, J. P., *The Portuguese in Hongkong and China*, 151–153。

5　丁新豹：〈滄海桑田：油尖旺地區的早期開發初探〉，載鄭宏泰、周文港編：《彌敦道上：金光舊夢換新顏》（香港：中華書局，2021），頁 185。Braga, J. P., *The Portuguese in Hongkong and China*, 227–230。

6　Forjaz, J., *Familias Macaenses*, vol. III, 325.

7　Ibid.

8　布力架的妻子和兒女並沒有在 1902 年跟隨約瑟·布力架回到香港，而是留在澳門，相信布力架在周末或重要節日赴澳與家人團聚。他的兒子諾埃爾·布力架（Noel Braga）1903 年生於澳門，曉·布力架（Hugh Braga）1905 年也在澳門出生，澳門的生活指數較低，布力架是在香港找到新職、安頓下來後，才在 1906 年把家人接到香港來。

9　何東是 20 世紀上半葉的香港首富，他早年是怡和洋行的買辦，在 1900 年辭去買辦之職後自行創業，並通過投資地產和入股不同的大企業，建立商業王國。詳見鄭宏泰、黃紹倫：《香港大老 —— 何東》（香港：三聯書店，2007），頁 117–123；Holdsworth, M., "Ho Tung, Sir Robert," in *Dictionary of Hong Kong Biography*, 194–196；Holdsworth, M., *Sir Robert Ho Tung: Public Figure, Private Man* (Hong Kong: Hong Kong University Press, 2022)。何東是《士蔑西報》的大股東，對營運報章並不陌生，因此後來接辦《工商日報》，能轉虧為盈，我們以前以為何東接手《工商日報》時完全沒有辦報經驗，實屬誤會，見 Holdsworth, M., "Footnote 32," in *Sir Robert Ho Tung*, 189。

10　切斯尼·鄧肯對興中會的反清活動十分支持，在 1895 年乙未首義前夕，曾同孫中山、楊衢雲、謝纘泰等人在士丹利街 13 號乾亨行會商時局，並在報章撰文，鼓吹華人反對滿清政府。見羅家倫、黃季陸主編，秦孝儀、李雲漢增訂：《國父年譜》增訂本（上冊）（台北：中國國民黨中央委員會黨史委員會，1994），頁 86–87。

11　Braga, S., "Footnote 690," in *Making Impressions*, 237. 論文中提到的 Chinese Club 是華商會所，在 1897 年間成立，何東是首屆主席，見周佳榮、鍾寶賢、黃文江編著：《香港中華總商會百年史》（香港：香港中華總商會，2002），頁 8。

12　"Report on the Census of the Colony of Hong Kong, 1931," *Sessional Paper* (Hong Kong: Hong Kong Government, 1931).

13　"Report on the Census of the Colony for 1921," *Sessional Paper* (Hong Kong: Hong Kong Government, 15 December, 1921), 158.

14　丁新豹、盧淑櫻：《非我族裔》，頁 46。又比方英國人在 1846 年成立的高級會所香港會（Hong Kong Club），晚至 1964 年才接受華人及葡人成為會員，可見同是歐洲人，本地葡人是被視為低一等的。見 England, V., *Kindred Spirits: A History of The Hong Kong Club* (Hong Kong: The Hong Kong Club, 2016), 112–113。

15　有關中葡雙方在 1909 至 1910 年在香港就澳門勘界的談判，詳見馬楂度（舒建平、菲德爾合譯）：《勘界大臣馬楂度葡中香港澳門勘界談判日記（1909-1910）》（澳門：澳門基金會，1999），頁 1-21。

16　Braga, S., *Making Impressions*, 241.

17　Ibid., 254.

18　Ibid., 255.

19　Ibid., 257.

20　Ibid.

21　"Report on the Census of the Colony of Hong Kong, 1931," *Sessional Paper* (Hong Kong: Hong Kong Government, 1931).

22　Braga, S., *Making Impressions*, 263.

23　廣華醫院是九龍的第一間醫院，踏入 20 世紀後，九龍華人人口大增，港府委託有豐富營運華人醫院經驗的東華醫院全人，在華人最密集的油麻地籌建廣華醫院。見丁新豹：《善與人同：與香港同步成長的東華三院（1870-1997）》（香港：三聯書店，2010），頁 161-180。但九龍的外籍人士患病，仍需渡海往港島的國家醫院求醫，非常不便。立法局多次就在九龍設立醫院一事提出質詢，港府最終選擇在亞皆老街與窩打老道交界處興建九龍醫院。見 "The Kowloon Hospital," *Hongkong Hansard*, 3 March 1921。

24　市政局的發展，詳見劉潤和：《香港市議會史 1883-1999：從潔淨局到市政局及區域市政局》（香港：康樂及文化事務署，2002）。

25　Braga, S., *Making Impressions*, 268.

26　Stuart Braga 在論文中，以為何東把手上的中華電力股份賣給艾利‧嘉道理，但其實出售中電股份給艾利的是利希慎的後人。利希慎在 1923 年成為中電董事，手上持有 9,620 股；他在 1928 年遭暗殺，後人在他死後急於償還債務，把股份售與艾利‧嘉道理，艾利因而成為中電大股東，旋即加入董事局並執掌中電。詳見 Cameron, N., *Power: The Story of China Light* (Hong Kong: Oxford University Press, 1982), 86。

27　Green, J., "Kadoorie, Sir Elly," and "Kadoorie, Lawrence," in *Dictionary of Hong Kong Biography*, 216-218; Cameron, N., *Power*, 87-98.

28　何東在 1926 年獲邀加入董事局，接替該年去世的遮打爵士（Sir Catchick Paul Chater），他在 1933 年卸任，由姻親羅長肇接任，翌年羅長肇猝逝，改由其長子，何東的女婿羅文錦替任。見 Cameron, N., *Power*, 123。

29　Ibid., 114-121. 中電自成立以來，名稱多次更改，詳見該書頁 266 的〈Appendices: Names of the Company〉。

30　馮華川，又名馮水，字穗祥，廣東香山人，中央書院畢業生，1874 年畢業後留校任教。1882 年任人和鴉片商助理，1885 年廣東水災，捐了白銀二十両賑災。1892 年出任東華醫院總理，時為中華滙理銀行買辦。1898 年獲委為團防局委員，翌年更獲委任為潔淨局議員。1900 年與陳庚虞、何澤生等成立中華總商會前身中華公局，並多次出任會

長。1901 年轉任新旗昌洋行（Shewan, Tomes and Company）買辦。1904 年與劉鑄伯倡議成立西營盤公立醫所。馮華川同時是廣州的廣仁善堂及方便醫院總理，1912 年後，他的名字已不見於太平紳士的名單，可能已離港或去世。

31　Cameron, N., *Power*, 72.

32　Ibid., 105.

33　Ibid., 123–126 & 137.

34　*The Hong Kong Government Gazette*, no. 30, 18 January 1929, 25. 同時委任代表九龍的還有曹善允。曹善允（1868–1953）家族來自澳門，是執業律師。他與布力架同在 1929 年獲委為立法局議員，但他在此前一年，已獲英帝國官佐勳銜（OBE），1935 年更獲帝國司令勳銜（CBE）。其生平詳見 Holdsworth, M., "Tso Seen-wan," in *Dictionary of Hong Kong Biography*, 438–439。

35　周壽臣生平，詳見鄭宏泰、周振威：《香港大老 ── 周壽臣》（香港：三聯書店，2006），有關被委任為華人議政局議員，見頁 164–167。

36　"Welcome to New Members," *Hong Kong Hansard*, 24 January 1929.

37　*The Hongkong Telegraph*, 15 January 1929; *Hongkong Daily Press*, 15 January 1929.

38　Braga, S., *Making Impressions*, 280.

39　Ibid., 296–297.

40　*South China Morning Post* (*SCMP*), 29 August 1936.

41　The Industrial History of Hong Kong Group, "The Hongkong Engineering & Construction Company Ltd 1922—1993," accessed 2 December 2022. https://industrialhistoryhk.org/the-hongkong-engineering-construction-company-ltd/

42　Braga, S., *Making Impressions*, 293. 布力架與何東關係密切，他一生的事業，背後都有何東的影子。何東在 1915 年獲英廷冊封爵士，官式紋章上的「From Trial to Triumph」（從嘗試到勝利），便是布力架提議的。（見 Holdsworth, M., *Sir Robert Ho Tung*, 84。）何東曾向布力架的兒子積奇・布力架（Jack Braga）説：「令尊與我是畢生好友，在許多重要事情通力合作。」（見 Braga, S., *Making Impressions*, 394。）香港淪陷期間，兩人不約而同避居濠江，同病相憐。布力架病逝，何東還出席了他的喪禮。值得留意的是：何東在遺產中，預留了 5,000 元給布力架的兒子積奇・布力架，稱作「我的朋友」。綜觀他的遺產分配，5,000 元相等於他留給自己孫子的數目，相信是答謝他在澳門避難時的照拂。何東遺囑，見鄭宏泰、黃紹倫：《香港大老 ──何東》，頁 331。

43　The Industrial History of Hong Kong Group, "The Hongkong Engineering & Construction Company Ltd 1922–1993," accessed 2 December 2022. https://industrialhistoryhk.org/the-hongkong-engineering-construction-company-ltd/

44　油尖旺的早期發展，見丁新豹：〈滄海桑田〉，頁 166–191。

45　梭椏在何文田開發的新住宅區，位於窩打老道和亞皆老街之間，闢設的街道分別是：梭椏道（Soares Avenue）、艷馬道（Emma Avenue，梭椏之妻）、棗梨雅道（Julia

Avenue，梭椏女兒）、勝利道、太平道、自由道，以上街名於 1925 年刊憲；而以蒙塔古‧義德（Montague Ede）為首的發展商，在 1922 年在九龍塘營建大型城市花園，開發的街道如歌和老道、沙福道、牛津道、劍橋道、施他佛道等，均以英國地方命名，於 1929 年刊憲。

46   Braga, S., *Making Impressions*, 293.

47   有關 Special Conditions for the sale of Land Lot number K. I. L. 2657，轉引自 Lu, L. W. D., "Kadoorie Hill: The Garden City of Kowloon," (MA diss., The University of Hong Kong, 2007), footnote 21。

48   *SCMP*, 7 January 1932.

49   Ibid.

50   *SCMP*, 22 January 1933.

51   Fung, Y. W. & Chan-Yeung, M. W. M., *To Serve and To Lead: A History of the Diocesan Boys' School Hong Kong* (Hong Kong: Hong Kong University Press, 2009), 39–42.

52   Braga, S., "Footnote 876," *Making Impressions*, 295.

53   Ticozzi, S., *Historical Documents of the Hong Kong Catholic Church* (Hong Kong: Hong Kong Catholic Diocesan Archives, 1997), 151.

54   Ibid., 153.

55   Chu, C. Y. Y., *The Maryknoll Sisters in Hong Kong, 1921–1969: In love with the Chinese* (New York: Palgrave Macmillan, 2004), 38–39.

56   Huang, M., *Sons of La Salle Everyone: A History of La Salle College and Primary School, 1932–2007* (Hong Kong: La Salle College Old Boys' Association, 2008), 38–47.

57   Ibid, 45.

58   *The Hong Kong Government Gazette*, no. 885, 6 November 1936, 980.

59   *Annual Report 1937*, Hongkong Engineering and Construction Co., Ltd.

60   Whyatt, J., *Street Index of the City of Victoria* (Hong Kong: Noronha & Co.,1938).

61   "Report of the Director of Public Works for the Year 1938," in *Hong Kong Administrative Report* (Hong Kong: Hong Kong Government, 1939), Appendix Q, Q5, item 31.

62   *The Hongkong Telegraph*, 11 May 1939.

63   *The Hong Kong Government Gazette*, 21 October 1948.

64   *Hong Kong Dollar Directory* (Hong Kong: Local Printing Press, Ltd., 1941), 325.

65   *Hong Kong Dollar Directory* (Hong Kong: Local Printing Press, Ltd., 1948), 821.

66   *The Hongkong Telegraph*, 30 April 1941.

67   Braga, S., *Making Impressions*, 378.

混血族群：
施玉麒、郭慎墀與拔萃男書院 [1]

陳煒舜

前言

　　身為男拔萃舊生，筆者自初中時代就已非常關注拔萃校史，中六時任校刊主編，為當時不為人知的施玉麒校長（Canon G. S. Zimmern，1904–1979；於 1955–1961 在任）安排了一個紀念專輯，同時也藉此機會訪問了好幾位當年親炙過施玉麒的人物，包括他的繼任者郭慎墀校長（Mr. S. J. Lowcock，1930–2012；於 1961–1983 在任）和黎澤倫校長（Mr. Jacland Lai，於 1983–2000 在任），這可謂筆者對校史研究、混血社群研究的開端。丁新豹博士於「滑鐵盧變窩打老」講座系列的演講主題是土生葡人，他們之中有不少都是在男拔萃上學的，尤其是戰前。除了葡人之外，戰前非華籍學生中更多的是所謂的「Eurasians」，即歐亞混血兒，在當時俗稱「半唐番」。這所學校可說是一開始就為了歐亞混血兒開辦，之後慢慢才收錄華童。

　　根據我們現在的認識，一般土生葡人、歐亞混血兒的長相都很

「洋氣」，一看就知道與純種華人的差別，但是兩者之間仍有不同。葡人方面，即使他們是在香港出生，大部分人都仍會視自己為「外國人」；而歐亞混血兒——尤其是早期的、第一代的歐亞混血兒，如何東爵士（1862–1956）等，卻更傾向將自己定位為華人，這便是兩者在種族和文化認同上的差異。記得何鴻燊（Stanley Ho, 1921–2020）之姊八姑娘何婉鴻（Nanette Fung, 1920–2023）曾經出版過一本名為《八姑娘靈異歷程》的書，內容雖然涉及「怪力亂神」，但裏面有一件小事很有趣。八姑娘說自己本來是喜歡穿旗袍的，但有次見人時為了隱藏自己的身份：「當天我刻意捨棄平日所穿的旗袍而改穿一襲西式連衣裙，使我看起來像個土生的葡籍女人。」[2] 也就是說，當時歐亞混血社群中不少人傾向穿中式服裝——我們也由此可以看到服飾與身份認同之間的關係。不過，歐亞混血社群下一代成員的日益西化，也是普遍的趨勢。

長期以來，歐亞混血兒一直是男拔萃生的主體，後來甚至有施玉麒、郭慎墀以歐亞混血兒身份正式擔任校長。這所學校於 1869 年成立，到現在已有一百五十多年。對於歷任校長的認識，男拔萃與皇仁書院頗為不同。因為皇仁是官校，校長好像走馬燈一樣換人，除非以其姓氏來命名社堂（House），否則學生很難記得清楚。而男拔萃方面，一百五十多年至今只有 11 位校長，平均一人在位便長達十多年。故而對於我們來說，印象都非常深刻。這些校長中首六位是洋人，隨後的施玉麒、郭慎墀是歐亞混血，他們都有社堂命名。接着的黎澤倫、張灼祥、鄭基恩三位先生則都是華人。拔萃男書院是聖公會的旗艦學校，所以教會乃至於官方都非常看重該校。由這份校長名單，我們可以見到該校由洋人轉為歐亞混血兒、再轉為華人主政的本土化過程。施玉麒牧師（簡稱「施牧」）於 1955 年上任，郭慎墀於 1983 年退休，也就是說，拔萃有 28 年時間是由本土歐亞混血兒主持校政的。但是在我求學的年代，施牧是唯一一位不為大

家所知的校長，與郭慎墀形成鮮明對比。正因如此，我當年才有挖掘其人其事的意欲。而對校史的興趣，使我很早便將注意力延展至本土混血社群。

一、香港歐亞混血社群的肇端與婚配

在香港的語境，「Eurasian」（所謂「歐亞混血兒」）與「mixed」一詞是有差異的，往往是傳承了好幾代歐亞混血的家族成員才會以「Eurasian」來指涉。此外，如猶太、巴斯（Parsi）與華人混血者，一樣稱為「歐亞混血兒」。香港的混血社群是怎樣產生的呢？我曾經有這樣的論述：

> 鴉片戰爭後，不少歐美男子前來香港工作，這些男子每每與華人女子發生戀情。當時港英政府並不鼓勵華洋通婚，於是異國戀情轉向地下。與外籍男子同居的華裔女子被稱為涉外婦人（protected woman），所生子女皆隨母生活，這就是第一代歐亞混血兒（Eurasians）。這些孩子多為非婚生，華化生活習慣令洋人不適，洋氣外貌特徵又讓華人側目，在社會上飽受歧視。他們的父親多數在約滿後返回原居地，另行婚配。母親成為全家支柱，經濟匱乏者還要外出幫傭。[3]

就如丁博士曾提到，華人在當時的香港是男多女少，洋人情況更甚。這些英國人以及其他來港工作的歐洲人，他們以約聘形式在香港工作逗留三、五年。因為多為單身漢，所以往往可能會聘請家務助理，朝夕相對下很容易發生感情（此外還有不少包養華人女性的案例），於是就產生了第一代的混血兒。由於港英政府並不鼓勵

跨種族婚姻，所以家務助理與其僱主並不會建立正式的婚姻關係。即使兩人育有下一代，孩子也是隨母親生活，不會住在父親那邊。這些第一代歐亞混血兒，洋人視他們為華人，華人則視他們為洋人──當然，華人沒有施政權，不能透過行政的方式去「歧視」這班歐亞混血兒，但心中仍會感到困擾。不過這些歐亞混血兒童主要跟隨華人母親長大，華化取向自然較強，因而他們會毫無保留地接受華人文化習俗，扎根本土。

在當時錄取歐亞混血學生最多的學校，一是日字樓孤子院（或拔萃書室，Diocesan Home and Orphanage），一是中央書院（或皇仁書院），兩所學校的開張只相隔七年。簡而言之，這兩所學校雖然都錄取歐亞混血學生，但情形卻有不同。中央書院規模甚大，以錄取華籍學生為主，此外連帶收錄歐亞混血兒與少數洋人學生。因為當時香港社會遠未發展完善，年輕華人要謀求出路的話，隨時需要倚仗清朝體制，北上考科舉。可以說，他們的未來往往繫於清朝，而非局限於香港本地。如果中文程度只停留於日常的衣食住行，當然不足以應付，因此中央書院的中文課程以堅實的國學為主，讀起來並不容易。即使從歐亞混血的何東、何福（1863–1926）身上也可見到，由於他們就讀於中央，中文根基特別紮實。何東兄弟更傾向於自視為華人，除幼年受母親影響外，也與中央書院的國學教育有關。但拔萃書室就不同了。雖然拔萃也開設中文科，但時間比例相對少許多。比起在中央書院就讀的學生背景，會將子弟送到拔萃書室讀書的家庭往往是較傾向西化的。不過這些歐亞混血兒童跟隨母親成長，也一樣有可能在入讀拔萃之前在私塾求學、背誦過儒家經典，中文程度並不差。他們有這種國學基礎，再加上進入拔萃後有機會學習英文，因此中英雙語的程度甚高，畢業後遂成為「橋樑式」的人才。由於歐亞混血中英雙語皆擅，而當時香港社會非常需要這類人才，所以他們開始受聘於洋行、銀行，擔任文員乃至買辦，也

可能任職律師行書記（first clerk）、公務員、商人等。由於華人與洋人社會對歐亞混血兒的側目，反倒進一步促使歐亞混血社群形成與鞏固。加上 19 世紀後期，何東已經嶄露頭角，積存了可觀的財富和人脈。他的族群意識非常強，因而開始綰合整個混血社群，使之興盛發展。

　　混血社群早期在婚配方面處於進退維谷的環境：一方面，他們固然無法與洋人正式通婚；另一方面，雖然他們將自己視為華人，但由於外表仍然與華人有別，通婚也不多見。因此，混血家族間互相通婚的例子非常多，甚至有「何羅施冼蔡，女不憂嫁外」之說。例如何鴻燊與何婉鴻姐弟，不僅他本人的樣貌高鼻深目，他的父母何世光（1886-1974）夫婦、祖父母何福夫婦也都是歐亞混血兒，這說明了歐亞混血兒嫁娶歐亞混血兒的傳統由來已久。當然，每個混血家族的背景都有所不同，例如鄭宏泰博士研究何東，提及其父（Henri Bosman, 1839-1892）在港經商失利，返回英國前夕連一個銅板都沒有留給在港的妻兒，所以何東、何福兄弟從小就由母親施娣（1841-1896）拉扯長大，生活非常艱難。[4] 施炳光（Andrew Zimmern, 1869-1906）—— 亦即施玉麒之父，他的父親施文（Adolphus H. C. A. Zimmern, 1842-1916）是歸化英籍的德籍猶太人，又改宗基督新教，前來遠東工作。回英前，老施文留下了一些財產給他的伴侶葉麗金（Mary Ip），於是施文家族在香港的生活還不算太苦，起步點稍高。[5] 另外還有剛才提到的巴斯社群，如羅旭龢（Robert H. Kotewall, 1880-1949）的父親 Hormusjee R. Kotwaj（1833-1896）是巴斯人，母親是一位張姓華籍女子，兩人同居誕下羅旭龢。羅文錦家族亦如是。羅文錦（1893-1859）的祖父羅富華（Thomas Rothwell, 1831-1883）長駐上海，並不定居香港，卻將子女送到香港讀書。他的太太曾有是蜑家女子，兩人幾乎是從一而終，似乎沒有出現過第三者。羅富華最後在漢口逝世，曾有及

其子女繼承了他的遺產。在父輩沒有缺位的情況下，羅文錦家族第一代混血兒羅絮才、羅長肇姊弟的起步點也一樣較高。[6] 以上對何仕文、施炳光以及羅旭龢、羅文錦家族情形的簡介，可從中看到本地混血家族的起源概貌。而郭慎墀所屬的羅郭家族，早期情況也與羅文錦家族類似。

施玉麒與郭慎墀之間是有親戚關係的，兩人年紀相差二十多歲，血緣比較疏遠，是遠房表兄弟。如果從羅郭家族的立場來看，郭慎墀的曾祖父、商人 Henry W. Lowcock（1837–1901）有子女六人。長子 George 是郭慎墀的祖父，次女嫁給一位馮姓男子，所生之女 Mary Fung 乃施炳光的續絃、施玉麒之母。另一方面，施、郭兩家都與羅旭龢家族通婚，郭慎墀的祖父 George 有一女郭懿德（Edith Lowcock, 1889–1936），嫁羅旭龢為妻。兩人所生有三個女兒嫁給了施牧的三個堂弟；而羅旭龢的姪女柏基（Mabel Constance, 1889–1973）又嫁給 George Lowcock 之子亨利（Henry），郭慎墀就是柏基與亨利之子。由此進一步可見歐亞混血社群中密切的親緣關係。至於施、郭二家與何東家族、羅旭龢家族的基本通婚情況，茲條列如下：

施湘卿（Lucy Zimmern）＝羅長肇

施炳光（Andrew Zimmern）＝馮氏（Mary Fung，Henry W. Lowcock 外孫女）

施燦光（Adolph Zimmern）＝羅蓮施（Mary Lowcock）

郭懿德（Edith Lowcock）＝羅旭龢（Robert Kotewall）

施燕芳（Ethel Zimmern）＝何世耀

施瑞芳（May Zimmern）＝何世華

施瓊芳（Ellen Zimmern）＝冼文彬（Alfred Hall）

施玉鑾（Frederick Zimmern）＝羅豔基（Doris Kotewall）

施玉瑩（Francis Zimmern）＝羅婉基（Helen Kotewall）

施玉聰（Archibald Zimmern）＝羅瑤基（Cicely Kotewall）

　　此外，我們可順帶分享一個故事：施玉麒兩歲的時候，父親施炳光英年早逝，家族驟然陷入困頓。施玉麒的二姐施瑞芳（May，又名瑜芝，1893-1967），與鄰居一位歐亞混血男孩 Archibald Roberts（1891-1987）青梅竹馬。Archie 的母親李慧珊（1871-1948）也是歐亞混血兒，早年跟一個德國人 Ernst R. Fuhrmann 生下了Archie，但 Fuhrmann 在香港工作期滿後便一去不返。Archie 當時只是一個小文員，無力迎娶瑞芳。有天晚上，施母馮氏把 Archie 叫過去，告訴他瑞芳會嫁入豪門，與何甘棠（1866-1950）第二子何世華（1895-1964）成婚。但是婚後，兩人過得並不幸福。不久，Archie 的母親李慧珊嫁予何福為妾，生下何世奇、何鴻鑾一脈，而Archie 也就成為了何福的繼子。於是何福出資給 Archie 做印刷生

施氏全家福。左起：施湘卿、羅蓮施、施燕芳、施燦光、孫敬昌、葉麗金、羅雪貞、施炳光、周氏、施湘美。攝於 19 世紀末。

意，令他掙到人生第一桶金。但當 Archie 有經濟能力時，施瑞芳早已嫁作他人婦，可謂造化弄人。[7] 這是他們家族中比較著名的故事。不過，施瑞芳後來成為本地婦運領袖，與志同道合者聯手創辦中國婦女會，為女性爭取權益，[8] 這大概與她自身的生活經歷有很大關係。

二、拔萃書室的混血學生

說回拔萃書室，書室原名 *Diocesan Home and Orphanage*，早期非正式中文名稱是「日字樓孤子院」或「日字樓男女館」，原址在港島般咸道，也就是今天般咸道官立小學所在處。無論「Home」也好，「Orphanage」也好，都可以見到這所學校的寄宿性質，由 1869 年開創時起，便是以寄宿學校為主。但是，為何要分為「Home」與「Orphanage」兩個部分呢？「Orphanage」固然意指孤子院，收留的主要是歐亞混血孤兒。至於「Home」則意味着會為有家庭的歐亞混血學童提供住宿。換言之，這些學童的洋人父親並不與他們同住，甚至已經返回祖家；而華人母親則可能要外出工作餬口，所以唯有將小朋友送往寄宿。當然，也有家庭環境並不匱乏，但仍希望子弟住宿，在學校的英文環境中浸淫濡染、提升水平。總之，書室對父母健在的學生來說是「Home」，無父無母的就是「Orphanage」，但這兩個編制是融為一體的，孤兒與非孤兒都是同宿同學。由此總結而得，拔萃書室最早錄取的學生，要麼是「非華籍」（ethnically non-Chinese），即種族上而言的非華人 —— 可以是歐亞混血兒，可以是洋人，也可以是葡人及其他國籍人士，總之並非華人。要麼是「非華化」（culturally non-Chinese），也就是未受中華文化太深影響 —— 書室也收錄過幼年的華人孤兒，因為他們有可塑性，可以透過以英語為主體的教育模式令他們培養出西化的文化取向。[9] 這是我對早期拔萃書室收生條件的歸納。當然，拔萃書室也收有洋人學生，

由於位於港島般咸道的校舍偏小，拔萃書室於 1926 年遷到九龍加多利山。

但人數並不多。這些洋人學生多數隨父親到香港工作而來，待父親合約完結後又相隨返回祖家。所以，彼時在拔萃的洋人學生往往好像插班生一樣，能完成學業的未必很多。隨着學校的發展，這種「非華籍」、「非華化」的特徵就逐漸稀釋了。

　　扣回「窩打老道」此一主題。拔萃書室於 1926 年由港島般咸道遷到九龍加多利山，遷校的主因是般咸道校舍偏小。在此之前，校方已幾度向當局申請遷移校舍，但一直到 1926 年才獲批。就如丁新豹博士在講座演講中也多次提到，1920 年代恰值九龍塘開發之際。男拔萃起初名叫「書室」，就是因為校舍不大；搬到九龍後面積大增，於是才改名叫「書院」──這便是「室」與「院」的命名基礎。般咸道年代，男拔萃除歐亞混血兒以外，也已經有不少本地葡人入讀。遷到九龍後，連帶很多歐亞混血與葡人家族都由港島遷到九龍，以便子弟就近入學。因此，九龍塘這座花園城市（Garden City）的最早期居民中有不少歐亞混血與葡人家族成員。進而言之，葡人當中還是有部分家長認為子女入讀天主教學校更好，因此九龍塘的瑪

施玉麒（左）與何東爵士（右）的合照。攝於 1930 年代。

利諾修院學校（Maryknoll Convent School）、喇沙書院（La Salle College）也分別在 1925 年和 1932 年成立。

　　1935 年施玉麒自英返港，仍未入職拔萃，但已經擔任舊生會委員。他本人是律師，也是牧師，整輩子可謂只為兩個人服務──第一位是何東爵士，第二位是何明華會督（Bishop R. O. Hall, 1895-1975），[10] 兩位何先生都是施玉麒的貴人。當拔萃書室還在港島時，附近西營盤有一座聖彼得教堂（St. Peter Seamen's Church），最早是為海員而建，但久而久之就有很多拔萃男生到那邊從事宗教活動、做服務，學生時代的施玉麒也是其中一員。1925 年，政府徵用土地，聖彼得教堂必須拆卸。剛好正值男拔萃遷往九龍，所以何督等人就決定在九龍塘另建基督堂（Christ Church），1935 年正式開幕。這個計劃實際上由施玉麒全盤負責，但因為他辦事不喜留名，所以一般大眾就未必知道內情了。

三、施文家族的淵源

　　施文家族（Zimmerns）的起源，上文已經提及。老施文先到上海工作，然後再到香港。他的伴侶葉麗金已是歐亞混血兒，為他育有兩子兩女。長子施炳光就是施玉麒的父親；次子施燦光（Adolph Zimmern，又名施遇文，1871-1950）共有五子一女，施文律師行的創辦人施玉鑾（Frederick Zimmern, 1909-1977）便是其一。另外葉氏所生的兩個女兒，一名施湘美（Mary，1868-1900），一名施湘卿（Lucy, 1870-1927）。比較有趣的是，湘美與湘卿的婚姻有很大的差別。原來湘美是沙宣家族（Sassoon）成員 Jacob Sassoon 的外室，兩人誕下一子孫敬昌，這當然並非正式的婚姻。湘美的經歷跟她母親很相似，算是很典型的早期混血女性遭遇。但比湘美小兩歲的湘卿，際遇卻完全不同。湘卿下嫁羅長肇 —— 也就是剛才提到的羅富華之子，而且是明媒正娶、歐亞混血兒嫁娶歐亞混血兒。湘卿所生的子女中，最著名的就是羅文錦爵士，可見兩姊妹只相差兩歲，卻歸宿迥異。不難猜想，作為長女的湘美成為外室時，家族還比較困頓，因此也只能有如此安排；到了次女湘卿適婚年齡之時，施家大概已開始發跡，所以才有條件找一位門當戶對、前途光明的混血男子羅長肇來婚配。毋庸置疑，湘卿的婚姻也得益於整個混血社群的環境有所改善。

　　有一張相片是施家四位女性合影，左起依次為湘卿、燦光夫人 Mary Lowcock（1874-1955）、湘美和炳光元配周氏，[11] 四位女性的衣飾都是清裝，或云漢族女性的傳統服裝。值得留意的是，Mary Lowcock 與湘卿都穿着花盆底鞋，也就是慈禧太后等宮廷女性穿着的鞋款。花盆底鞋在清朝時，只有旗人婦女可以穿着，漢女則不能。Mary Lowcock 和湘卿顯然沒有旗人血統，卻仍然可以穿花盆底鞋，這正因為香港是所謂「化外之地」，衣着較能隨心所欲。而女性

都是愛美的，穿花盆底鞋走起路來有搖曳生姿的美態，就像高跟鞋一樣。

施炳光先後就讀拔萃書室、中央書院。據施牧説，他曾與周壽臣、陳碧山等一起獲選為留美幼童，但因母親葉麗金不捨而放棄名額。[12] 後來，他曾經在清廷駐朝鮮通商大臣袁世凱（1859-1916）的麾下任職。甲午戰爭前夕，袁世凱帶領清軍撤返中國，施炳光也返回香港，在高露雲律師行任職書記。這兩份工作的要求，都須具備優秀的中英文能力，由此足見施炳光正得益於在拔萃、中央的求學經歷。施炳光的元配夫人周氏並非混血兒，而是來自蘇州，很可能是施炳光在內地工作時認識的。施炳光與周夫人育有三女一子，亦即燕芳（Ethel, 1887-1943）、瑞芳（May）、瓊芳（Ellen, 1895-1970）和玉麟（Harry, 1896-1931）。周夫人大約於1900 年逝世，於是弟婦 Mary Lowcock 作媒，將自己的表妹 Mary Fung（1881-1974）撮合給施炳光作填房。炳光與馮氏又誕下三子。長子玉書（William A., 1902-1989）曾經參加過香港義勇軍（HKVDC），所幸無恙生還，戰後擔任會德豐公司秘書，[13] 並在文華酒店（The Mandarin）任職總經理多年。次子便是施玉麒。三子名玉璋（Edward T. S., 1905-1941?），日佔時期被懷疑為英國間諜，遭到日軍處決。[14] 施燦光與 Mary Lowcock 共育有五子一女，長子玉焜（Andrew, 1907-1941）、次子玉銘（Ernest, 1908-1941）都在香港保衛戰中參加義勇軍而戰死。其他三子也參加了義勇軍，但未有犧牲。第三子玉鑾（Frederick, 1909-1977），即施文律師行的創辦人；四子玉瑩（Francis R., 1913-1999），擔任過聯交所主席；五子玉聰（Archibald, 1917-1985），曾任最高法院原訟庭按察司。此外還有一女 Nora，嫁與本地李氏。這就是施家的概況。

施文家族並不分矖，炳光和燦光諸子女的長幼排序是統一的。燕芳居長，瑞芳、瓊芳、玉麟分別是老二、老三、老四，玉書老

五、玉麒老六，而老七卻是燦光之子玉焜，老八回到炳光幼子玉璋。玉璋是遺腹子，由於幼年活潑好動，故有「反斗八」之稱。炳光短壽，死後由燦光主持家族。我幾年前到昭遠墳場，找到炳光長子玉麟的墓碑。玉麟其實是施家嫡長孫，但父母雙亡後由叔父主理家族，叔姪關係日益惡化，玉麟最後更離家出走。墓碑落款為「各房子弟立石」，可推知玉麟大概沒有後代。至於他的故事詳情，尚待大家進一步探尋。

施家玉字輩共有男性九人，全部是男拔萃舊生，除了玉麟外，全部經歷過日戰。男拔萃禮堂外有一塊紀念牌匾（memorial plaque），錄有 46 位陣亡舊生的姓名，其中就刻有玉焜與玉銘二人的英文姓名。此外，名單中如 Donald Anderson 是女拔萃校長西門士夫人（Dr. C. J. Symons, 1918-2004）的兄長，Henry Lowcock 則是郭慎墀的父親，可見包括施家和郭家在內的本地混血家族也都參與了戰爭，而且死傷十分慘重。燦光的五個兒子中，玉焜與玉銘都不幸陣亡，其餘三位就被囚在深水埗集中營。施玉麒沒有參軍，但也被懷疑與弟弟玉璋一樣是英諜。玉璋被日本人處決了，施玉麒卻幸運地出獄。稍後，施玉麒獲准與譚雅士（1900-1976）、簡悅強（1913-2012）、洪渭釗（Archibald Hung）於 1942 年共組律師樓，從事房屋交付等民事法工作。[15] 這大概有賴混血群體的領袖、施玉麒長輩羅旭龢爵士之力。羅旭龢本為香港華界領袖，淪陷時期被迫與日軍合作（據稱是奉英國之命）。羅旭龢活動的結果不僅使施玉麒出獄，還把他三位堂弟玉鑾、玉瑩和玉聰從集中營救出來，戰後又以三位千金許配。[16] 我們以前常聽到的施羅豔基（Doris）、施羅婉基（Helen）、施羅瑤基（Cicely），正是羅旭龢這三位女兒——當然，她們姊妹中最著名的卻是終身未婚的羅怡基（Bobbie），亦即聖保羅男女中學的校長。

四、羅郭家族的淵源

羅郭家族的起源與施文家族頗不相同。他們的始祖 Henry W. Lowcock 生於英格蘭的米德爾塞克斯（Middlesex），1860 年代加入了在香港和內地的貿易公司 Gibb, Livingston & Co.，並於 1868 年 7 月成為合夥人。1871 年，老 Henry 被任命為警察調查委員會，次年被任命為香港定例局成員。他也是聖約翰大教堂的受託人。老 Henry 還是拔萃書室的早期校董，有不少子孫就讀該校。1873 年，老 Henry 在聖約翰大教堂與年輕 12 歲的 Annie Loftus Russell（1849-1932）結婚。1874 年 5 月 31 日，Annie 誕下一子 Henry Christopher，然不幸於當日夭折。而在此以前，Henry 與華人外室誕下三子兩女，皆為歐亞混血兒。[17] 長子 George 後來擔任太平紳士，為郭慎墀的祖父。次女嫁馮某，其女 Mary Fung 為施炳光續弦、施牧之母。三女不詳。四子郭祐德並無英文名字，後皈依小乘佛教，在泰國出家。五子 Charles 娶混血女性 Mary（娘家亦姓馮，人稱「大姑婆」），二人生女羅蓮施，嫁施燦光為妻。老 Henry 一直到 1882 年才退休，攜 Annie 返回英國，1901 年在薩雷溫布頓（Wimbledon, Surrey）去世。老 Henry 這些歐亞混血子女雖然並不隨父親同住，但父親畢竟人在香港，是子女的後盾，所以他們的成長環境比較優渥。而施文家族比較華化、羅郭家族比較洋化，也有這個原因在內。

George Lowcock 為羅郭家族第一位混血成員。他娶混血陳姓女子（Ms. Johnsford）為妻，誕下一女懿德，一子亨利。這位陳夫人本名待考，其姊妹一名陳月意，一名陳月華。另有一兄弟名陳錦文（William）。陳氏兄妹之父為瑞典人 Alfred Jönsson（1838-1909），大約於 1850 年代來港，後轉至顛地洋行（Dent & Co.）上海分行工作。1877 年，Alfred 進入上海稅務局工作，直至退休。1860 年代，

Alfred 在上海美國浸信會與粵籍女子黃亞佐（1841-1903）成婚。儘管 Alfred 隸屬於路德會，卻在浸信會舉行婚禮，蓋該會為當時僅有幾處可舉行跨種族婚姻之教會。由此可見，George Lowcock 的陳夫人乃是當時罕有的婚生混血子女。相傳 George 喜騎單車，晚年有一次騎車下坡時煞車不及，掉入海中遇溺。這個故事的主人翁，往往被敍述成 George 之父 Henry W. Lowcock。

　　George 與陳夫人育有一對兒女，女兒郭懿德（Edith）嫁給羅旭龢爵士。兒子也叫亨利（Henry, 1892-1945），早年畢業於拔萃書室，與羅旭龢兄長羅福祥（Samuel Kotewall）之女柏基（Mabel Constance）成婚。亨利少時負笈拔萃書室，畢業後赴美，第一次世界大戰時入伍美軍。戰後肄業美華基理工學院（Milwaukee Institute of Technology），主修土木工程。1920 年代返港，一度成為股市經紀。1926 年 4 月 7 日，亨利、柏基於聖約翰大教堂完婚，由新娘叔父羅旭龢主禮、新郎好友施玉麒為伴郎，港聞上譽為一時盛事。當時的報紙有幀亨利與柏基的婚紗照，背景是聖約翰大教堂。相中在新郎亨利後方那位是羅旭龢，羅旭龢右邊就是施玉麒。我曾見過亨利結婚證明書的副本，共有四人簽字，除了新郎和新娘外，還有羅旭龢、施玉麒的簽名，[18] 十分珍貴。亨利和柏基誕有五子二女。其中第四子郭慎墀為男拔萃校長，六子 Jack 為港大英文系講師。郭慎墀於 1930 年出生之際，正值國際大蕭條。亨利當時任職廣州電力公司（Canton Electric Company），無法獲得薪金。當時檀香山鐵工廠（Honolulu Iron Works）應國府之請，遍築糖廠，亨利於是轉職於彼，郭慎墀隨父母兄姊流徙內地。1937 年日軍入寇華北，亨利舉家往遷汕頭郊外。1938 年，郭慎墀隨母與父親在廣州沙面團聚，並就讀當地某公教學校。當時郭慎墀的長兄佐治、漢墀（Arthur）皆已回港入讀拔萃男書院，並未相隨。

　　1941 年珍珠港事變爆發時，亨利與家人還住在廣州沙面，因此

被日軍逮捕，囚於上海。此後，舉家以紅十字輪船移送葡屬東非莫三比克首府，至 1942 年 9 月 1 日與盟軍正式交換戰俘而獲釋。交換未幾，亨利應召加入英國皇家空軍。數月後，柏基得知亨利在印度服役，於是攜子女先後移居孟買（Bombay）、卡拉奇（Karachi）的軍眷宿舍，卻未能與亨利重聚。1945 年某天，郭慎墀獨處家中，忽有英軍叩門要求驗屍，才知父親亨利因試飛而失事。亨利去世後，柏基帶着子女遷出眷舍，開設中餐廳維生。我們以前讀書時，經常以為郭慎墀是洋人，但他的母語卻是廣府話。據他所說，一直到入讀卡拉奇文法學校（Karachi Grammar School），英文水平才大幅提升。

五、首任混血校長施玉麒

拔萃前幾任校長皆為英國人，1955 年才有首位本地校長 —— 混血的施玉麒。不過，此前還有一位名叫張奧偉（O. V. Cheung, 1922–2003）的本地混血兒短期代理過此職。張奧偉之父張裕沛為蜆殼公司買辦，母親 Elizabeth Ellis 乃猶太富商嘉道理爵士（Sir Ellis Kadoorie, 1865–1922）與華裔女子梁鳳琴所生。張奧偉早年就讀拔萃，年僅 16 歲便入讀港大。1941 年香港淪陷，張奧偉隨家避難澳門，其後隻身前往廣西桂林，在英國情報機構工作。重光後，男拔萃葛賓校長（G. A. Goodban, 1911–1988）返英休養，張奧偉隨即於 1946 年 3 月受何明華會督邀請代理校長一職。在張奧偉主持下，男拔萃復校順利。不過，由於張奧偉當時大學尚未畢業，學歷受到教育司署質疑，他所呈遞關於恢復拔萃津校待遇的申請也遭受延宕。不久葛賓返港復職，張奧偉獲獎學金入讀牛津大學，畢業後成為著名的御用大律師。[19] 葛賓復職數年後，因為家庭原因而在 1954

年提出辭呈。這時何督力排眾議，提名施牧於 1955 年繼任校長。何督思想偏左，人稱粉紅會督（The Pink Bishop）。他認為是時候讓本地人接掌拔萃了，於是建議聘任施牧。除因施玉麒有處理校政經驗、為何會督所信賴，還由於他是本地人、拔萃舊生和混血兒的身份：彼時港英未必希望華人過早地主持拔萃。

　　如前文所述，施玉麒兩歲時，父親施炳光就去世了，兄弟三人與寡母相依為命，家境拮据。幸好施炳光的結拜兄弟何東爵士是香港首富，對施家時有照拂。雖然何東很喜愛施玉麒，卻不會溺愛他，所以施玉麒是在簡樸的環境中成長的，這對他後來的觀念影響至大。此外，施玉麒幼年就讀書塾，國學根柢很不錯。聽師兄們回憶，施牧經常會「秀」古文。他擔任校長時也是需要授課的，如果台下的學生比較嘈吵，他便會說：「無父無君，是禽獸也。」大家便會靜下來。

　　1914 年，施玉麒成為男拔萃宿生，註冊姓名为 George Samuel Zimmern。雖然拔萃此時華籍學生的人數已經遠較歐亞混血學生為多，但歐亞混血仍是核心主體，他們一般都會寄宿，而施玉麒亦是其中一員。中學時期的施玉麒開始對基督信仰產生興趣，成為聖彼得教堂青年會幹事。1921 年，施玉麒以優異成績從拔萃畢業，獲得港大全額獎學金（Education Scholarship）。不過，何東爵士卻要施玉麒先替自己工作幾年，累積商業經驗。1928 年，施玉麒赴英，1930 年入讀牛津大學。畢業時，先後通過大律師資格考試和普通神職受任試，成為準律師與準牧師。施玉麒在牛津時與著名學者 Sir Alfred Zimmern（1879-1957）交往甚密。Alfred 實為老施文當年返英後另娶所生之子，論輩分為玉麒之親叔。Zimmern 在英國是個十分罕見的姓氏，玉麒雖與叔父相認，卻也不願惹人猜想、貽人口實，因而從此改用華化姓名 George She。1935 年返港後，施玉麒擔任何東爵士機要秘書，以及拔萃舊生會秘書，設立基金幫助財務

困難之校友。與此同時，施玉麒又成為著名律師、法官和社會活動家，協助何明華會督建立九龍塘基督堂、露宿者之家、香港小童群益會等機構。並於 1939 至 1952 年，擔任港大聖約翰堂舍監。

1941 年，香港淪陷，施玉麒因為英諜的嫌疑入域多利監獄，遭日軍拷問折磨，出獄後被迫廉售家珍餬口，不久獲准與譚雅士等人共組律師樓。香港重光後的 1946 年，施玉麒正式按立為牧師，主持聖約翰大教堂重建，以及聖公會眾多中小學的復校，同年又獲委任為太平紳士。1947 年，加入男女拔萃校董會，又在當年 7 月赴英，於倫敦聖保羅大禮拜堂傳道，開港人在英倫傳道之先河。在英期間，施牧與大學同學 Dorothy Whiteley 重逢，隨即成婚，相攜返港。

因為施牧幼年過得比較困苦，所以非常注重社會民生，一輩子都以社會活動家的身份出現。有不少公益機構雖然都是以何明華的名義創立，但實際開辦工作都是由施牧負責。戰前的露宿者之家、小童群益會等是為了紓緩街友、街童的問題，而戰後未幾，內地內戰日熾，逃港難民激增，因此施牧又協助何督建立香港房屋協會及多所勞工子弟學校，以解時困。

1955 年，施牧就任男拔萃校長，一上任便發動了多項改革。他積極向社會中下階層招生，淡除了該校傳統的貴族化形象。他曾感嘆，隔了數十年重返男拔萃校園，整所學校全是富家子，所以要盡快平衡這個情況。如何平衡？旺角那麼多街童，錄取他們進來讀書便是。實際上，當時香港人口激增，施牧因此放鬆學位限額、收生尺度，廣招貧苦、單親、殘疾兒童入讀，致力泯除貴賤之別。他於 1955 年首次舉辦了懇親賣物會（School Fete），為清貧學生募款。他在任的六年間，全校學生人數由 1955 年之 600 人上升至 1961 年之 1,100 人，增幅近倍。我訪問過不少學長，他們很多都是小四時來到男拔萃面試入學。當時是施牧擔任面試官，學長們一句英文都聽不懂，以為沒有機會錄取，但結果都成功入讀小五。此外，施牧強

調中華文化教育，削減了該校的殖民主義色彩。此後直到我求學的年代，男拔萃的平民色彩一直都很強。

1961年，施牧自男拔萃辭任，移居英國布里斯托（Bristol），執教於布里斯托大教堂學校（Bristol Cathedral School），至1969年退休。同時亦擔任市內聖伊文基督堂（Christ Church with St. Ewen）主任牧師，直到1979年11月19日逝世。施牧退休後，長期在拔萃遭到遺忘。1994年，我在擔任校刊主編時撰寫過一篇紀念施校長的文章，[20] 傳到美加被1956年一屆的師兄梁鐵雄博士譯成英文，廣為流傳，引起不少施校長時代校友的關注。他們開始各自撰寫回憶文章，在2004年結集成書。[21] 到了2011年，施玉麒社（George She House）在各方努力下終告成立，施校長在拔萃這種默默無聞的狀態才從根本上得到改變。我當時又撰寫了一篇拙文，談及施社成立的淵源。[22]

施玉麒在拔萃上任不到一年，就被學生背地裏暱稱為「豬肉皮」，簡稱「豬哥」：前者是取其諧音，後者來自他早會佈道時所講〈豬哥與蝦哥〉的故事。當然，「蝦哥」也正好扣着郭慎墀「蝦餃」的外號。另外何甘棠家族後人告知，施牧與同父異母的二姐施瑜芝（即施瑞芳）感情很好，時常到何家陪她打天九 —— 也聽說過他向貧苦大眾講道時，會以打麻將作比喻，這裏剛好可以連上，可見其本地化與平民化色彩。何家子弟頑皮，將施瑜芝取上「燒乳豬」的外號，連帶施玉麒也被稱為「燒肉皮」。我認為，當時拔萃學生中尚有不少歐亞混血兒，因此他這個外號大概是從混血社群傳回拔萃的。

在許多何東家族的照片中，都能發現施玉麒的蹤影。例如施牧獨子施大偉（David Zimmern）曾給我提供一幀照片，是1930年代施玉麒與何東的合影。何東白鬚飄飄，身穿刺繡長袍；施玉麒頭髮油亮、西裝筆挺，手持卡片，似在準備講辭。後來何東去世後，施玉麒也是以牧師身份為他主持喪禮，1956年4月28日的《工商日報》

中能搜到相關影像。施玉麒與何東嫡子何世禮將軍（1906–1998）為終生摯友。據《香港華字日報》1928年6月7日報道，何世禮與洪奇芬的婚禮上，施玉麒擔任伴郎，大談新郎趣事，令婚禮充滿歡笑。何世禮結婚照中，還能看到施玉麒的身影。1960年，施牧在卸任前訪台，何世禮特地陪同他與蔣介石見面，施牧與蔣公的留影是近年才在「國史館・蔣中正總統文物」網頁中公佈。[23] 施牧退休後，每次往返英港，何世禮皆前往接機、送行。此外，1965年《工商日報》有關東英大廈開幕的報道中，也可看到施牧與何世禮的合照。如此不一而足。

六、繼任混血校長郭慎墀

1961年，施牧辭去男拔萃校長一職，由郭慎墀接任。我們將郭校長暱稱為「蝦餃佬」。因為他年紀輕輕成為教師，怕壓不住場，所以開始留小鬍子，晚年鬍鬚變白，看上去就更像一粒蝦餃了。另

施玉麒（左）與郭慎墀（中）在何明華會督（右）主持下交接校長職務

外，早期學生稱他為「蝦哥」，退休後又被稱為「餃叔」，則是同一綽號隨年齡變化而來。[24] 郭校長童年的情況，我們在前面已有所介紹，現在可以進一步說說他和男拔萃的故事。

1946 年底，郭慎墀隨母從卡拉奇返港，入讀男拔萃。他當時 16 歲，按理應該入讀第三級（Class 3，相當於中四）。但當時第三級沒有缺額，葛賓校長於是安排他插班到第二級（相當於中五）。換句話說，距離中學畢業只剩一年半時間。但郭慎墀在拔萃如魚得水，同時擔任綠社社長、木球隊長，中文也頗有進益。18 個月後，便升讀港大物理系。郭校長曾經跟我分享過如何考入這個學系：他當時有兩個同班好友，三人都沒有想過要入讀哪個學系，於是大家協議，三人修讀不同科目，哪一科就以抽籤決定。正是這樣，郭慎墀便進入了港大物理系。在港大期間，郭慎墀同樣熱衷於體育活動，而學業成績也十分優異，獲共濟會全額獎學金。1952 年畢業，又獲得 Well Crosier 獎學金以修讀教育文憑。不久，郭慎墀受殖民地發展部（British Colonial Development Corporation）差遣，至婆羅乃（Borneo）考察動植物，實則於叢林偵探日軍殘留的戰機跑道。

1953 年，在英國的郭慎墀接到葛賓校長發來的電報，敦促其返回拔萃執教，遂於當年 9 月履新，擔任物理教師和體育主任（Sports Master）。男拔萃的傳統，喜歡請年輕的人做校長。男拔萃學生雖然頑劣，本質卻並不壞，既要鎮得住他們，又要和他們打成一片。所以，葛賓當時已有傳位給郭慎墀的想法 —— 當然，這也是在配合何督的本地化方針，找郭慎墀這樣年輕有為、文武雙全的舊生來做校長的話，是最理想的。但是葛賓於 1955 年辭職時，郭慎墀的教齡只有兩年，但擔任校長至少要有八年資歷。那麼餘下的六年怎麼辦呢？於是便請來施玉麒填補這段空隙。[25] 當然，施牧並非僅以看守校長的身份回到拔萃的。有一種說法，是何督非常器重施牧，甚至打算日後將香港教區主教的位置交給他，但英國教會不接受本地混血兒接任，因

此男拔萃校長的職務對於施牧來說就是一個「安慰獎」。[26]當然，這個講法還有待進一步證實。無論如何，「安慰獎」也好、「看守校長」也好，這些説法都説明施玉麒和郭慎墀繼任的複雜環境。

不料施玉麒上任後就像「混世魔王」一樣，又搞擴招，又搞平民化、本地化。我們現在認為這樣很不錯，但當時卻有人甚為不滿。尤其施牧主持早會（assembly）也好，上課也好，總會突然間冒出幾句中文，令那些外籍和西化教職員為之側目。所以施牧在男拔萃主政的日子，學生很喜歡他，但教職員對他的態度就不能一概而論了。雖然施玉麒是郭亨利的親戚兼好友，相對於郭慎墀是父執輩，但關係並不密切。施玉麒心目中的拔萃是孤子院式的學校，而郭慎墀心目中的拔萃則接近精英制的「公學」。所以在郭慎墀以及某些外籍和西化的教職員眼中，施玉麒力行擴招並非良策。不過，施牧始終認為郭慎墀是可造之材，着力栽培。1960 年 9 月，施牧正式宣佈於次年暑假離職，由郭慎墀繼任，並安排郭慎墀於 1961 年初赴美考察教育一學期，為繼任作預備。郭慎墀接任校長之後，終於意識到施牧平民化理念的好處，於是將這套理念發揚光大。

施牧在位時，經常到港大與舊生見面，邀請他們畢業後返校任教。郭慎墀校長也繼續了這個傳統，校內擔任教師的校友時時可見。最有趣的是，郭校長認為中文課堂秩序堪慮，於是命黃兆傑、馮以浤、列偉瑜三位校友負責該科 —— 雖然三人都不是中文系專業，卻成效良佳。郭校長曾引西哲之言道：「美政維簡。」（The best government is that which governs least.）所以擔任校長期間，奉行「自由放任政策」，大力發展體育及音樂活動。1968 年 10 月，教育司署諭示從此不得招收外籍生。郭校長憂心拔萃的國際化傳統從此終結，力陳己見，可惜無功而返。1969 年 2 月，獲委任為非官守太平紳士。1976 年，又獲得大英帝國員佐勳章（M. B. E.）。

如前所言，男拔萃歷任校長，不論是洋人也好、歐亞混血兒也

好、華人也好，就任時都比較年輕、有活力。（施牧五十多歲才做校長，是個例外。）但問題在於他們是否會留在這個位置長達數十年？實際上，真正從青年做到退休的只有一兩位。尤其像郭慎墀這樣有才幹的人，他接任校長時才 31 歲，距離 60 歲退休，尚有 29 年。難道他以後不能在職業生涯中另謀高就、更上一層樓？很多人稱許他在位時長期奉行的「自由放任政策」，但對於郭氏個人而言，校長一職某程度上未嘗不局限了他個人的發展。從 1970 年代起，郭校長開始沉迷杯中物。雖然這並沒有妨礙校務，但畢竟會招來閒言閒語。1983 年，年僅 52 歲的郭校長突然宣佈退休。郭校長在任時，幾乎將每個月的收入都拿出來用在學生身上；加上他終身未婚，到 1983 年退休時幾近身無分文。因此舊生們便在清水灣購置了一棟村屋，給他養老。2012 年 1 月 26 日，郭校長因心臟病逝世，享壽 81 歲。

七、施玉麒和郭慎墀的異同和遺憾

提起香港歐亞混血名人，一般都會想起何東、羅旭龢、羅文錦等政商界人物。尤其是何東，扭轉身處族群夾縫的劣勢，轉危為機，成為香港首富，並以一己之力綰合本地混血族群，使之團結，可謂居功至偉。無論是香港作為商業城市的大環境，還是何東作為首富的因素，皆令本地混血兒多從事商業、法律、行政等能收立竿見影之效的行業。但實際上，也有不少混血兒投身文教事業，施玉麒與郭慎墀便是表表者。

施玉麒身為第二代混血兒，本應順應當時趨勢，如其幾位堂弟般全盤接受西洋文化，然而他卻一直頗為高調地彰示着華化的重要性。那正是源於他對家族傳統、母校文化和社會狀況的認知與回應。洋人男性始祖老施文的拋妻棄子，奠定了施氏家族第一代歐亞

施玉麒（後排右二）於拔萃書室的畢業照。攝於 1921 年。

混血兒如施炳光姐弟傾側於華化母系的基調。拔萃書室的孤子院精神，引發了幼年施玉麒的共鳴，培養出關心社會、不求聞達的胸襟。因此，與眾多混血兒通過商業活動發跡且畢生在政、商、法律界如魚得水相比，施玉麒更看重的是民生福利、社會公義、教育發展與道德信仰，並終生努力追求不懈。正如白約翰會督所言：「He was really more interested in people than in balance sheets, though he could see how one could help the other.」[27] 和施玉麒一樣，郭慎墀也出生於香港，以香港為家，深深熱愛這片土地，不像當時在港的洋人、華人，以返回祖家或原籍為終極歸宿。

施玉麒和郭慎墀雖然相差二十多歲，卻有不少共同性。首先，兩人出生之時，混血社群大老何東已贏得華人領袖的身份，在港英政府眼中具有強大的議價力。因此，兩人畢生並未如其前輩般受到華洋兩方的歧視。其次，他們兩人皆早年喪父，在父親缺位的環境下成長，培養出獨立自強的個性。再者，兩人都資質聰穎，學業成

績優異，無論在中學、大學皆屢獲獎學金，這為日後的事業奠定了基礎。此外，兩人皆以粵語為母語，在本地華人眼中極具親和力，在日後掌校時也都深知中文的重要性。最後，兩人皆為虔誠基督徒，以造福社會為己任。施玉麒身兼律師、牧師、教師三職，以不同的方式貢獻社會。郭慎墀雖也身兼數個榮譽名銜，然而基本上以教學與相關行政為主職。

當然，二者的差異也不難發現。施文家族以洋人男性始祖缺位的處境為起點，故整體而言更為華化。相比施炳光、施燦光兩支，又以炳光一支特為尤甚。故施玉麒童年曾就讀書塾，背誦四書，打下較堅實的國學基礎。至於 Henry W. Lowcock 諸混血子女皆為外室所生，因老 Henry 長期居港，直到退休才返英，所以其子女的西化程度也較同輩混血兒為高。影響所及，郭慎墀雖以粵語為最早習得的語言，許多謠諺也運用自如，但在國學造詣上卻未有進一步的精進。正因如此，施牧成為校長後，大力強調中文教育、中國意識，引起部分外籍及西化教職員的微詞。這不僅埋下施牧掌校六年便去職、由更為西化的郭慎墀繼任之伏筆，也預示着未來數十年間，其人其事不彰於拔萃的情況。

次者，施玉麒、郭慎墀雖皆為拔萃舊生，但求學時段相隔二三十年。施玉麒於 1914 至 1921 年負笈拔萃時，該校的孤子院性質依然濃郁；郭慎墀於 1947 至 1949 年就讀拔萃，前後僅一年半，當時拔萃已發展成一所精英學校，校風變化頗大，這也直接導致施、郭二人治校理念的差異。施玉麒雖長期活躍於舊生會、校董會，但畢竟未有直接參與治校工作，對自己畢業後 30 年間校風的變化感受並不深刻。到他 1955 年就任後，才陸覺拔萃的「貴族化」趨勢。於是，他以自身的經歷為依歸，結合求學拔萃時代所經歷感受的孤子院文化，及長期以來幫助弱勢群體的理念，一上任便展開擴招，多收貧苦子弟，以沖淡拔萃的「貴族氣息」，又配套式地設立賣

物會來資助清貧學生。但在不少教師（包括郭慎墀）的眼中，施玉麒是一個「外來者」，其治校與過去三十多年來的精英理念大相逕庭，因此對擴招、賣物會等舉措多半持反對態度。不過，施玉麒始終以代理校長自居，而着力培養郭慎墀為繼任者。且其政策已成定局，故郭慎墀上台後很快體察到施玉麒的苦心，於是勉力貫徹。因此，兩人對弱勢學生的關懷、對中文的強調，如出一轍。

此外，兩人對體罰的態度也不相同。李超源回憶：

　　施校長上任近一年，未有體罰過學生。在某次教務會議上，一個身為校友的老師質詢校長何以不維持這體罰傳統，以儆效尤。當時場面有些火爆。校長護着學生說，他們尚不至必須行刑示眾。跟着該老師用挑戰的口吻說，校長該發威以維持拔萃「家風」。我一下子醒覺，這是新舊教育思想之爭，也牽涉到校友影響力的問題。校長請求大家不要強他走回童犯裁判司的老路去。質詢者最後說，若由他掌政，他肯定不會讓情況發展到現在這個地步。[28]

據知情人士透露，這位年輕的質詢者就是郭慎墀。2010 年，郭校長被記者直擊訪問時笑言：「我認為藤條很有用，你做錯事，我打你一下，就算了，you've paid for it。忘記它，重新做人。教育家解釋盜竊如何錯，於是，你只會一世都記得自己盜竊過，那是不需要的。學生們很榮幸被我打過，他們說沒打過就不算是我的學生。」[29]但施玉麒畢竟是牧師，有着宗教家的虔敬寬恕之心，郭慎墀雖稱他為「聖人」，卻並不苟同於他的理念。

在各自的人生中，施玉麒和郭慎墀都有着遺憾。施玉麒對自己的歐亞混血身份十分看重。他曾執筆撰寫家族史，[30]當時的香港混血社群在二次世界大戰結束後分崩離析，這當是施玉麒希望撰史的重要原因，可惜不久便因身體狀況轉差而輟筆。英籍的施夫人曾允諾

婚後不會要求定居英國，但施玉麒卻無法終老於香港。其因有二，一是擔心香港政局不穩，二是考慮到獨子的未來發展——施玉麒的岳母甚至對外孫説粵語頗為反感。因此，施玉麒引以為傲的混血文化傳統，已無法由愛子繼承下去，甚至連他自己也不得不為孩子着想而離開香港。所以，施玉麒在 1961 年臨近退休時接受報章訪問，被詢及對未來有何打算時，他的回應竟是先退休、再作打算。[31] 其實在他退休前，施夫人已帶同獨子返回英國。有幾位曾受業於施玉麒的舊生，提到他們在 1970 年代去英國布里斯托探望這位老校長時，感到他雖然過得很樸素自得，但卻帶着不易察覺的一絲哀傷（a tint of sadness）。[32] 畢竟英國不是施玉麒的舞台，移居彼邦過着寂寥的晚年生活，對於一個以香港為家者而言，無疑是令人嗟嘆的。

　　郭慎墀的人生軌跡較施玉麒為單純，擔任校長的時間也遠遠長於施玉麒。也許他是理科出身，未必如施玉麒那般看重家族史，更遑論瞭如指掌，但他卻同樣珍視自己的混血身份。他常把「佢哋鬼佬」一語掛在口邊，雖然令華籍同事、學生兼崇拜者覺得有趣，卻正正展現了自我認同的內涵。當然，他也有自己的人生遺憾。男拔萃

郭慎墀（右一）、張灼祥（左二）參加施玉麒紀念教堂開幕式。攝於 2005 年。

喜歡聘請年輕人為校長，以保持學校的活力，31 歲接任的郭慎墀亦復如是。然而，年輕也意味着各種可能與變數。郭校長的前任中，極少人能一直做到退休年齡。郭慎墀固然聰明絕頂，對教學工作也鞠躬盡瘁，但隨着年齡日增，校長一職卻窒礙了他的發展 —— 雖然在當時，僅憑男拔萃校長的名銜就足以令他聞名香港。因此在位後段，郭校長的「自由放任政策」縱仍能使校務順暢執行，但對他個人而言，卻未嘗不陷入了事業和精神瓶頸，導致了他酗酒的習慣。

郭慎墀年輕時高大帥氣，頗受女性歡迎，但在感情方面卻受過挫折，這也是導致他獨身終老的原因之一。雖說郭校長將所有學生都視為己出，但沒有賢內助，畢竟令他缺少了一位相互扶持、相互針砭的同修 —— 在人生的道路上，伴隨在身邊的只有仰望者並不足夠，未必能令自己清晰地面對盲點。1983 年，年僅 52 歲的郭校長突然宣佈退休，令師生及校友大為錯愕，乃至傳聞紛起。1999 年，郭校長接受 135 周年校慶特刊訪問時說：「我在任後期，發現自己嗜酒成癮，健康受到嚴重的影響。我與張奧偉校董商議後，決定提出辭呈。」[33] 根據校董會紀錄可知，張奧偉早已了解郭校長嗜酒成癮，的確有勸退之舉。換言之，郭校長離職的決定，乃是其自身與校董會獨立考慮後取得共識的結果。

結語

無論如何，施玉麒、郭慎墀領導男拔萃的時間共達 28 年，學生受他們啟沃、恩惠者不計其數。學生對施、郭二位的懷念，除了人格魅力，更因為他們的平民化理念。舊生們念茲在茲的拔萃，實際上是一所平民化的拔萃。而如此平民化取向，早在 1869 年孤子院創立時便已奠定了。

注　釋

1　本文初稿蒙黃懷訢女士撥冗整理，再經筆者整理增刪而成。全文圖片來源：施玉麒家族、郭慎墀家族、拔萃男書院。

2　何婉鴻口述、張小城撰文：《八姑娘靈異歷程》（香港：天馬文化，2009），頁 57。

3　陳煒舜：〈男拔萃的混血校長們〉，《大公報》，2014 年 6 月 30 日。

4　鄭宏泰、黃紹倫：《香港大老 ── 何東》（香港：三聯書店，2007）。

5　陳煒舜：〈混血兒的身份認同與價值實現：香港報刊內外的施玉麒〉，《思與言》，第 55 卷第 2 期（2017 年 6 月），頁 71–121。

6　Ho, E. P., *Tracing My Children's Lineage* (Hong Kong: Hong Kong Institute for the Humanities and Social Sciences, The University of Hong Kong, 2010), 59；梁雄姬：《中西融和：羅何錦姿》（香港：三聯書店，2013），頁 12。

7　Hall, P., *In the Web* (3rd ed.) (Birkenhead: Appin Press, 2012), 106.

8　〈本地婦運領袖何世華夫人　施瑜芝女士昨病逝〉，《工商日報》，1967 年 3 月 31 日。

9　陳煒舜、方頴聰：《女仔館興衰：香港拔萃書室的史前史（1860–1869）》（香港：中和出版，2021），頁 147–148。

10　Fung, Y. W. (ed.) et al., *A Tribute to Rev. Canon George She: Headmaster, 1955–1961, Diocesan Boys' School, Hong Kong* (Hong Kong, Toronto: GS Book Editors, 2004), 42.

11　Ho, E. P., *Tracing My Children's Lineage*, 222.

12　She, C. G., Cheung, W. K. & Yeh, E. (ed.), *The Pioneer, A Publication in Honour of Mrs. Cheung Wing Kue (Chinn Yee Ching), Founder and First Principal Heep Yunn School* (Hong Kong: Heep Yunn School, 1958), 6.

13　〈施玉書令壽堂仙逝　後日安息禮拜舉殯〉，《工商晚報》，1974 年 2 月 17 日。

14　Ho, E. P., *Tracing My Children's Lineage*, 220.

15　Smyly, W. J., *A History of the Diocesan Boys' School* (Unpublished manuscript, circa 1967).

16　Diocesan Old Girls' Association, "Interview with Mrs. Cicely Kotewall Zimmern – A Recollection of Memories of DGS in the 1930's," accessed 9 February 2022. http://www.doga.org.hk/index.php/conversations/112–interviews/old-girls-profiles/144–mrs-cicely-kotewall-zimmern

17　可參考英文維基百科之〈Henry W. Lowcock〉條目，https://en.wikipedia.org/wiki/Henry_Lowcock。

18　陳煒舜、方頴聰：《拔萃山人誌（一）：樂道安常》，頁 248–249。

19　陳煒舜：〈男拔萃的混血校長們〉。

20　陳煒舜：〈思往事，惜流芳 —— 已故校長施玉麒先生特輯〉，載《集思 1994》（香港：拔萃男書院，2012），頁 2-4。

21　此書即馮以浤先生等主編 A Tribute to Rev. Canon George She: Headmaster, 1955-1961, Diocesan Boys' School, Hong Kong。

22　陳煒舜：〈受命不遷，生南國兮：論施玉麒社之創設〉，載《集思 2012》（香港：拔萃男書院，2012），頁 10-15。

23　〈總統蔣中正接見香港拔萃男書院校長施玉麒〉，國史館檔案史料文物查詢系統網站，擷取自 https://ahonline.drnh.gov.tw/index.php?act=Display/image/1382482Ek7Oef=#98F（瀏覽日期：2022 年 2 月 9 日）。

24　陳煒舜：〈我所知道的蝦餃佬：郭慎墀校長哀思錄〉，載《集思 2012》，頁 16。

25　"Bishop R. O. Hall's Speech," in *Steps* (1966), 5-7.

26　Fung, Y. W. (ed.) et al., *A Tribute to Rev. Canon George She*, 53.

27　"Bishop Pays Tribute to the Leading HK Churchman," *South China Morning Post* (*SCMP*), 12 December 1979.

28　Fung, Y. W. (ed.) et al., *A Tribute to Rev. Canon George She*, 36.

29　〈拔萃校友報師恩　給好校長一個家〉，香港《蘋果日報》，2009 年 11 月 2 日。

30　Smyly, W. J., *A History of the Diocesan Boys' School*.

31　"Resignation of DBS Headmaster," *SCMP*, 27 October 1960.

32　Fung, Y. W. (ed.) et al., *A Tribute to Rev. Canon George She*, 44.

33　Chan, S. S., "A Chat with Mr. S. J. Lowcock – 8th October 2004," in *Diocesan Boys' School 135th Anniversary* (Hong Kong: Diocesan School Old Boys' Association, 2004), 22.

由邊陲到中心：
嘉道理家族的步步為營

鄭宏泰

前言

　　在旺角亞皆老街與窩打老道交界西北端，聳立着一座簡約古典建築 —— 中華電力總辦事處大樓。此建築沿亞皆老街由東向西一字排開，主樓在整座建築的中間，乃大門入口所在；主樓上為高聳鐘樓，兩翼建築對稱外展，樓高五層，紅磚外牆，別具氣派，與四周多屬古板商住樓宇相比，顯得尤其突出。更為重要的是，建築物背靠加多利山（Kadoorie Hill），該山雖不算高，今時今日而言甚至難以讓人知曉那兒曾是一個山頭，反而變成了「鬧市綠洲」，乃官商巨賈雲集的低密度高尚住宅區域。加多利山中有兩條主要道路：嘉道理道（Kadoorie Avenue）和布力架街（Braga Circuit），一長一短，涇渭分明。

　　無論是中華電力總辦事處大樓或是加多利山，乃至嘉道理道或布力架街，均如窩打老道的開闢一樣，隱藏着不少鮮為人知的故事，同時亦見證或記錄了香港社會的滄海桑田。過去，這裏是香港

1950 年代的中電總部
鳴謝：香港社會發展回顧項目

的「邊陲」(periphery)；今天，若說這裏是香港的「中心」(core)，
或者說是商業中心的一部分，相信不會有很多人反對。透過對像嘉
道理或布力架等人物與家族、企業或建築物的點滴追尋，必然能讓
我們對香港於近代中國、英國殖民管治擴張之際，乃至處於世界歷
史中的位置有更深刻認識，原因是各種人物、企業、族群與時代之
間的相互交織，左右或貢獻了社會發展。本文集中談論屬於猶太人
嘉道理家族的香港奠基人艾利·嘉道理（Elly Kadoorie），如何從邊
陲走向核心，又如何在香港與中華大地步步為營、不斷發展的傳奇
故事，尤其會扼要地說明這個家族為何最終選擇落戶香港，又為何
與電力及酒店生意結下不解之緣。

一、第一步：走出巴格達

在今天社會，若果提及亞拉伯地區的伊拉克首都巴格達，相信不少人腦海中立即會聯想到戰火連天、民不聊生、政局不穩，甚至會憶起美國兩次空襲時的炮彈橫飛、生靈塗炭，以及恐怖分子殺人如麻的血腥場面，因而認為當地乃屬標準的世界邊陲之地。然而，若掀開歷史典籍，細看其發展，則不難發現當地處於土壤肥沃的美索不達米亞（Mesopotamia）平原，有幼發拉底河（Euphrates）和底格里斯河（Tigris）交匯聚集，並曾孕育了古巴比倫的璀璨文明，曾有不短時期成為世界中心，亦是波斯、希臘、鄂圖曼等帝國爭相競逐的英雄之地，更留下無數顯赫民族或家族的傳奇故事；與今天的動蕩不安、多災多難相比，既有着某層面的反襯與迴響，亦不難引起無數人的反思與玩味。

雖說人性本善，但人類歷史走過的道路卻顯示了弱肉強食、適者生存的森林規則或鐵律，位處美索不達米亞平原的巴格達，恰恰見證了這樣的殘酷現實，至今未止。本文探討的嘉道理家族 —— 以生於 1867 年的艾利・嘉道理作為扎根香港第一代的分析焦點 —— 其實就像其他如沙遜（Sassoon）家族、伊斯拉（Ezra）家族和哈同（Hardoon）家族等顯赫的猶太家族般，均來自巴格達。他們當年有些被迫離開，有些則自願離去，結果都在移居地 —— 尤其印度和中華大地 —— 賺取了巨大財富，寫下了家族的傳奇。正因如此，有關嘉道理家族的遭遇和經歷，便要由第一步走出巴格達説起。

對不少香港人而言，嘉道理家族無疑屬於令人入迷的其中一個傳奇家族，尤其不知道他們乃猶太人，姓氏曾經先後不同，亦甚少了解他們在香港扎根已進入第四代，與同屬猶太的沙遜家族甚有淵源；即使跟來自葡萄牙的布力架家族（Braga Family）亦甚有交往；至於混血兒家族如何東家族、羅旭龢家族，或華人家族如利希慎家

族、周少岐家族、李國寶家族等，嘉道理家族跟他們的關係亦十分緊密。到底這個家族有何獨特發展進程？他們與香港及中華大地有何深厚關係？

綜合多方面資料顯示，相信嘉道理家族一如被稱為「東方羅富齊」（Rothschild in the East）的沙遜家族般，都屬來自巴格達的猶太人家族，兩個家族更屬「遠房親戚」（distant cousins），乃當地巨富世家。據 Kaufman 所述，[1] 艾利・嘉道理的父親名為撒利・嘉道理（Salih Kadoorie），他擁有一定資本和產業，亦具社會地位與名望，職業身份屬「農主商人」（merchant farmer），主要藉借貸給牧民，支持牧民養羊蓄牧，從中賺取利潤。[2] 撒利・嘉道理育有六子一女，[3] 惟他於正值壯年的 1867 年去世，留下寡妻利瑪・嘉道理（Rima Kadoorie）及諸子女，成為女家長的利瑪・嘉道理，乃要求年齡較長者出外謀生，於是有了多達四名兒子走出巴格達，遠赴中國謀生的故事。

這裏要先就嘉道理家族的姓氏作出一點澄清，因為即使如出版了 The Last Kings of Shanghai 一書的 Kaufman，在談到此點時亦有誤解。[4] 1901 年 5 月 10 日，《德臣西報》（The China Mail）刊登一則由艾利・嘉道理兄長伊里士・嘉道理（Ellis Kadoorie）發出的信息，指他本人過去一直採用「凱利」（Kelly）的姓氏，自那個視作公告的信息發出之後，其姓氏將改為希伯來文的「嘉道理」（Kadoorie）。此點揭示，自撒利・嘉道理去世，其遠赴東方謀生的諸子，採取了「凱利」的姓氏；其中一種說法，是為了讓信仰基督的英人（歐人）社會接納，背後是擔心若採用猶太姓氏，會受到排擠之故。[5] 正因如此，有關嘉道理諸兄弟的姓氏，在 1901 年之前其實一直採用「凱利」。

從早年的洋商在華名錄中，恰可找到撒利・嘉道理諸子先後加入舊沙遜洋行（D. Sassoon Sons & Co.），[6] 並改用「凱利」姓氏的情

況。最早記錄於 1877 年，因為在該年的「洋人在華名單」中，出現首位相信是嘉道理家族成員的足跡，那人姓名為「K. S. Kelly」（K S・凱利），乃「舊沙遜洋行」的文員，工作所在地是上海。[7] 按此資料推斷，嘉道理家族第一位投靠沙遜家族的人應是 K S・凱利，他很可能是長兄，惟具體或詳細名字不詳。

之後的 1879 年，同樣在那個「洋人在華名單」中，增加了另一名在舊沙遜洋行工作的 M S・凱利（M. S. Kelly），[8] 他的職位同屬文員，工作所在地則是漢口。[9] 即是說，K S・凱利在舊沙遜洋行工作大約一年多之後，M S・凱利亦投靠到舊沙遜洋行之中，惟被派駐的工作地點則在漢口，與 K S・凱利不同。

接着的 1882 年，出現另一些轉變：一、K S・凱利離開舊沙遜洋行，轉到一家名叫 R. S. Raphael 的公司工作，職位同樣是文員，工作地點仍在上海；二、M S・凱利仍留在舊沙遜洋行工作，職銜沒變，惟工作地點則轉到蕪湖；三、一位名叫 E S・凱利（E. S. Kelly）的人 —— 日後證明便是艾利・嘉道理 —— 亦投身到舊沙遜洋行，職位亦是文員，工作地點在芝罘（即今煙台）。[10] 由此推斷，艾利・嘉道理大約應在 1882 年加入舊沙遜洋行，踏足中華大地。[11]

到了 1884 年，E S・凱利仍留在舊沙遜洋行，惟工作地點則轉到寧波；至於 K S・凱利和 M S・凱利二人看來離開了舊沙遜洋行，且自立門戶，一同創立了一家名叫「凱利兄弟」（Kelly Brothers）的合夥公司。[12] 可惜，這家兄弟公司沒有注明經營地點，不知其落腳何處，亦沒說明經營何種生意，相信乃一家經紀中介公司。

翌年，E S・凱利的身份轉為「經紀」，工作的公司名稱為「約瑟與凱利」（Joseph & Kelly），工作地點在「銀行大廈」（相信在香港）；[13] M S・凱利應是自立門戶，因為在商號欄目中只有他的紀錄：Kelly, M. S.，從事的是「一般經紀、拍賣及中介服務」，業務所在地是上海南京路；至於 K S・凱利的名字不見了，[14] 相信是離開了，或

是離世了，因日後再沒找到他的任何資料。以此看來，「凱利兄弟」公司應維持不久，自 K S・凱利離去後，M S・凱利應成為諸兄弟之長，他自行獨資經營經紀生意，至於 E S・凱利則和友人合夥，同樣從事經紀生意。

這裏可回到 Kaufman 有關艾利・嘉道理的介紹上。[15] 綜合而言，撒利・嘉道理去世後，年紀較長的 K S・嘉道理和 M S・嘉道理應該較早投靠沙遜家族，因此亦較早到華，主要在上海、芝罘和蕪湖等地奔走。至於父親去世時，大約只有 9 歲左右屬於醴子的艾利・嘉道理，由於年紀尚幼之故，應該在一家名叫 Alliance Israelite Schools 的學校繼續求學；直到 1882 年大約 15 歲時，才在母親要求下結束學業，投身社會謀生（在那個年代，他能讀書到 15 歲，亦已算很不錯了），如其兄長們般離開巴格達，到孟買投靠沙遜家族，並曾在大衛・沙遜捐建的孟買沙遜學校，接受一段短時間的學徒培訓。

Kaufman 的進一步分析指，[16] 作為「打工仔」的艾利・嘉道理，在孟買工作一段時間後 —— 相信是熟悉生意運作後 —— 一如其兄長們般被派到中國，初時曾到香港，不久便轉到上海，再之後則被派到威海衛（相信便是芝罘），協助打理當地業務，尤其管理貨倉；當時他月薪有 30 元，算是很不錯了。

轉到威海衛工作期間，原部門主管因公外遊，由他頂替看管公司貨倉，成為了當地業務的話事人。恰好那時當地爆發疫情，他曾取出一桶消毒劑，用以清潔公司及貨倉四周，一些華人僱員亦想購入消毒劑，但一時沒有錢，艾利・嘉道理覺得情況緊急特殊，同意讓員工先取貨、後付款。惟這種「先斬後奏」的做法，引起上司不滿，認為他「自把自為」而加以責罵，甚至把事件彙報上海的沙遜家族。惟艾利・嘉道理覺得自己以人命為重的做法沒有不妥，上司責罵並不合理，因此憤而辭職，寧可另尋出路。[17]

在工作上遭到上司或老闆責罵，對不少「打工仔」來說實在是

司空見慣，十分平常；但踏足社會不久的艾利·嘉道理，可能年少氣盛，故當時反應強烈：一方面相信他志大氣銳，別有一番抱負；另一方面是他覺得自己沒做錯，因在那個「將在外」（身在千里之外）的環境下，哪有可能每事均請示上司，只能隨機應變，更不用說「救人為上」的考慮。所以他覺得上司教條僵化、不問對錯，對自己無理苛責，並不合理，因此寧可掛冠而去。

二、第二步：由打工到創業

或者，艾利·嘉道理憤而辭職之時，還抱着「東家不打，打西家」的心態，即只是想另謀高就，未必對自立門戶已成竹在胸，因為若然這樣，反而應該會忍氣吞聲、忍辱負重，讓自己吸收多些營商經驗、市場資訊和商業網絡等等，為創業作更好準備。然而，自他離開舊沙遜洋行之後，相信應該發現「打西家」的路走不通，因此才打算踏出自立創業的另一腳步。

據 Kaufman 所述，[18] 在離開了舊沙遜洋行並打算創業一事上，艾利·嘉道理曾寫信給兄長摩西·嘉道理（相信便是 MS·凱利），表示已離開舊沙遜洋行一事，並尋求兄長給予資本支持；惟兄長的回覆，卻十分冷漠無情，相信令他很失望。從覆函的情況看，兄長應不滿他貿然離開了舊沙遜洋行，估計亦不同意他自行創業。那時的艾利·嘉道理還屬弱冠之年，用今天的話是尚未成年，所以只給他寄上 500 元，[19] 並指那是唯一一次給他的幫助，日後不會再給他甚麼金錢方面的支持，即是必須自食其力。

對於兄長這樣的回覆，性格倔強的艾利·嘉道理相信內心感到不是味兒，甚至可能覺得憤怒，此點相信亦激發了他內心那股「不能輸」的鬥志。或者正是那種後退無路、必須勇往直前的鬥志，成為

推動艾利・嘉道理創業路上不斷打拼的力量泉源，令他發憤圖強、不能退縮。因他內心應該知道，任何失敗、失利，等同反證他當初的決定是魯莽與不正確的，甚至不夠努力或才華不足；只有全力打拼，幹出成績，才能向兄長甚至沙遜家族還以顏色，為自己吐一口烏氣。他日後的成就，確實證明此點：艾利・嘉道理不但青出於藍，比沙遜家族更為出色，更成為家族中最為耀眼的人物。

古往今來，任何缺乏資本的創業，很多時只能是給買賣雙方當中介，藉奔走西東收取佣金，賺取回報。艾利・嘉道理亦看中這一生意，因此自離開舊沙遜洋行後轉到香港，在中介生意中找出路——主要是於1885年左右與友人（H. K. Joseph）創立「約瑟與凱利」（Joseph and Kelly）公司。[20]

這裏有多個重點值得注意：其一是在他之前，無論是 K S・嘉道理或 M S・嘉道理，甚至另一兄長伊里士・嘉道理，都已先後自立門戶，在上海或香港開展了經紀業務，因此相信他們能為艾利・嘉道理創業帶來示範，或是成為他的「盲公竹」，惟他卻沒與兄長們合作；其二是他與朋友合夥，後來又與不同人另組其他合夥公司，主要原因相信是為了壯大力量、分攤成本；其三是他那時仍以「凱利」的姓氏闖蕩商場，這種情況與諸兄沒有分別，相信是到1901年——即伊里士・嘉道理在報紙上作了改為「嘉道理」姓氏宣稱之後，他們諸兄弟才一起作出姓氏變更。

艾利・嘉道理與友人開辦經紀行時，可說是碰上或看上了香港股票市場首次持續攀升的浪潮，因此可謂乘時而起，不久便闖出名堂。扼要地說，自香港於1841年開埠後，經濟發展其實波折重重，因此曾招來主要英商巨賈不滿，批評統治者決策錯誤、管理不善。[21]自進入1870年代，香港才取得經濟和社會上更為實質的良好發展，之後迎來1870年代末的樓市興旺，惟到1880年代初卻又遭遇樓市泡沫爆破，令不少投資者——尤其華商——蒙受巨大損失。到了

1885 年，在對外貿易陸續獲得強勁增長的帶動下，一方面是樓市逐漸走出低谷，投資信心陸續恢復，另一方面是股票交易日多，主要股份價格上揚，兩者均令投資市場變得活躍起來，[22] 艾利·嘉道理那時創業，開立經紀行，可謂適逢其時。

在那個年代，無論地產買賣，或是股票交易，絕對只屬有錢人玩意；此外，亦因交通不便、資訊受阻等多重因素影響，令交易成本居高不下，作為中介者的經紀生意，乃空間不少。雖然年紀輕輕創業，但艾利·嘉道理顯然十分明白生意與客戶的特點，其中一項重要舉動是他經常流連香港島高級酒店的大堂或走廊，因為那些地方乃富商巨賈出入聚腳之地，他在那裏既可獲取商業資訊，同時亦能結交同行、接觸客戶，這一背景促使他日後不斷吸納酒店股份，視為家族其中一項核心投資。[23]

不論具體經營及管理如何，青年創業的艾利·嘉道理由於心思慎密，充滿拼勁，又懂得在重要渠道或地方收集商業資訊，在那個股票市場持續上揚的相對有利大環境下，明顯能夠乘時而起，令他能夠一創業便成功，在經紀業中站穩腳步。到了 1887 年，艾利·嘉道理應該結束了與約瑟的合夥關係，改為加入另一規模更大的經紀行 ——「班杰文丹地」（Benjamin, Dandy and Co.）。惟從其名字沒出現在經紀行的名稱上來看，他的位置或者略低一級，與他同列的，還有日後名揚上海的哈同（E. A. Hardoon）。這一合作情況與關係，應該一直維持到 1890 年。[24]

1890 年 3 月底，「班杰文丹地」因為丹地（S. J. Dandy）離去而散夥，艾利·嘉道理看來是頂替了丹地的位置，與班杰文（S. S. Benjamin）組成合夥公司，名稱為「班針棉寄利」（Benjamin, Kelly & Co.，中文為當時商業名錄上的原翻譯）經紀行。[25] 就在那時，「班針棉寄利」購入香港酒店（The Hongkong Hotel Co.）25 股股份，開始了艾利·嘉道理與這個酒店公司的關係。[26]

艾利‧嘉道理經紀生意不斷取得突破之時，一如早前香港樓市先揚後抑一樣，香港股票市場亦掉進同樣的循環。到 1889 年時，股市泡沫爆破，令不少投資者虧損嚴重。造成那次香港歷史上首次「股災」的原因不少，除了制度未健全外，還有別有用心者藉傳媒炒作、哄抬股價，以及有經紀沒依循市場常規按買賣雙方指示完成交易，[27]甚至亦與部分經紀參與炒賣大潮有關。由是之故，時任定例局（即今天的立法會）非官守議員的渣甸洋行（Jardine Matheson & Co.）大班 J J‧凱瑟克（Johnson J. Keswick），便於 1890 年提出了規管經紀交易買賣合約的私人法律草案，並獲另一位非官守議員及屬經紀的遮打（Paul C. Chater）和議，進入審議程序。哪怕審議過程遭到業界——尤其是股票經紀——的激烈反對，但最終還是獲通過成為法例，為香港股票市場規範化邁出重要腳步。後來，遮打更牽頭創立了香港股票經紀會，為開創香港交易所奠下重要基礎。[28]

受資料所限，有關艾利‧嘉道理如何經營經紀生意，又如何在風高浪急的股票市場中開拓生意、賺取財富，實在無從了解。惟發展現實是，艾利‧嘉道理雖曾變更合作夥伴，但明顯是愈變愈好，生意愈做愈大，個人身家財富日升乃不難理解。按此分析，放棄打工，寧可創業的艾利‧嘉道理，一方面選擇了當時屬於方興未艾的行業——股票經紀業，所以能夠找到不少有待開拓的機會；另一方面又碰上行業的第一個升浪，可如火乘風勢般取得事半功倍的效果；至於他年輕有拼勁、做事精明靈活等，則讓他有更好的發揮，迅速取得突出成果。

三、第三步：由經紀到投資家

首次「股災」之後，股票價格大幅回落，市場低迷，不少股票

甚至跌到十分「低殘」之水平，惟因投資信心薄弱，故甚少有人問津，不敢染指購入。已從創業經營中積累到一定財富的艾利・嘉道理，那時卻作出了人棄我取的舉動，尤其在 1891 年那個香港股票市場仍處低迷期的重要時刻，敢於出擊，斥資買入香港酒店股票，成為股東。其時他雖創業已近六年，但其實亦只是 25 歲而已。[29] 之後更不斷吸納諸如香港麻纜廠（Hong Kong Rope Manufacturing Co.）及多家馬來亞種植公司的股票，令其成為多家公眾公司（即今日的上市公司）的控股股東。

除了趁市場低迷出手吸納心儀具潛質的股票，艾利・嘉道理還趁市場處於低迷時期，與合夥人班杰文擴大經紀生意。其中較受注視的，則是於 1891 年將原來只由他們二人合夥的經紀行擴大，吸納多一名合夥人，那人便是 G H・砵士（G. H. Potts）。為了配合這一擴張，公司英文名稱改為「Benjamin, Kelly and Potts Co.」，惟中文名仍是「班針棉寄利」，沒有變更。

從商業名錄來看，這家經紀行的人手頗為不少，除了三名主要合夥人，還有另外六名高層員工，其中 G H・砵士注明在上海，另一名蒲路華（R. W. Browa）的員工在馬尼拉，還有一人相信是 G H・砵士的兄弟或家人，他是 P C・砵士（P. C. Potts）。[30] 在那個年代，一家經紀行除了有多名合夥人，還有六名高級成員，同時又在上海、馬尼拉和香港均有業務，其規模無疑已經不小了。事實上，他們所從事的生意，亦不再只是作為股票及各種貨物或貿易的中介，其實亦已擴展至企業融資和信貸，所以無論社會或不少投資者，均已視艾利・嘉道理為「金融家」了。[31]

一來本身經紀行已壯大起來，人手與業務範圍日多；二來又有了個人積累的資金，可因應市場情況，吸納心目中覺得具發展潛力而股價吸引的股票，為資本尋找更好出路，艾利・嘉道理無論在生意或身家財富方面，均自 1890 年代起隨股票市場逐步復甦而進一步壯

大；不但生意額日升，他手上不少股票的股價亦大幅上揚，並因此躍升成為股票市場的一顆新星。日後成為香港首富的何東，據說便是其經紀行的主要客戶，有深厚的合作關係。艾利·嘉道理則從這個發展過程中，既壯大成為投資人，亦強化了自身的金融家美譽。[32]

由尚未成年便踏足社會，到在舊沙遜洋行打工，然後是憤而辭職，與朋友創業，闖蕩商海，再到創業成功，賺得巨大財富，到了1890 年末下旬，已進入而立之年的艾利·嘉道理，據說沒因一心想賺多些錢而忘記終身大事，原因是他不想如其中一位在香港同樣積累巨大財富的兄長 —— 伊里士·嘉道理（參考下文另一節討論） —— 般過單身生活，而是渴望成家立室。

眾所周知，猶太傳統不但強調猶太信仰，亦強調族內婚，婚姻市場限制極多，更加不用說那個年代香港人口中的性別結構嚴重失衡，男極多、女極少，艾利·嘉道理相信因此大傷腦筋。雖然猶太人散居全球，但艾利·嘉道理注意到具良好出身、屬於大家族的猶太人，大都居於英國倫敦，他的擇偶目光亦聚焦於那兒。一方面，他在倫敦購置了物業「白宮閣」（Whitehall Court）作為居所，方便他到倫敦時可以落腳，另一方面當然是以之作為尋找好人家的物質基礎。

據 Kaufman 所指，[33] 為了尋覓結婚對象，亦為了開拓生意，艾利·嘉道理曾結交倫敦猶太人社區領袖弗特烈·莫卡塔（Frederick D. Mocatta），並將自己欲結束單身，尋找對象一事告訴他。莫卡塔家族乃早期由西班牙逃亡移居英國的猶太人，因經營金銀匯兌起家，富甲一方。弗特烈·莫卡塔在知悉艾利·嘉道理意欲成家立室一事後，做起了紅娘來，介紹自己的侄女羅拉·莫卡塔（Laura Mocatta）給艾利·嘉道理認識。

居於倫敦「劍橋廣場」（Cambridge Square）的羅拉·莫卡塔，屬受過高等教育、聰慧過人且具獨立個性的時代女性，令艾利·嘉

道理傾慕心儀，惟她年紀較艾利大數年，那時已接近 40 歲了；羅拉‧莫卡塔亦對艾利‧嘉道利十分欣賞，不介意對方比自己年紀略輕。結果，二人情投意合，於 1897 年決定共諧連理，按猶太傳統結為夫婦。婚禮儀式甚為隆重，不少在倫敦生活的猶太人均有參加。[34]

　　婚後大約四年間，太太先後誕下三名兒子，依次是 1899 年生於香港的羅蘭士‧嘉道理（Lawrence Kadoorie）、1900 年同樣生於香港的域陀‧嘉道理（Victor Kadoorie），以及 1902 年生於倫敦的賀拉士‧嘉道理（Horace Kadoorie）。[35] 不幸的是，次子只有 15 個星期大時便不幸夭折，[36] 另外兩子羅蘭士‧嘉道理及賀拉士‧嘉道理則健康成長，日後成為父親業務上的左右手。[37]

艾利‧嘉道理爵士（中）和兒子羅蘭士（右）
及賀拉士（左）
鳴謝：香港社會發展回顧項目

　　這裏尤其要提及中華電力這家與嘉道理家族日後關係深厚的公司。當這家公司於 1901 年在市場集資，用於購入廣州的發電廠，計劃開拓廣州等中華大地，以及香港部分地區——主要是新界及九龍——的供應網絡，主事者為新旗昌洋行（Shewan, Tomes & Co.）大班羅拔・施雲（Robert Shewan）及金寶爾（H. F. Campbell）等人，艾利・嘉道理的經紀行則負責股份推銷。[38] 從《公司組織章程》（Memorandum and Article of Association）看，這家創立於 1901 年 1 月 25 日的電力供應公司，原來註冊股本為 20 萬元，分為 200 股，每股 1,000 元。[39]

　　儘管公司創立大約兩年後，位於紅磡漆咸道的首座電廠投入服務，九龍半島部分地區開始獲得供電，但業務開展並沒預期順利，一方面是九龍區發展仍然緩慢，需求沒太大增加，另一方面是廣州的電廠業務亦難獲寸進；當中核心問題，是供電牽涉巨大基礎建設，需要投入更多資金，令原初啟動資本顯得捉襟見肘，業務更難展開。[40] 到了 1909 年，公司決定出售廣東供電的業務，改為只集中於九龍和新界，艾利・嘉道理認為這樣較能集中發展，因此入股，趁當時公司股價低沉時逐步吸納，成為股東。必須指出的是，當時艾利・嘉道理買入股票的原因，相信只是從一般投資者角度考慮，即是趁低價吸納後等待回升，之後沽售獲利；惟這一本屬平常買賣，卻成為他人生其中一項最亮麗的投資，令家族與中華電力公司結成命運共同體，這是後話。

　　另一點標誌着艾利・嘉道理出現事業重大轉變的發展，是 1905 年以個人名義收購山頂纜車。翌年，「班針棉寄利」經紀行清盤結業，[41] 相信並非由於公司碰到經營困難，而是因為艾利・嘉道理選擇離去，全力投入自己創立的寡頭公司，所以原來的合夥經紀行只能按法例宣佈結業。具體而言，就在「班針棉寄利」清盤之時，艾利・嘉道理其實早已成立了以本人名字為寶號的「艾利・嘉道理公司」（E.

S. Kadoorie & Co.），[42] 這一方面揭示他採用了希伯來語的原來姓氏，另一方面則顯示他有能力自己打天下，不需再聯合其他人的力量。這樣的發展格局，從某層面上說是個人實力進一步壯大的象徵，反映他實在已非昔日吳下阿蒙，社會或商業地位已有從邊陲走向核心的意味。

回頭看來，在事業有成之時，馬上想到要成家立室的這一點，令艾利‧嘉道理與其兄長伊里士‧嘉道理截然不同，亦與其他不少猶太商人如沙遜家族的域陀‧沙遜（Victor Sassoon）和菲臘‧沙遜（Phillip Sassoon），或其他洋商如渣甸洋行創辦人威廉‧渣甸（William Jardine），及前文提及的遮打等人不同。正因這一看似平常的舉動，艾利‧嘉道理有了本身的血脈，家族生意可以在其血脈後代中世代相傳，延續至今。

四、第四步：由香港到上海

具開拓視野與魄力的企業家，不會因事業上取得一定成就，財富已積累極為豐厚便停下腳步，反而會因應手上擁有更多資本、更大力量，激發更大雄心，渴望攀登事業更高山峰，挑戰個人可以發展的極限。艾利‧嘉道理亦屬這樣的企業家，所以他並沒因為成家立室、兒子壯健成長、事業已如日中天而滿足，而是時刻不忘追求新突破。他的下一個腳步，便是於 1912 年 —— 滿清朝廷已被推倒，中華民國剛創立 —— 的關鍵時期，由香港轉到上海，計劃在那個被稱為「東方巴黎」，並有「冒險家樂園」之稱，且被視為「亞洲最繁華都市」的地方大展拳腳。[43]

當然，艾利‧嘉道理對上海並不陌生，他當年在舊沙遜洋行打工時，已對那裏的生活和工作環境有不少認識與了解；到自立門戶，

從事經紀生意之後，其實亦一直維持着與上海的緊密關係。那次改變策略，拔營換寨，自然不會有甚麼困難，他能夠輕易在上海公共租界、洋人聚集的高尚住宅區——靜安寺路（Bubbling Well Road）150 號購入了大宅，安頓家人，並很容易地適應下來。[44] 兩名兒子童年時曾在上海大教堂學校（Cathedral School）讀書，後來則被安排入讀英國布里斯托（Bristol）一家歷史悠久的著名寄宿學校克里弗頓學校（Clifton College）就讀。畢業後，兄長入讀倫敦林肯法學院，弟弟正打算修讀農業科學，惟這前進軌跡卻因一場火災而突變，這亦是後話。

更為核心的問題，是艾利‧嘉道理舉家移居上海之前的 1910年，上海發生了轟動社會，俗稱「橡皮股票風潮」的泡沫爆破，衝擊銀行金融事件。扼要地說，進入 20 世紀，因汽車面世帶動橡膠的全球巨大需求，令那些種植橡膠的公司股票價格大升，出現炒作，不少銀行金融機構亦大量放貸，借款給那些橡膠種植公司，或是那些參與投機炒作的人士，令股票市場一度熱火朝天。惟當美國政府於 1910 年對橡膠施限制消費政策的消息一出，大小橡膠公司的股價應聲大跌，無數參與其中的公司、經紀，乃至一般股民，或是那些為無數公司與個體提供信貸的銀行與金融機構，才如夢初醒，於驚惶失措的同時，[45] 終明白到「股票價格可升亦可跌」的真正風險和問題。

現實結果是整個金融和經濟體系出現連鎖性骨牌反應，直接參與種植橡膠公司股票的個人或公司，難免走上嚴重虧損的破產之路。無論只是大舉放貸，借款給不同市場參與者的銀行或金融機構，或以個人或公司名譽利用槓桿方式參與買賣的「債仔」，均因資不抵債而倒閉破產，掉進可能身敗名裂的泥沼。至於投資市場亦因投資者受到那次事件衝擊後驚魂未定，信心薄弱，更令股票市場疲不能興，實體經濟因此大受打擊。

　　作為經紀行老闆，既曾放貸客戶，本身又投資了不少公司股票，艾利・嘉道理自然深受影響，因此曾經表現得垂頭喪氣。據Kaufman 所説，[46] 當艾利・嘉道理因橡膠股票價格大跌，面對投資虧損，令他遭到信貸銀行渣打銀行追討貸款並感到困惑時，碰到滙豐銀行大班昃臣（Thomas Jackson）大送秋波。關鍵之處是昃臣答允，讓滙豐銀行取代渣打銀行為艾利・嘉道理提供信貸，讓他渡過那個可能面臨資金鏈斷裂的局面。

　　他們這次會面的場合，應該是在香港，而付諸行動的地方卻在上海。這裏帶出的信息十分清晰，就是除了上海股票市場較香港活躍，還有橡膠股票風潮的衝擊在上海更為嚴重的事實。那裏的股票市場及經濟民生，必然變得一片愁雲慘霧，滙豐銀行可能因此必須出手，為穩定市場作出努力。此舉當然亦有「一為神功、二為弟子」的維護本身利益之考慮，因為滙豐銀行其實亦曾牽涉巨額放貸問題，[47] 若然企業及個人破產持續，最後必然演變成金融危機，令滙豐銀行亦難以置身度外。作為精明投資人的艾利・嘉道理，很可能因此成為關鍵招攬者，由香港轉到上海，在橡膠股票一片「哀鴻遍野」時擇肥而噬。

　　更為關鍵的是，艾利・嘉道理基本上相信橡膠種植與市場不會一沉不起，或是橡膠已失去了本來價值，所以在獲得滙豐銀行財力雄厚的信貸支持下，不斷在股票市場中吸納那些價格低殘的橡膠公司股票。此舉不但穩定了市場跌勢，同時可讓他在股票市場中「撈底」；而當市場逐步恢復信心，交易返回正軌，自然更能為艾利・嘉道理在日後帶來巨大收入（參考另一節討論）。

　　毫無疑問，獲得滙豐銀行支持的艾利・嘉道理，在上海商場或股票市場施展渾身解數，在不同層面均取得突出成績，令其身家財富持續上升之時，兩項重大事件突然發生——這其實是社會前進過程中難以避免的事情：其一是香港突然出現重大投資機會，雖然他

那時不在香港，卻能作出果斷抉擇，為家族日後發展奠下重要基石；其二是家族突然遭遇災難，造成生命與財產巨大損失，因此又窒礙了下一步發展。

先說香港突然出現的投資機會。正如上文提及，中華電力公司自 1901 年創立，並在 1903 年建成了紅磡發電廠後，前進腳步並沒預期般順利，股票價格及派息均乏善足陳，艾利‧嘉道理更曾因其股價低殘而逐步吸納。捱過一段時間後，1918 年公司覺得九龍半島的電力需求已大增，值得投入更多資本去興建供電設施，惟因本身資本不足，因此向社會及市場提出供股集資的要求。其主要做法是將公司股本增加至 100 萬元，即是大增五倍，至於股份則改為 20 萬股，每股作價為 5 元。公司董事局亦作出重組，以應對一個全新發展格局，公司名字甚至加入了「1918」年這個重要紀錄。[48]

之後的 1922 年 12 月 14 日、1924 年 1 月 21 日及 1928 年 4 月 23 日，中華電力還因應拓展業務需要，先後舉行三次特別股東大會，再將股本分別增加至 200 萬元、300 萬元及 360 萬元，即是把股份總額分別增加至 40 萬股、60 萬股及 72 萬股；而發行股票時的價格，則仍是每股 5 元。到了 1935 年，更取消了早前在名稱中加入「1918」那項讓人覺得有點畫蛇添足的做法。[49]

對於中華電力的連串大舉集資，雖然身在上海，艾利‧嘉道理卻清楚意識到舉動有助奠下長遠發展基石，因此大力支持。為了應對這一看來可影響公司控股權的舉動，他甚至曾與兄長伊里士‧嘉道理合作，一同吸納該公司股份，並利用這一安排向董事局提出改革管理，引入先進發展設備等等。至於這一重大發展策略調整，確實令中華電力有了脫胎換骨的發展變化。或者是為了配合這投資需要，兩兄弟在 1910 年代末成立了「艾利伊里士嘉道理公司」（Elly Kadoorie and E. S. Kadoorie & Co.），[50] 此點既反映了二人感情較深厚，亦標誌着實質而深入的合作，為家族掌控中華電力的重要基礎。

　　再說家族碰到的一個突如其來的災難。在艾利‧嘉道理生意投資路上不斷取得重大突破、身家財富持續壯大的 1919 年，位於上海靜安寺路的嘉道理家族大宅，卻在 2 月 23 日天將破曉之時發生了一場大火，艾利‧嘉道理及孩子們及時逃出生天，惟羅拉‧莫卡塔卻因返回火場欲救一名女管家而被濃煙焗死屋內。[51] 此一突如其來的噩耗，不但令一家上下極為傷感，同時亦扭轉了兩名兒子 —— 羅蘭士‧嘉道理和賀拉士‧嘉道理 —— 的人生前進軌跡。[52]

　　正如前文粗略提及，在災難發生之前，對法律甚有興趣的羅蘭士‧嘉道理已入讀倫敦林肯法學院，賀拉士‧嘉道理則打算進入大學修讀農業科學。以艾利‧嘉道理當時擁有的巨額家財，實在不用如自己當年般因家族並不富裕而在 15 歲時被逼放棄學業、投身社會。可艾利‧嘉道理在深入思考後，卻要求兩子離開學校，投身家族生意，此一決定很自然地改變了兩名兒子的人生與事業前進軌跡。[53]

　　表面看來，兩子結束學業，投身家族企業，似乎有很濃厚的強迫性與突然性，但現實條件或背景是，那時的艾利‧嘉道理已年過半百，生意與投資又愈做愈大，可身邊卻沒有令他可高度信賴的人，所以很自然地向兩子入手，希望組成「父子兵」，更好地在那個黃金時期發展業務。從這個角度看，哪怕羅拉‧莫卡塔不是突然意外身亡，兩子必然會在大學甫一畢業，甚或未完成大學學業之時，便會被要求加入家族生意，協助父親在業務發展上東征西討。背後原因，顯然與當年只有 15 歲便要踏足社會謀生的艾利‧嘉道理的考慮相似，反映了家族或猶太傳統較重視實戰；至於兩子唯父命是從的做法，亦與當年艾利‧嘉道理謹遵母命行事的舉止，並無二致。

五、第五步：由邊陲到中心

如果我們相信名聲、認同和政治影響力等具重要社會意義的東西，會因為個人成就、財富或社會貢獻等不斷增強而同步提升，那麼，艾利·嘉道理必然會期待自他白手興家，在風浪波折中不斷取得突破之後，可以贏來的社會地位亦會與日俱增，甚至得到政府的稱頌和認許。可是，哪怕只是在申請作為英國臣民的舉動上，都讓他碰了一鼻子灰，內心十分難受，自不待言。

這裏帶出的關鍵問題，是猶太人過去一直難以打進歐洲白人社會或政治核心的現實。更確實地說，由於種族和信仰不同之故，猶太人長期遭到驅逐迫害。早的不談，就以 19、20 世紀時期為例，不少猶太人即使憑着突出的營商能耐積累了巨大財富，甚至做了不少慈善公益，他們卻總是難以融入歐洲人社會，遑論可與歐洲白人平起平坐，獲得公平待遇。他們尤其難以走進白人的政治核心，很多時只被視為「邊陲西方人」（marginal westerners），或是「英國社會的邊皮（群體）」（fringe of the British community），只視作「附屬」，即使是已歸化為英國籍的猶太人，仍難以進入白人政治與社會的內核。[54]

對於這一現實問題，艾利·嘉道理相信「寒天飲冰水，點滴在心頭」，他自己最為清楚。具體可用兩則事件作說明，一則與政府有關，另一則與商場上的英國競爭對手有關。先說第一則。艾利·嘉道理申請入籍英國，歸化為英國人，卻屢受拒絕和冷待。作為「一名沒有國家的人」，艾利·嘉道理在發財致富之後，很快便察覺到沒有國籍所產生的巨大風險或欠缺保護，因此令他長期感到不安，而早在進入 20 世紀之時，有了一定財富和實力之後，便已向英國政府提出申請，要求歸化為英國人；惟其申請卻一直不獲批准，令他既感意外，亦十分失望。[55]

　　第一次世界大戰爆發前夕，當法德等國各有不同保護國民的政策時，沒有國籍的艾利・嘉道理曾表現得更憂慮不安，並急於採取不同方法爭取入籍英國，惟仍是無功而還。[56] 戰爭結束後，他鍥而不捨地再作申請，卻屢試屢敗，「多次申請入籍英國，都不獲接納」。[57] 由於申請過程中獲告知要入籍英國，需在英國連續居住起碼四年，他迫於無奈在妻子去世後，於 1919 年 6 月至 1923 年 11 月轉到倫敦生活，期間亦曾到法國，爭取符合入籍的條件。即使如此，艾利・嘉道理的申請亦未有立即獲得批准。例如在 1925 年殖民地部的內部文件，仍指其申請「看來沒法滿足相關法例要求」(has not appear to satisfy requirements of Sec. 2 of …)，[58] 可見英國政府對艾利・嘉道理的入籍要求，似乎定得特別高。[59]

　　接着說第二則。艾利・嘉道理屢遭英國競爭對手的潮諷與奚落。綜合不同資料顯示，精於營商的艾利・嘉道理，雖然在不少層面上與作為英資龍頭企業的渣甸洋行有投資或生意往來，但在明在暗之間，卻有激烈較勁與競爭，因此難免遭到對方排擠和抗拒；尤其因為那個年代種族主義強烈，英國或整個歐洲仍有濃烈的反猶太（anti-Semitic）歧視意識。

　　據說，身為渣甸洋行大班的威廉・凱瑟克（William Keswick），曾以反猶太的話語潮笑艾利・嘉道理，直指他「具有那副猶太人賣相」，並經常以反猶太的話語揶揄他們一家。至於艾利・嘉道理之子羅蘭士・嘉道理日後要加入香港九龍貨倉有限公司（簡稱「九龍倉」）董事局時，亦常被阻止。[60] 這些言語和舉動必會傳到艾利・嘉道理耳裏，或是看在眼裏，因此令他感到不滿，深感厭惡，但有時亦只能無可奈何，惟有靜待時機與場合，作出反擊。

　　由於艾利・嘉道理的兄長伊里士・嘉道理在香港發跡後曾大做慈善，先後在香港、廣洲及不少地方捐建以他本人名字命名的學校（Ellis Kadoorie School，中文名稱為「育才書社」），[61] 推動教育（例

如香港的學校設於銅鑼灣快活谷掃桿埔），因此令他於 1914 年獲得太平紳士頭銜。三年後的 1917 年，更獲大英皇室頒贈爵士（C. B. E.）頭銜 —— 雖屬爵士頭銜中的最低級別，卻清晰地表達了大英皇室的認許，他亦順利入籍英國，沒有招來英國政府刁難。

按此論，猶太人雖屬英國人眼中的「邊緣社群」，很難進入政治或社會核心，但作為有錢人，能為英國帶來不少商業利益，按道理不會連一個國籍身份亦不給予；英國政府連番拒絕，相信另有「難言之隱」。細看艾利・嘉道理的人生足跡及言行舉動，推想可能與他支持猶太復國主義（Zionism），加入錫安派，成為一名「錫安主義者」（即着手建立屬於猶太人的國家）有關。這背後揭示他人生最終的歸宿，是想回到自己「祖國」的懷抱，所以他曾大量捐款支持猶太復國運動，且成為中國猶太人社區領袖。[62]

真正原因何在，哪怕是在昔日檔案裏亦找不到。不過，一些確實情況是：艾利・嘉道理曾在 1920 年代大做善事，例如捐款予英國、法國及中國的不同慈善機構，之後在 1926 年，他最終獲得英國國籍身份，接着更獲得大英皇室頒贈爵士頭銜，[63] 再之後的 1928 年，艾利・嘉道理指其用於在巴勒斯坦地區進行建設的捐款問題多多，不合其要求，因此宣稱以後不再捐獻，同時又辭去上海錫安會的領導席位，原因是要專心家族生意。[64] 至於這些事件一先一後發生，到底只屬偶然，還是存在默契與協議，相信難有定論。

對於身家豐厚，商業成績卓著，卻遭威廉・凱瑟克歧視潮諷一事，艾利・嘉道理看來曾作出沉默，但卻十分有分量的回應。靜安寺路的大火燒了大宅、奪走了妻子生命，令「無家可歸」的艾利・嘉道理，隨後決定在那裏興建一座富麗堂皇的家族大宅；其中一個有趣的因素，是那裏與渣甸洋行大班的大宅，相隔只有一箭之遙。

新建成的嘉道理家族大宅名為「雲石堂」（Marble Hall），不但建築面積比原大宅大了超過一倍，亦極為豪華，屬仿效巴黎凡爾賽

宮設計之作。舉例說，該大宅擁有 80 英呎長、50 英呎闊、65 英呎高的舞廳，裝飾了 3,600 盞電燈泡；客廳可容納 50 座位，大宅陽台長達 220 英呎，設有 12 間睡房，並有 7 個可停泊勞斯萊斯豪華汽車的車房。另一特點是：大宅雖只有三名主人，卻有 42 名傭人。[65] 從這種花巨資興建家族豪華大宅的行動看，嘉道理家族決心扎根上海的意識，應相當明確。

這裏必須補充的是，雖然坐落於洋人聚集的高尚住宅區，但相距只有一箭之遙的渣甸洋行大班大宅，其實是平凡而不起眼的，用今天較正面的說法，是屬於簡約設計。對渣甸洋行發展有深入了解的人應該知道，渣甸洋行由威廉・渣甸（William Jardine）和占士・馬地臣（James Matheson）創立，控股權雖握在渣甸家族，但因後代不願直接管理，乃由姻親凱瑟克家族代勞。即是說，負責管理的渣甸洋行大班，其實只屬「打工仔」。由此帶出的正常現象是，作為老闆的渣甸家族，自然不會大花金錢給打工仔興建豪華大宅，故渣甸洋行大班大宅的簡約，甚至是「簡陋」，實在很正常。

從這個角度看，常遭威廉・凱瑟克及其家族潮諷的艾利・嘉道理，應該清楚明白凱瑟克家族的斤兩，所以即使家族只有三名成員，亦要興建豪華巨宅，甚至經常舉辦大型活動，夜夜笙歌，吸引中外政經社會名流，甚至傳媒雲集，很可能亦會在有意無意間，告訴賓客那相隔不遠、相形見絀的，便是渣甸洋行大班大宅，[66] 以另一方式回應威廉・凱瑟克過去的冷嘲熱諷。至於雲石堂大宅在 1920 年代中建成，或者可以作為艾利・嘉道理已由邊陲走向核心，不再是吳下阿蒙的一個重要注腳。

值得補充一點有關伊里士・嘉道理人生遭遇的資料。羅拉・莫卡塔在火災中去世大約兩年多後的 1922 年 2 月，伊里士・嘉道理去世，享年 56 歲。[67] 據報紙報道，在此之前，他一直感到不舒服，亦曾發燒，但仍堅持工作及出席社交活動，惟最後引發心臟病離世。

正如前文粗略提及，雖然他身邊常有不少女性朋友，亦傳出有情婦及私生女，[68] 但一生保持單身。臨終前立下的遺囑，則成為遺產的分配依據。

從遺囑看，伊里士・嘉道理委任「的近律師樓」（Deacon Solicitors）的沈頓（William E. L. Shenton）、新沙遜洋行的 E S・格貝（E. S. Gabbay）、胞弟艾利・嘉道理，以及一位利維太太（Mrs. S. S. Levy）為遺囑執行人。主要分配是三分一撥作巴格達或美索不特米亞地區興辦學校，三分一捐給倫敦英國猶太人會（Anglo-Jewish Association）推動教育，餘下三分一留給艾利・嘉道理及家人。[69] 至於其中最為關鍵之處，相信是伊里士・嘉道理手上持有在香港、上海、北京及馬來亞等地的投資和權益，例如中華電力、香港上海大酒店及山頂纜車等股份，[70] 可集中到了艾利・嘉道理手中，令這些公司日後可逐漸演變成艾利・嘉道理家族掌控的旗艦企業。

從現實角度看，尤其是與沙遜家族相比，由於嘉道理家族踏足中華大地為時較晚，無疑屬於「後來者」（latecomer），起跑點亦較不利，且他們在英國人眼中又屬「邊緣社群」，因此難免被人看扁看輕。[71] 雖則如此，艾利・嘉道理能在相對不利的條件或環境中幹出卓越成績，哪怕商場常有巨大風浪，亦能乘風破浪，無疑反映了他的特立獨行，眼光與魄力獨到。至於在華人社會，猶太人與歐洲人均屬「洋人」，可獲同等看待，因此更讓他們的家族無論在事業發展或日常生活，都有了很大優勢。當然，無可否認的是，當像沙遜家族般的猶太人發財之後退往英國、美國或其他西方國家，打進上流社會，結交王室貴冑、政商巨賈，甚至不願成家立室、生育孩子，艾利・嘉道理另有不同想法；他既注重下一代的培養，亦堅持繼續留在香港及中華大地發展業務，因此奠定了其家族在香港和中華大地更為突出的地位。

六、第六步：獨步上海股壇

對艾利・嘉道理而言，一個不爭事實是，妻子和兄長不幸先後去世，留下巨大遺產給他及兩子，可說是讓他更加如虎添翼，有了更充沛的資本，可以在投資市場上東征西討、擴張版圖，建立更龐大的商業王國；尤其能讓他與唯一打過工的前老闆家族話事人域陀・沙遜分庭抗禮，並稱為「最後的上海大王」。[72] 至於艾利・嘉道理有兩子協助，組成「父子兵」團隊，更好地開拓業務，又讓遠比他只是孤家寡人的域陀・沙遜優勝，尤其是有了日後連綿不斷的發展。

在 1912 年艾利・嘉道理舉家到上海發展時，股票市場氣氛低沉；到了 1920 年代，由於捱過了最困難時期，清除了市場中那些過於急進又沒有實力者之後，市場實體經濟逐步走向復甦，重見活力，不論股票市場及經濟亦是如此。正如前文提及，艾利・嘉道理當年到上海，是因為「橡皮股票風潮」之故，他為了穩住市場情緒，自然吸納了不少因恐慌而不計成本拋售的股票，令他成為「橡膠股票大王」。這裏不妨提出一點重要數據作為說明：據非正式統計，在 1912 至 1930 年間，上海交易所共有 40 家掛牌買賣的橡膠公司，當中 27 家獲得艾利・嘉道理的資本投入；[73] 其中又以上海蘇門答臘橡膠園（Shanghai-Sumatra Rubber Estates, Ltd.）、上海吉蘭丹橡膠園（Shanghai Kelantan Rubber Estates, Ltd.）及橡膠信託（Rubber Trust, Ltd.）等較受市場注視。

必須指出的是，即使艾利・嘉道理財力極為巨大，若然得不到具實力的銀行支持，單憑一己之力，亦沒可能成事，尤其發揮以小控大的槓桿效果；由此揭示艾利・嘉道理當時可在上海東征西討，吸納那麼多橡膠公司股票的情況，滙豐銀行的財政支持實在不容低估。如何能與炅臣建立緊密關係，尤其值得注意。至於其妻子和兄長去世後遺留給他及兩子的遺產，更增強了他征戰市場的力量，令

他在 20 世紀 20 年代末至 30 年代初，有了更大發展。

　　單就上海股票市場投資為例，日後不少研究更揭示在那段股票市場「兵慌馬亂」、逐鹿中原的時期，艾利・嘉道理不只伺機吸納橡膠公司股票，其實亦與不少商場上的知己好友，合力圍剿一些具潛力的公司，爭逐這些公司的控股權。其中的重要例子，是與新沙遜洋行的域陀・沙遜，或是哈同及何東等具實力又投資目光如炬者合作，一起買入諸如上海地產投資公司（Shanghai Land Investment Co., Ltd.）、上海煤氣公司（Shanghai Gas Co., Ltd.），以及英資巨企「華帝集團」（Wattie Group）等股票，[74] 掌握其控股權，從而主導這些公司的命運與發展路向。

　　從資料看，自 1924 年起，艾利・嘉道理要求正在求學中的兩子停學，協助他打理業務，自有其現實需要。此舉在今天社會甚為罕見，但在那個年代，尤其在猶太社會，似乎視作平常，而艾利・嘉道理本人的經歷，恰是很好的說明。兩子雖然並不情願，但父命如山，只能服從；自那時起參與經營家族生意，用今天的說法，是踏出了傳承接班的重要一步。

　　所謂傳承接班，確實一點來說是參與實務運作，視兩子為他的心腹助手或秘書，事無大小由他教導和指揮，當中需要學習和注意的，亦由他耳提面授。兩子學習的，除了一般為商之道，還有如何經營人脈關係。從日後羅蘭士・嘉道理回憶中可見，其父教授他的，除了經營管理上必須注重細節，一絲不苟，更強調生意投資的長遠目光與掌握大勢。這些哲學日後又確實讓羅蘭士・嘉道理發揮得淋漓盡致，甚至青出於藍，做出了遠比其父更突出的成績。[75]

　　在上海大力開拓不同生意之時，艾利・嘉道理其實還時刻不忘香港市場，其中又以 20、30 年代的多項投資最為關鍵，亦深深地影響了家族的發展。舉例說，他曾於 20 年代投資興建港島淺水灣酒店和尖沙咀半島酒店，同時亦不斷增加對山頂纜車的投資，這些公

司日後均為他帶來巨大回報。至於另一重要投資傑作，是聯同何東和布力架等人，收購香港工程及建築公司 ── 一家為開發九龍而設立、深具實力的建築公司，並利用此公司於 1931 年聯手購入旺角一個山頭上約 1,330 萬平方英呎地皮，而該山頭日後稱為「加多利山」。地皮用作興建低密度豪華住宅，並取得很好的成績。該住宅小區所開闢的兩條主要道路，便是本文開首提及的嘉道理道和布力架街。[76]

在 1912 年舉家搬到上海生活時，艾利·嘉道理或者沒有想到還會不斷增加在香港的投資。兄長去世給他留下不少遺產，尤其是那些在香港發展的公眾公司控股權，加上他本身在香港的一些投資持續取得不錯的回報和發展，因此相信吸引他不斷加強在香港的業務與投資，形成了香港與上海「兩頭馬車」並駕齊驅的投資格局。

面對這樣的投資與發展狀況，到 20 年代末，在深入思考後，他

從旺角一個山頭工地外望太子道一帶。此山頭日後稱為「加多利山」。
鳴謝：香港社會發展回顧項目

加多利山上的建築工程進行中

鳴謝：香港社會發展回顧項目

建新營造在「加多利山」興建房屋，圖為建新營造全人合照。攝於 1947 至 1948 年間。

鳴謝：Luba Estes

作出了調派性格硬朗的長子到香港，統領當地投資，而性格較內向的幼子則和自己一起留在上海作分工安排 —— 當然他亦會在某些時期，親到香港了解發展情況。正因賀拉士‧嘉道理成為父親上海業務與投資的左右手，他先後擔任多家上海公眾公司的董事，例如上海煤氣以及多家橡膠公司，尤其曾於 1939 年擔任上海煤氣公司主席之職，那時他未滿 37 歲。[77]

若細看上海 —— 尤其是租界之內 —— 的發展狀況，不難發現，自蔣介石在 1926 年宣佈北伐，並於 1928 年達至結束軍閥割據、全國統一的目標之後，中華大地很自然地進入生產與建設階段，上海的股票市場亦開始變得更為活躍。進入 1930 年代，由於時局趨穩，經濟迅速恢復發展活力。1931 年日軍突然侵佔東北三省，上海亦曾遭日軍轟炸，令國人氣憤，惟不少資金卻流向上海，股票市場更趨活躍。1937 年抗日戰爭爆發，股票市場初時雖然大跌，甚至一度低迷，之後卻因租界尚能維持和平，吸引人、貨及資金等流入避難，令股票市場反添活力。接着的 1939 年，歐洲亦爆發戰火，避難資金湧到上海的規模增大，股票市場更暢旺。[78]

不可不說的是，由於德軍針對猶太人進行迫害，不少猶太人乃逃難到了上海，作為猶太巨富，又屬上海猶太人領袖的域陀‧沙遜和艾利‧嘉道理，曾捐出巨資救助大批逃到上海的猶太人，贈衣施食，安排住宿及工作等。進入 30 年代末起，由於艾利‧嘉道理健康大不如前，絕大多數實務已完全交給兒子，就連救助猶太難民一事，亦由賀拉士‧嘉道理子代父職。至於令賀拉士‧嘉道理備受猶太人注目的，是他那時創立了嘉道理學校，為避難上海的猶太孩童提供教育。[79]

那時上海「孤島」的股票市場之所以一片火熱，一來是「難民資金」不斷湧入，二來是在那個人浮於事的環境下，那些資金不願投到實體經濟中，股票市場因此成為快買快賣的不二之選，令各種

股票價格持續上揚，到上海陷落的 1941 年底，更達至高峰。[80] 就以上海地產投資和上海煤氣這兩家嘉道理家族持有不少股份的公司為例，前者股價在 1939 年時只在國幣 10 元徘徊，到 1941 年底已升至國幣 35 元左右；後者股價在 1939 年時約在國幣 100 元左右，1940年初上升至國幣 300 元左右，之後大幅回落到國幣 150 至 200 元之間，1941 年底回升至國幣 250 元左右。[81]

附帶一提的是，1941 年 5 月，報紙報道一位名叫魯賓・伊士奇・嘉道理（Reuben Ezekiel Kadoorie）的上海經紀，[82] 在上海「市郊醫院」（Country Hospital）去世，享年 74 歲，喪禮上，賀拉士・嘉道理乃其中一位扶靈者。報道內文提及，魯賓・伊士奇・嘉道理生於巴格達，乃艾利・嘉道理的侄兒，在華經商長達 50 年，在上海亦生活超過 40 年。[83]

由於這人的名字和艾利・嘉道理兄弟 —— 伊士奇・嘉道理的名字相似，因此估計應是其兄弟，而非侄兒。按此推斷，魯賓・伊士奇・嘉道理約生於 1867 年，與艾利・嘉道理的年齡十分接近，惟從他在華經商只有 50 年這一點看，他應較艾利・嘉道理略晚才來華。可惜，報紙沒有進一步提及伊士奇・嘉道理的其他消息，尤其沒提及親屬及遺產等問題，估計他一生維持單身，沒有正式結婚。

同年 9 月，年過 74 歲且健康每況愈下的艾利・嘉道理，在兒子安排下由上海轉到香港，並住進尖沙咀半島酒店，以便在那裏得到更好照顧和休養。[84] 可是，不久日軍擴大侵略，太平洋戰爭爆發，包括嘉道理家族的無數人民與家族乃掉進了更大的苦難之中；年老又患病的艾利・嘉道理所面對的情況則無疑更為惡劣，他在半島酒店養病時被日軍拘捕，送進集中營，半島酒店成為日軍臨時指揮中心，在那裏接受港督楊慕琦（Mark Young）投降。

在特殊歷史背景與時空下，嘉道理家族作出了多種特殊投資及生活舉動，因此份外吸引中外社會視野。當區域和國際出現巨大變

局時，多重特殊的交互糾纏，令其應變和發展變得極為複雜；家族、種族、商業、政治與歷史時空間的環環緊扣、相互影響，可見一斑。作為入籍英國，又屬猶太商人的嘉道理家族，在中華大地所碰到的發展機會，以及其種種遭遇，無疑乃最好説明。能夠在那個微妙特殊的環境中避禍趨利，減少破壞與衝擊，則令其能乘風破浪，因此能在地區或世界商壇上佔有一席之地。

七、第七步：戰亂衝擊的倒退腳步

在嘉道理家族參與的眾多生意與投資中，電力 —— 或者說中華電力有限公司 —— 無疑是最為亮麗突出的，因該公司取得的成績極優異，與家族之間的關係極為深厚，幾乎與之形成了命運共同體，共生共榮。嘉道理家族可說成為中華電力有限公司的代名詞，反之亦然。

令嘉道理家族可與電力生意結下這種特殊「緣份」的因素，當然有歷史偶然性與必然性的互動。偶然性是指艾利・嘉道理當初購入中華電力股份時，只是一般低吸高沽投資策略，沒有甚麼長遠或從一而終的想法；必然性是指他持股一段長時間後，由於電力市場有了重大變化，逐步顯露了巨大發展潛力，因此有了緊抓控股權的圖謀。之後甚至與兄長伊里士・嘉道理看法一致，於是採取各種手段強化掌控，同時又以本身乃主要股東的名義強化公司管治，令中華電力有限公司有了截然不同的發展。

正如前文粗略提及，在 1918 至 1928 年的十年間，中華電力曾因發展需要，進行多次帶有控股權爭奪意味的配股集資，艾利・嘉道理和兄長「奉陪」到底，令其對公司的控股權只升不減，維持影響力，給原來的大股東羅拔・施雲帶來巨大壓力。到 1922 年伊里

士·嘉道理去世後，股權更進一步集中到艾利·嘉道理手中；之後的 1928 年，中華電力其中一名董事利希慎去世，[85] 艾利·嘉道理買入其股份後，令家族的控股權進一步上升，[86] 他亦於 1928 年進入董事局。[87] 由於經歷長期磨練的長子羅蘭士·嘉道理已有豐富管理經驗，到了 1930 年底，他乃被父親安排進入中華電力董事局，[88] 開始了實質管治。那時羅蘭士·嘉道理剛過而立之年不久，只有 31 歲。

羅蘭士·嘉道理自 18 歲（即 1919 年）開始參與生意經營，初時成為父親的私人秘書，獲父親面命耳提，親自教導，因此開始參與中電生意，與那時的中電主席羅拔·施雲有接觸交往。據 Cameron 所指，到 1920 年，艾利·嘉道理曾協助羅拔·施雲解決一宗物業轉手危機，從其手中購入中環的聖佐治大廈物業，日後成為家族最高控股公司 —— 艾利·嘉道理爵士父子公司 —— 的總部。這些要點，既反映大家關係應一直不錯，亦揭示艾利·嘉道理早已看中電力生意；當然亦說明了羅蘭士·嘉道理對電力生意及行政管理，已有相當豐富的經驗。[89]

更為重要的是，自羅蘭士·嘉道理進入董事局不久的 1931 年，擔任中華電力董事局主席一職長達 30 年的羅拔·施雲，被迫下台，[90] 繼任者的任期在往後一段不短的時間內，採取一年一任的安排，所以出現了 1932 年由葡萄牙籍的羅沙（C. A. da Roza）接任，一年後改由甘普頓（1933 年）頂上，然後是布力架（1934 年），到 1935 年更由羅蘭士·嘉道理任主席，那時他只有 36 歲，屬於中華電力最年輕的主席。

作為父親派調到香港的主事人，羅蘭士·嘉道理除了入主中華電力和香港上海大酒店外，還參與家族其他不同投資的公眾公司，例如山頂纜車、香港黃埔船塢、九龍倉、香港工程及建築、香港麻纜廠、亞洲地產，以及環球貿易公司等等。以上這些在港名揚一時的企業，除了核心股東乃華洋商業精英，所經營的都屬香港經濟發

展的命脈，市場面向更不只是香港，既有面向中華大地者，亦有高度國際化者，參與其中的管理與領導，自然必須具有多層次的目光與能力。他在這些公司中的職位，初時只是擔任一般董事，從中觀摩學習，到後來則逐步提升至執行董事、副主席或主席等職。

1938 年 11 月，已屆 39 歲的羅蘭士・嘉道理宣佈結束王老五生活，迎娶同樣來自猶太著名大家族 —— 格貝（Gubbay）家族，只有 23 歲的繆麗奧・格貝（Muriel Gubbay）為妻。婚禮在域陀・沙遜家族為了紀念其祖母捐建的港島半山猶太教堂（Ohel Leah Synagogue）舉行，[91] 莊嚴隆重。[92] 父親和弟弟專程由上海到香港參加婚禮，當然亦考察業務，並與一眾政商友人會晤，強化關係。[93]

值得注意的是，繆麗奧・格貝乃施曼・格貝（Seemah Sassoon Gubbay）之女，而施曼・格貝的姐妹慕絲・格貝（Mozelle Gubbay）則嫁給大衛・沙遜之孫米耶・沙遜（Meyer Sassoon，即艾里亞・沙遜的三子），而施曼・格貝更是雅各布・沙遜（Jacob Sassoon，即艾里亞・沙遜長子）的左右手。雅各布・沙遜主力打理新沙遜洋行香港業務，可惜他英年早逝，於 1926 年去世。[94] 透過羅蘭士・嘉道理與繆麗奧・格貝的婚姻，嘉道理家族強化了與沙遜和格貝家族的關係。

羅蘭士・嘉道理成家立室那一年，相信艾利・嘉道理在背後發功，確立了中華電力兩項推動長遠發展的重大項目 —— 在紅磡鶴園興建現代化發電廠及在旺角興建中華電力總辦事處大樓，兩者奠下了公司接下來近半個世紀的發展大局，因此亦讓嘉道理家族在日後登上香港電王寶座。

兩項重大工程同步進行之時，地區及世界形勢卻不斷惡化，戰爭範圍不斷擴大，香港亦遭遇了戰爭威脅。羅蘭士・嘉道理亦曾被港英政府徵召入伍，接受志願兵團的軍事訓練。因應戰事如箭在弦，到 1940 年時，英國政府曾安排英籍人士家屬撤離到澳洲，那時

已育有一女麗塔‧嘉道理（Rita Kadooire）並懷孕數月的妻子繆麗奧‧格貝，由於不願在大腹便便之時遠行，加上不想離開丈夫，因此堅持留在香港。

　　繆麗奧‧格貝決定留在香港與丈夫共進退那年，被稱為「現代化發電廠」，又屬當時「亞洲最大發電廠」的紅磡鶴園發電廠擴建新廠（中電稱之 B 廠）落成，[95] 羅蘭士‧嘉道理因此舉辦了一場盛大的啟用典禮，主禮嘉賓為時任港督羅富國（Geoffrey Northcote）。典禮上，羅富國高度稱頌羅蘭士‧嘉道理具發展目光，中華電力發展突出；羅蘭士‧嘉道理則扼要地介紹中華電力創立以還近 40 年的發展，尤其比較了 1913/14 財政年度與 1938/39 財政年度（即新電廠落成前）的前後變化，讓人對該公司的發展有更多認識和了解。例如公司已付資本由 30 萬港元增加至 1,100 萬港元，僱員總數由 58 人增加至 907 人，客戶總數由 878 家增加至 29,522 家，工業負重（Industrial loading）的馬力由 987 匹增加至 28,276 匹，發電量（以千瓦計）由

1951 年加多利山山腳的聖佐治大廈和中電總部
鳴謝：香港社會發展回顧項目

520 千瓦增加至 32,000 千瓦。[96]

　　所謂好事成雙，繼新發電廠落成後，旺角中華電力總辦事處大樓亦接着落成，隨即投入啟用。至於這個總辦事處大樓與新發電廠之間，形成了發展上一文一武、一攻一守的緊密配合，互相支援，令中華電力可以更具效率地推進業務，揭示羅蘭士‧嘉道理 —— 或者說是作為背後真正「話事人」，指點江山的艾利‧嘉道理 —— 登上香港電王寶座一事，已勢不可擋了。

　　然而，就在鶴園發電廠落成投產與中華電力總辦事處大樓落成啟用大約 20 個月後的 1941 年 12 月 8 日，日軍擴大侵略，不但偷襲美國珍珠港，亦同時入侵上海租界與香港。[97]身在上海的賀拉士‧嘉道理被拘禁，後來改為軟禁。而身在香港的艾利‧嘉道理和兒媳及兩孫，被送進赤柱集中營。那時的艾利‧嘉道理已年過 75 歲，兩名孫兒則有 18 個月及近 6 個月大，老幼脆弱的身影與在集中營失去自由、各種生活條件惡劣，形成強烈對比，映襯出一幅令人揪心的圖像。

　　集中營之內，儘管羅蘭士‧嘉道理能以堅強信念面對困難，但畢竟生活條件差，其父的健康每況愈下。到了 1942 年初夏，醫生診斷艾利‧嘉道理患上癌症，並已到了末期，羅蘭士‧嘉道理因此以人道理由向日軍申請，讓他及家人返回上海，方便療養和照顧，幸獲得網開一面，一家可走出集中營，由香港轉到上海。對於此安排，羅蘭士‧嘉道理或者以為從此可以脫離苦海，可日軍只讓其父留在「雲石堂」大宅休養治療，卻把羅蘭士‧嘉道理一家送到閘北集中營繼續拘禁，令其又再陷於苦難之中。羅蘭士‧嘉道理一家四口被囚於閘北集中營時，賀拉士‧嘉道理仍能有限度地活動，照料父親之時，還花了不少時間和資源去救助在滬猶太人，當中又以參與早前捐建嘉道理學校一事而深獲肯定。[98]

　　到了 1944 年，艾利‧嘉道理健康惡化，集中營內的羅蘭士‧嘉

道理一家四口獲悉後，向日軍申請返回雲石堂，陪伴父親。對此，日軍同樣作出酌情處理，令羅蘭士・嘉道理能與妻兒陪伴父親走完人生最後一程。艾利・嘉道理於 1944 年 2 月 8 日去世，享年 77 歲。[99] 由於處於戰亂時期，喪禮從簡不難理解。[100]

　　無論在上海或香港，嘉道理家族的投資與生意，本來處於節節上揚的軌跡，香港的電力業務更是突出，大有一躍成為「電王」的氣勢。可是，日軍的擴大侵略，既導致無數人命傷亡、生靈塗炭，亦大大打擊了嘉道理家族的前進腳步，成為艾利・嘉道理踏上創業之路以還，最為巨大的挫折和衝擊。他本人甚至在這段最為風雨飄零的時期，因健康惡化而去世。

　　無疑，艾利・嘉道理與「電王」寶座只有一步之遙，未能登上，不無遺憾。但由他打下的堅實基礎，讓其子羅蘭士・嘉道理大發光芒，不但使中華電力在戰後急速發展，後來更牽頭興建大亞灣核電廠，供電廣東及香港，成為名副其實的「電王」；至於在香港牽頭興建的紅磡海底隧道及青衣大橋等基礎設施，更讓他成為「基建大王」。更為關鍵的是，羅蘭士・嘉道理先後獲港英政府委任為立法局議員和行政局議員，進入管治核心。多方面的突出表現，讓他於 1974 年獲大英皇室頒贈爵士頭銜，與其父及伯父輩看齊。不但如此，到了 1981 年，他更成為首位香港出生居民獲大英皇室頒贈勳爵頭銜（Lord）的人，[101] 享有終身貴族地位，[102] 一生傳奇令人津津樂道，亦標誌着嘉道理家族最終打進了英國社會核心。

結語

　　任何個人、家族，或是國家，其前進與發展的歷程，必然是一步一腳印、充滿挑戰，亦只能是步步為營、小心翼翼地向前邁進，

1982 年羅蘭士‧嘉道理勳爵攝於英國上議院
鳴謝：香港社會發展回顧項目

國家領導人鄧小平（左）與羅蘭士‧嘉道理勳爵（右）於
1985 年的歷史性會晤
鳴謝：香港社會發展回顧項目

既不能自大自滿，亦難以一蹴而就、一步到位，艾利・嘉道理家族的傳奇故事亦是如此。這個家族祖籍雖來自巴格達，卻依靠着英國全球殖民擴張的勢頭，在中華大地發光發熱，賺取巨大財富，書寫傳奇，相信曾經想到扎根上海，所以興建豪華大宅；亦可能構思回到以色列，所以出錢出力，支持錫安主義，但最後卻是發展香港電力及酒店生意，而讓其看到更大發展前景；開發旺角加多利山，留下嘉道理道，甚至是中華電力總辦公樓等建築，成為了家族扎根香港的重要標誌。或者正是看到這些發展成果，在二次世界大戰及新中國成立之後，便有了因時制宜的新決定：寧可穩守香港，不作他選。至於進一步發展電力與酒店業務，甚至推動紅磡海底隧道的建設，又讓這個家族在香港的發展故事，寫下了濃彩重墨的一筆。

　　哪怕是放在世界歷史的角度，猶太人的移民與創業經商，均有其非凡獨特之處，而艾利・嘉道理家族的發展更加是與別不同：他們並沒如沙遜家族或哈同家族般在二戰後幾乎消失於香港、中華大地或國際商場，反而持續強勢，不斷壯大，其中最關鍵亦最為突出的，是血脈能夠延續不斷。另一點是這個家族在應對地區或全球大變局時，曾一度努力爭取由邊陲走向核心，打入歐洲白人社會，但最後不是選擇移居英國，或是美國、澳洲甚至以色列，而是扎根香港，背後反映了放眼中國的老謀深算；因此能讓這個家族見證了香港由貿易港走向工業化，然後蛻變為國際金融中心，最後在英國結束統治、香港回歸中國的歷史進程中，找到更多發展機會。更令人嘖嘖稱奇的，是在這個家族的領導下，中華電力最終落實了原來的發展目標：為九龍、新界，以至廣州及整個廣東省供電，並從這個過程中令家族的命運透過中華電力的深化發展，與香港和中華大地更緊密地結合起來，根基更為堅實。

1 Kaufman, J., *The Last Kings of Shanghai: The Rival Jewish Dynasties that Helped Create Modern China* (New York: ViKing, 2020), 50–51.

2 Cameron, N., *Power: The Story of China Light* (Hong Kong: Oxford University Press, 1982), 87.

3 據 Kong 引述藏於「香港社會發展回顧項目」資料《嘉道理家族》一文所指，撒利・嘉道理育有 7 子，其中有名字者為：摩士（Moshi）、摩西（Moses）、伊士奇（Ezekiel）、伊里士（Ellis）及艾利（Elly），另指兩名兒子名字不詳。或者，在這兩位名字不詳的人中，其中一人其實是女兒，另一人的名字簡寫，可能是「K. S.」，參考下文討論。見 Kong, Y. C., "Jewish Merchants' Community in Shanghai: A Study of the Kadoorie Enterprise, 1890–1950," (PhD diss., Hong Kong Baptist University, 2017), 250。

4 Kaufman 誤以為只是艾利・嘉道理創業時，為了讓他的姓氏「聽起來不要太見『外』」（sound too "foreign"）所以便改了姓氏，但其實並不是。

5 Kaufman, J., *The Last Kings of Shanghai*, 88.

6 沙遜家族擁有兩家同樣以沙遜姓氏命名的洋行：D. Sassoon Sons & Co. 及 E. D. Sassoon & Co.。前者由大衛・沙遜（David Sassoon）率同八名兒子創立，後者是大衛・沙遜去世後，其次子艾理・沙遜（E. D. Sassoon）因與兄弟們意見不合，日後自立門戶創立。華人社會為了區別這兩家洋行，一般稱前者為「舊沙遜洋行」，後者為「新沙遜洋行」，見鄭宏泰：《沙遜家族：逃亡、創業、擴張轉移兩世紀傳奇》（香港：三聯書店，2022）。社會上經常有人把新、舊沙遜洋行混為一談，弄不清楚，例如 Kaufman 亦誤把舊沙遜洋行當作新沙遜洋行，值得注意。

7 *The Chronicle & Directory for China, Japan, & The Philippines, for the Year 1877* (Hongkong: Daily Press, 1877).

8 這個 M. S.・Kelly，相信便是摩西・嘉道理（Moses Kadoorie）。

9 *The Chronicle & Directory for China, Japan, & The Philippines, for the Year 1879* (Hongkong: Daily Press, 1879).

10 *The Chronicle & Directory for China, Japan, The Philippines &c., for the Year 1882* (Hongkong: Daily Press, 1882).

11 據 Cameron 引述羅蘭士・嘉道理的說法，艾利・嘉道理在 1880 年 5 月 20 日踏足香港，之後才北上，到上海及其他不同港口城市工作。惟羅蘭士・嘉道理指艾利・嘉道理在新沙遜洋行（E. D. Sassoon & Co.）工作，則與當時商業名錄的資料不符。從日後艾利・嘉道理為了申請英國國籍提交的個人簡歷中，提及自己於 1882 至 1897 年間居於香港，揭示確實應於 1882 年左右才東來中土。見 Cameron, N., *Power*, 87；Application of E. S. Kadoorie for Grant, 16 September 1925, CO 129/491, The University of Hong Kong Libraries。

12 *The Chronicle & Directory for China, Corea, Japan, The Philippines, Borneo, Annam,*

Cochic China, Siam, Straits Settlements, Malay States, &c., for the Year 1884 (Hongkong: Daily Press, 1884).

13   由於這一資料只出現在「洋人在華名單」之中，並沒在較顯眼的「商號」欄目中，相信規模有限，很可能只有他們兩人而已，沒有其他職員。

14   *The Chronicle & Directory for China, Corea, Japan, The Philippines, Cochic China, Annam, Tonquin, Siam, Borneo, Straits Settlements, Malay States, &c., for the Year 1885* (Hongkong: Daily Press, 1885).

15   Kaufman, J., *The Last Kings of Shanghai*, 51−52.

16   Ibid., 52.

17   Ibid., 52−53.

18   Ibid.

19   其實在那個年代，500 元亦不算少。就以那時艾利・嘉道理月薪 30 元屬「高薪」的標準計，500 元已抵得上接近兩年的工資了。

20   *The Chronicle & Directory for China, Corea, Japan, The Philippines, Cochic China, Annam, Tonquin, Siam, Borneo, Straits Settlements, Malay States, &c., for the Year 1885* (Hongkong: Daily Press, 1885).

21   Chan, W. K., *The Making of Hong Kong Society: Three Studies of Class Formation in Early Hong Kong* (Hong Kong: Oxford University Press, 1991).

22   鄭宏泰、黃紹倫：《香港股史（1841−1997）》（香港：三聯書店，2006）。

23   Kaufman, J., *The Last Kings of Shanghai*, 53−54.

24   *The Chronicle & Directory for China, Corea, Japan, The Philippines, Cochic-China, Annam, Tonquin, Siam, Borneo, Straits Settlements, Malay States, &c., for the Year 1888* (Hongkong: Daily Press, 1888); *The Chronicle & Directory for China, Corea, Japan, The Philippines, Cochic-China, Annam, Tonquin, Siam, Borneo, Straits Settlements, Malay States, &c., for the Year 1889* (Hongkong: Daily Press, 1889); *The Chronicle & Directory for China, Corea, Japan, The Philippines, Indo-China, Straits Settlements, Siam, Borneo, Malay States, &c., for the Year 1890* (Hongkong: Daily Press, 1890).

25   *Hong Kong Daily Press*, 1 April 1890.

26   〈香港上海大酒店歷史及里程碑：1890〉，香港上海大酒店網頁，擷取自 https://www.hshgroup.com/zh-HK/About/History-of-Innovation/History-Timeline（瀏覽日期：2022 年 10 月 10 日）。

27   因當年股票買賣交易結算時間較長，並非如今天般交易一天或兩天後（即俗稱 T+1 或 T+2）便完成過戶結算；期間股價常有巨大波動，部分經紀便在那個巨大吸引或空間下，以不良手法作操縱，破壞市場秩序，影響客戶或投資者利益。

28   鄭宏泰、黃紹倫：《香港股史》。

29　Kaufman, J., *The Last Kings of Shanghai*, 54.

30　*The Chronicle & Directory for China, Corea, Japan, The Philippines, Cochic-China, Annam, Tonquin, Siam, Borneo, Straits Settlements, Malay States, &c., for the Year 1888* (Hongkong: Daily Press, 1888); *The Chronicle & Directory for China, Corea, Japan, The Philippines, Cochic-China, Annam, Tonquin, Siam, Borneo, Straits Settlements, Malay States, &c., for the Year 1889* (Hongkong: Daily Press, 1889); *The Chronicle & Directory for China, Corea, Japan, The Philippines, Indo-China, Straits Settlements, Siam, Borneo, Malay States, &c., for the Year 1890* (Hongkong: Daily Press, 1890).

31　Kaufman, J., *The Last Kings of Shanghai*, 54-55.

32　Ibid.

33　Ibid., 56-57.

34　*The Hongkong Telegraph*, 27 October 1897.

35　從艾利‧嘉道理發給殖民地部官員的個人簡歷看,他於 1901 年 5 月至 1902 年 10 月這段時間一直居於英國,部分時間曾到法國。見 Application of E. S. Kadoorie for Grant, CO 129/491。

36　*The China Mail*, 19 November 1900. 在 1900 年刊出的有關域陀‧嘉道理去世消息上,艾利‧嘉道理的名字仍是「E. S. Kelly」,並未恢復本來姓名。那時,他們一家居於半山上列治文道(Upper Richman Road,即現時羅便臣道位置),大宅名叫 Terra Verde。

37　Kaufman, J., *The Last Kings of Shanghai*, 91-92.

38　Cameron, N., *Power*, 89.

39　China Light and Power Company Limited, *Memorandum and Article of Association* (Hong Kong: Companies Registry, 1901).

40　Cameron, N., *Power*.

41　*Hongkong Daily Press*, 2 April 1906.

42　從報紙上看,早在 1904 年已有「艾利‧嘉道理公司」的資料,並以此公司收購山頂纜車。

43　Kaufman, J., *The Last Kings of Shanghai*, 82.

44　舉家移居上海那年(1912 年),艾利‧嘉道理曾宣佈會捐款 10,000 英鎊,在上海設立「羅拉莫卡塔學校」(Laura Mocatta School)推動女子教育,見 *Hongkong Daily Press*, 15 February 1912。此舉一方面是為了支持太太在爭取女性平等方面的努力,另一方面明顯是要表達本身希望能對移居社會有所貢獻,惟此項目最後應該沒法落實。

45　張秀莉:〈橡皮股票風潮再研究〉,《社會科學》,2009 年第 4 期,頁 143-154。

46　Kaufman, J., *The Last Kings of Shanghai*, 65.

47　Kong, Y. C., "Jewish Merchants' Community in Shanghai".

48   China Light and Power Company (1918) Limited, *Memorandum and Article of Association* (Hong Kong: Companies Registry, 1918).

49   China Light and Power Company Limited, *Special Resolution* (Hong Kong: Companies Registry, 1935); *South China Morning Post* (*SCMP*), 8 March 1935.

50   為何不乾脆稱為「嘉道理兄弟公司」（Kadoorie Brothers & Co.）原因明顯與他們有很多其他兄弟，二人不想引起其他誤解或矛盾有關。

51   *The China Mail*, 24 February 1919.

52   Kaufman, J., *The Last Kings of Shanghai*, 72–74.

53   Ibid., 84.

54   Betta, C., "Silas Aaron Hardoon (1815–1931): Marginality and Adaptation in Shanghai," (PhD diss., University of London, 1997); Kaufman, J., *The Last Kings of Shanghai*.

55   Kaufman, J., *The Last Kings of Shanghai*, 82.

56   正因艾利・嘉道理沒有入籍英國，一次世界大戰時他本人及兩子，並沒如沙遜家族成員般被徵召上戰場。見 Letters of Denization, 8 May 1913, CO129/406, The University of Hong Kong Libraries。

57   Application of Mr. E. S. Kadoorie, 21 February 1924, CO 129/484, The University of Hong Kong Libraries; Mr. E. S. Kadoorie, 27 October 1924, CO129/486, The University of Hong Kong Libraries.

58   Application of E. S. Kadoorie for Grant, 5 February 1925, CO129/488, The University of Hong Kong Libraries.

59   Application of E. S. Kadoorie for Grant, 16 September 1925, CO129/491, The University of Hong Kong Libraries.

60   Kaufman, J., *The Last Kings of Shanghai*, 83–93. 凱瑟克家族對艾利・嘉道理的蔑視與譏諷，不知與香港早期爆發首次股災之後，JJ・凱瑟克（威廉・凱瑟克之弟）為了恢復市場秩序，提出限制經紀買賣手續立法一事有否關係。在那次事件中，JJ・凱瑟克的舉動，招來了包括艾利・嘉道理在內絕大多數經紀們的強烈不滿，彼此針鋒相對。見鄭宏泰、黃紹倫：《香港股史》。

61   初期，學校主要招收印度籍學生，後來擴展至不同族裔，華人子弟入讀者尤多。1914年，學校改由政府接手，即是日常開支改由政府負責，開政府津貼學校之先河。那時該校學費每年 30 元，扣除暑假，即每月 3 元。見 *The China Mail*, 26 December 1914 &17 October 1916。

62   據說，沙遜家族一直與猶太復國主義者保持距離，但艾利・嘉道理則曾積極參與其中，並憑其努力，令猶太復國運動獲得孫中山的公開支持。見 Kaufman, J., *The Last Kings of Shanghai*, 89–90。

63   Kong, Y. C., "Jewish Merchants' Community in Shanghai," 228–229. 艾利・嘉道理獲得的爵銜（K. B. E.），以級數論較伊里士・嘉道理的為高，這可能亦是他刻意爭取的。自

艾利‧嘉道理獲得爵士頭銜後，他立即把原來的「艾利‧嘉道理公司」（E. S. Kadoorie & Co.），易名為「艾利‧嘉道理爵士父子公司」（Sir Elly Kadoorie & Sons Co.），見 *SCMP*, 15 January 1927。這一舉動，從另一角度來看，突顯了他對名銜的看重，亦折射他的社會地位已不再處於邊陲位置。

64 Kaufman, J., *The Last Kings of Shanghai*, 92.

65 Ibid., 84.

66 Ibid., 85.

67 *SCMP*, 25 February 1922.

68 據 Kaufman 所指，伊里士‧嘉道理一直有不少華人女性朋友，去世後更曾給女性朋友留下不少財產。見 Kaufman, J., *The Last Kings of Shanghai*, 56。至於從香港歷史檔案館收藏的遺囑檔案中，則有一份「伊梁氏，又名梁紅錦」（Yee Leung Sze 又名 Leung Fung Kam，譯音）的遺囑，當中那位伊梁氏，自稱為「伊里士夫人」（Mrs. Ellis）、寡婦，她臨終前把名下財產留給兩名女兒：一位叫「伊露絲」（Lucy Yee，譯音），資料不詳；另一位叫「伊多拉」（Dora Ellis），她嫁予張佩堦，稱為 Lizzie Cheung（一般稱作張佩堦夫人）。見 Yee Leung Sze Fung Kam @ Leung Fung Kam @ Mrs. Ellis, 31 July 1934, HKRS144-4-4375, Hong Kong Public Records Office。

69 *SCMP*, 25 February 1922. 伊里士‧嘉道理雖有其他兄弟，但在遺囑中似乎沒有提及，此點揭示了他們的親情和關係應該並不太深，亦可能與他們並不在世有關。

70 無論是中華電力或香港上海大酒店，業務均不只集中香港，而是遍及中華大地，就以後者為例，掌控的除了香港的酒店，還有上海及北京等地的酒店，如禮查飯店（Astor House Hotel，現稱浦江飯店）及大華酒店（Majestic Hotel）等。

71 Kaufman, J., *The Last Kings of Shanghai*, 82-83.

72 Kaufman, J., *The Last Kings of Shanghai*.

73 Kong, Y. C., "Jewish Merchants' Community in Shanghai," 50.

74 Kaufman, J., *The Last Kings of Shanghai*, 87-88; Kong, Y. C., "Jewish Merchants' Community in Shanghai," 32.

75 *SCMP*, 26-28 August 1993.

76 艾利‧嘉道理與布力架交情甚深，惺惺相識，關係密切。除了電力生意，二人日後更有多項聯合投資。布力架在 1926 年成為市政局議員，後來又在 1929 出任立法局議員，被視為艾利‧嘉道理政治層面的代言人，亦是輔助羅蘭士‧嘉道理的老臣。布力架的多名兒子，日後亦在中華電力及香港工程建築等公司中擔任要職。見 Kaufman, J., *The Last Kings of Shanghai*, 126-127。

77 同年（1939 年）8 月，羅蘭士‧嘉道理和賀拉士‧嘉道理兩兄弟同獲法國政府頒贈「十字騎士兵團榮譽勳章」（Cross Chevalier of Legion of Honour），揭示法國政府已對他們為社會的貢獻給予了肯定。見 *SCMP*, 9 August 1939。

78 朱蔭貴：〈「孤島」時期的上海眾業公所〉，《民國檔案》，2004 年第 1 期，頁 86-94；

Kong, Y. C., "Jewish Merchants' Community in Shanghai," 197–199.

79　Kaufman, J., *The Last Kings of Shanghai*, 166–167.

80　朱蔭貴：〈「孤島」時期的上海眾業公所〉，頁 86–94。

81　Kong, Y. C., "Jewish Merchants' Community in Shanghai," 119 & 205.

82　早年一些商業名錄指魯賓·伊士奇·嘉道理曾先後在上海江蘇路 29 號及四川路 31A 營業，又曾是一家名叫「太平橡膠」（Taiping Rubber）公司的董事。見 *North China Herald*, 18 April 1925。

83　*SCMP*, 10 May 1941.

84　Kaufman, J., *The Last Kings of Shanghai*, 174.

85　本身乃投資奇才的利希慎，對中華電力的發展一直甚為看好，他在生時持有近 6.3% 中華電力股權，比例不少。可惜，他於 1928 年被殺身亡。見鄭宏泰、黃紹倫：《一代煙王：利希慎》（香港：三聯書店，2011）。家人為了支付巨額遺產稅，被逼出售中華電力股份。見 Cameron, N., *Power*, 86。

86　Kaufman, J., *The Last Kings of Shanghai*, 92.

87　其他董事除了羅拔·施雲，還有何東、布力架（J. P. Braga）和甘普頓（A. H. Campton）等。

88　*SCMP*, 5 December 1930; Cameron, N., *Power*, 99.

89　Cameron, N., *Power*, 94–95.

90　Kaufman, J., *The Last Kings of Shanghai*, 93.

91　有關猶太教堂的創建及沙遜家族歷史，可參考黃紹倫分析。見黃紹倫：〈貴冑浪人：猶太教堂與沙宣家族〉，載鄭宏泰、周文港編：《半山電梯：扶搖直上青雲路》（香港：中華書局，2019）頁 2–33。上層社會流傳，羅蘭士·嘉道理和賀拉士·嘉道理同時愛上了繆麗奧·格貝。二人結婚後，賀拉士·嘉道理決定終生不娶。

92　*SCMP*, 10 November 1938.

93　Kaufman, J., *The Last Kings of Shanghai*, 159–160.

94　*SCMP*, 23 February 1926.

95　Kaufman, J., *The Last Kings of Shanghai*, 179.

96　*SCMP*, 27 February 1940.

97　與上海不同，香港有英國駐守，惟英國防守力遠沒預期中強勁，當日軍由深圳向新界和九龍發動進攻時，竟毫無還擊之力；即使退守港島，亦抵抗不到半個月，時任港督楊慕琦最後要向日軍投降，俯首稱臣。至於楊慕琦向日軍投降的地方，便是嘉道理家族經營，全港頂級、世界著名的半島酒店。戰火爆發前，艾利·嘉道理一直在那裏休養。

98　Kaufman, J., *The Last Kings of Shanghai*, 173–174.

99　Kong, Y. C., "Jewish Merchants' Community in Shanghai," 207; Kaufman, J., *The Last Kings of Shanghai*, 195.

100　艾利‧嘉道理去世前立下遺囑，除了把大部分財產和公司股份留給兩名兒子，亦捐出不少遺產來注入艾利‧嘉道理爵士慈善信託基金，推動慈善事業。見 Sir Eleazer Silas (Elly) Kadoorie, 6 January 1947 – 25 September 1965, HKRS96-1-674, Hong Kong Public Records Office。

101　據說，羅蘭士‧嘉道理曾爭取以「香港九龍及西敏寺城」（Kowloon in Hong Kong and City of Westminster）作為「封邑」名稱，但因「嘉德紋章官」（Garter King of Arms）反對，指香港地位特殊，不能接受，背後原因自然與香港乃中國領土之故，但中文媒體還是笑稱他為「九龍皇帝」。見 Kaufman, J., *The Last Kings of Shanghai*, 269。

102　*SCMP*, 13 June, 9 & 26 August 1981.

第四部分

助人自助

九龍城上帝古廟前世今生 [1]

岑智明、蕭險峰及劉國偉 [2]

前言

　　窩打老道途經亞皆老街及太子道，此段以東是一個醫院群，包括：九龍醫院、香港眼科醫院及聖德肋撒醫院。而在聖德肋撒醫院新翼與舊翼之間，夾着一個毫不起眼的「露明道花園」。公園內保存有一座石門遺蹟，門額刻有「上帝古廟」四字。

圖一：露明道花園的石門遺蹟

圖片提供：岑智明

　　研究上帝古廟的前世今生，始於筆者認識了蕭險峰先生。他是一位舊照片收藏家，專門收集一些 19 世紀的內地及香港的「蛋白」照片。[3] 我們也是因為在一個香港老照片分享平台 Gwulo.com 上交流而認識，之後更一同參加「香港收藏家協會」的活動。2015 年，我們留意到一個於同年 12 月在香港舉行的拍賣會，內容是 Arthur Hacker 先生的遺物，包括明信片及照片，其中一件拍賣品是一部 1923 年風災相冊。蒙各位收藏家承讓，我僥倖投得這本相冊，並在每月的收藏家聚會上將相冊與同好分享。蕭先生立刻留意到相冊內有一幅他心儀已久的照片，是被颱風破壞的一間廟宇，放大可見「上帝古廟」四字（圖二）。我們的第一個問題是：照片中的「上帝古廟」，是否今天在露明道花園的「上帝古廟」？

　　參加同一個聚會的劉國偉先生，立即參與研究這個問題。劉先

圖二：1923 年風災相冊內的一幅照片，可見風災後一間廟宇一片狼藉，屋頂的瓦片大部分被吹走，廟的門額刻有「上帝古廟」四字。
圖片提供：岑智明

生是一位資深文化歷史工作者，也是本地文化及香港歷史文物收藏家，經常駐足歷史檔案館和大學圖書館，找尋歷史檔案及文獻來研究香港歷史。隨後數月，我們三人在工餘時間都不斷研究這題目。結果我們於 2016 年 4 月在《田野與文獻：華南研究資料中心通訊》發表了第一篇論文，[4] 並在 2020 年再整理資料，於《香港皇家亞洲學會年報》（*Journal of the Royal Asiatic Society Hong Kong*）發表另一篇論文。[5] 本文的材料主要根據該兩篇論文，引用相關資料時不另標示。

一、此廟不同彼廟？

直覺上，舊照片中的「上帝古廟」理應是今天位於露明道的「上帝古廟」，但當我們將照片放大，便看見與露明道的門框有不少不同之處（圖三）。第一，舊照片門眉兩旁都有刻字，但露明道的門眉則沒有；第二，兩個門框的對聯不同，舊照片的門聯雖然比較模糊，但隱約可見「座鎮 XXXX 何分 XX　X 崇 XXXX 遍洽華 X」，而露明道的門聯卻是「真義著千秋煌煌氣象　武功超萬古赫赫聲靈」，跟舊照片是完全不同的；第三，露明道的對聯上下有花紋圖案，而舊照片的對聯則沒有；第四，露明道門額「上帝古廟」是凹字，而舊照片「上帝古廟」四字則是凸字。種種跡象都顯示兩個門框不盡相同。

我們進一步翻閱相冊，發現另一張照片中亦有上帝古廟的蹤影（圖四），照片後方清楚看見獅子山，前方則有一輛翻側的啟德汽車有限公司巴士，經比對早年的地圖，可以確定圖中的馬路是前九龍城道，翻側的巴士相信是行走啟德濱與九龍各區。放大照片後（圖五），依稀可見一間二進式的傳統中式廟宇，右邊的金字屋頂形狀

圖三：圖二放大後的上帝古廟門框（左）與露明道上帝古廟門框
（右）之比對

圖片提供：岑智明

圖四：相冊中另一張照片，左邊有上帝古廟的蹤影（見圖五）。

圖片提供：岑智明

圖五：圖四細部放大，可見一間二進式的傳統中式廟宇，右邊的金字
屋頂形狀與圖二的上帝古廟接近。照片右後方亦可見一座西式建築
物，相信是第二代聖三一堂。

圖片提供：岑智明

與圖二的上帝古廟接近。圖五右後方亦隱約看見一座西式建築，位
置與第二代聖三一堂吻合。[6]如果圖五中的中式建築物確實是圖二的
上帝古廟，那麼它的座向與露明道上帝古廟的門額座向便有明顯的
差異。

　　重新細看圖二，照片右邊背景有一座遠山，於是筆者和蕭險峰
便逐一比對附近一帶的山形，[7]發現山脊形狀與鷹巢山相似。參看地圖
並考慮照片的拍攝角度及方向（見圖六），若上帝古廟位於露明道及
其正門面向露明道，不可能拍攝到鷹巢山，反而是會面向昂船洲一
帶（圖六中大箭嘴所示位置）；但若果上帝古廟位於圖六中露明道附
近標示為黑色長方型的位置，即正門面向前九龍城道，則的確能夠
拍攝到鷹巢山在其右側背後。因此，圖二照片中上帝古廟的位置應
該不是露明道，而較有可能在今天譚公道一帶。

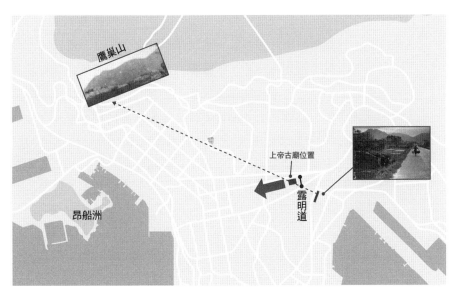

圖六：比較風災相冊中的上帝古廟座向（小箭嘴）和露明道上帝古廟座向（大箭嘴）

二、文獻

　　露明道上帝古廟門框旁，有一塊由國學大師饒宗頤教授撰寫的《九龍古瑾圍上帝古廟遺址闢建公園記》，碑云：

　　　　宋景炎二年春，端宗自惠州甲子門，次于梅蔚四月，幸官富場。嘉慶《新安縣志》云：「官富山在佛堂門內，急水門之東，帝舟曾幸此，殿址尚存。又《官富駐蹕條》引《行朝錄》稱，丁丑四月，帝舟次于此，即其地營宮殿，基址柱石猶存。土人將其址改建北帝廟，今去嘉慶又百餘年，陵谷屢遷，舊日殿址已不知所在。陳伯陶[8]謂廟右有村名「二王殿」，其地亦難確指。……

　　　　……勘以舊圖，似在聖山之西，而北帝廟者，營構徙建，復非

一次。今惟此上帝古廟之存耳。是廟曩有碑，記題乾隆重修馬頭圍北帝廟。蓋自馬頭圍村遷來者，馬頭圍即昔之古瑾圍，或以《新安縣志》北帝廟，與此為一址。雖難論之，惟此古廟相傳已久，且為古瑾圍耆老所崇祀，其地東面蓋宋皇臺，橫亙一二里內，皆平疇田野，漢流浸灌，是為胥宇之廬意，當日君臣倉黃之頃，迺慰迺止，其行在不難於附近求之，則此廟之有助於九龍史蹟之研究可知矣………圍於一九六二年九月一日落成，啟用之日，市政局議員李有璇醫生實司其典禮。倡建園之議於政府者，新會簡又文，而潮安饒宗頤為之記。

雖然碑文中沒有明言此廟即陳伯陶所指，在二王殿村旁的「北帝廟」，[9] 饒宗頤教授在另一部著作《九龍與宋季史料》[10] 則清楚指明露明道上帝古廟即陳伯陶所指的「北帝廟」：

　　九龍露明道（原稱梨雲道）有「上帝古廟」，（即太子道法國醫院之背）遺址堂構已毀，而門額尚存，即陳伯陶所言之上帝廟也。

1960 年 1 月 1 日，《華僑日報》報道簡又文先生有關露明道上帝古廟門框的論證，又刊登簡先生致華民政務司副司長區煒森獻議的原文。[11] 得虧簡先生致函政府倡議，露明道花園和上帝古廟門額才得以保存，今天該石門框是三級歷史建築物。簡又文先生是著名的太平天國史專家，亦涉獵政治、教育、軍事等各範疇，是非常受人尊敬的歷史學家。簡氏亦於 1957 年撰寫《九龍宋皇臺遺址碑記》，於 1959 年立石於宋皇臺花園，他對於露明道上帝古廟的論據是：

　　（一）據嘉慶《新安縣志》〈勝蹟署〉載：宮富駐蹕，宋行朝錄：「丁丑年（即景炎二年……又即西曆 1277 年）四月，帝（即帝昰，

端宗）舟次於此，即其地營宮殿，基址柱石猶存。今土人將其址改建『北帝廟』。宋王台在官富之東，有盤石方平數丈，昔帝昺（應作昰）駐驆於此。台側巨石，舊有『宋王台』三字」。又在同上書「輿地畧」之「都里」內列舉官富巡司內所管之村莊中有「二黃店府」（即二王殿村）。

（二）據東莞陳伯陶（遜清探花）之〈侯王廟碑〉[12] 後有按語云：「按《一統志》稱：『宋行宮三十餘所，可考者四：一為官富場』。《新安縣志》則云，土人因其址建上（應作北）帝廟。今宋王台之東（應作西）南，有村名二王殿，旁有上帝廟，廟後石礎猶存，即其地也」。又在《宋臺秋唱》之〈宋行宮遺瓦歌並序〉云：「官富場宋王臺之東（應作西），有村名二王殿，景炎行宮舊基也。《新安縣志》所稱土人因其址建北帝廟，即此。今廟後石礎猶存」。

（三）黃佩佳 [13] 先生遺著〈九龍宋王臺及其他〉[14] 有云：「二王殿村實居宋王臺之西南，而依二王殿山之麓。昔有居民數百，異姓，李姓較多，皆以種菜為業者。今以開闢市區，該村已夷為平地矣。」

（四）再據對于港九史地夙有研究之吳灞陵 [15] 云：「戰前，彼曾與黃佩佳氏曾到二王殿村故址遊覽，見「上帝古廟」即在其地，並將當時從當地村人采訪所得記錄云：「那山（即二王殿山，又即官富山）腳是二王殿的故址了。這二王殿村，從前村戶約有二十多間，村前有一所上帝廟。在民國十六、七（即一九二七、八）年前，這二王殿村的村戶，才奉令遷徙。村前的上帝廟，也遷往宋王台側的譚公道旁了（即今北帝街附近）」。

（五）考此廟所祀之「上帝」即廟聯首嵌「真」「武」二字，是故《新安縣志》所稱之「北帝廟」，即是此「上帝古廟」，可無疑義。

（六）由以上諸條史料及考證，可以斷定此一「上帝古廟」後及附近之曠地，即是宋末二王殿之遺址。

（七）再據《新安縣志》：「台側巨石」之語，則可知舊刻「宋

王台」三大字之巨石原在台側（此語為巨石非宋皇台之明證，因石在台側，則台必在石側。是故吾人可斷定石側之台亦即石西之「宮殿」，換言之；所謂「二王殿」，實是「宋皇台」之原址也。

綜合簡又文的論據，當中最為重要的有二。第一，是清嘉慶《新安縣志》，[16] 內文記述，二王殿村本為宋帝景炎行宮舊基，當年（即《新安縣志》出版時期）的基址柱石仍然存在，而且被當地人在其址建成「北帝廟」；第二，是陳伯陶在《侯王古廟聖史碑記》中指明在宋王臺 [17] 的西邊有一條名叫二王殿的村落，北帝廟在二王殿村的旁邊，而且當年（即當碑記立於 1917 年時）廟後的景炎行宮舊基石礎仍然存在。但簡先生的第五點論據，即鑑於露明道上帝古廟的廟聯有「真」、「武」二字（見圖三右）來斷定該廟為《新安縣志》所記的北帝廟，似乎有所不足。簡先生的第六點論據也因此站不住腳。

據吳灞陵先生所寫的〈宋皇臺懷舊錄〉，[18] 他曾於戰前在宋王臺（即聖山）（圖七）附近走一趟，尋找《侯王古廟聖史碑記》中所載的宋帝行宮遺蹟。他首先在宋王臺的西南面附近，即譚公道旁，看到一座古廟。廟額用紙蓋上，寫着「北帝古廟」四字，旁有道光八年（1828 年）重修字樣。據廟內的人説，「北帝古廟」四字是廟祝寫來貼蓋在門額的，本來的門額相信是刻有「上帝古廟」四字；北帝的神銜，本為玄天上帝，但廟祝憂慮參神的人見了「上帝古廟」字樣，會誤會是基督教信奉的上帝，所以把它改為「北帝古廟」。吳先生亦留意到廟內有兩口銅鐘，一口已經破毀，另一口尚為完好，是清乾隆十一年（1746 年）鑄造的。

但吳先生認為此古廟不似《侯王古廟聖史碑記》中所載的宋帝行宮遺蹟，他遙望離廟百步的山麓，有幾間破舊的小屋，想從那裏的村民口中打探二王殿村的位置；於是他往那裏走，途中遇上一位七十多歲老人，詢問之下，他説：「那山腳下的田，就是二王殿的故

圖七：20 世紀初的聖山，山上有一巨石，刻有「宋王台」三字。
鳴謝：蕭險峰

址了。這二王殿村，從前村戶約有二十多間。村前有一所上帝廟。在民國十六七年前（即 1927、1928 年前），這二王殿村的村戶，才奉令遷徙。村前的上帝廟，也遷往宋王臺側的譚公道旁了。」從老人的口中所得，吳先生之前所到的古廟，便是從二王殿村遷往宋王臺側譚公道旁的上帝廟。

　　吳先生在文中同時記述（相信亦是該老人的話）：「在二王殿村附近，還有一條馬頭圍村，也在那時奉令拆毀的。村裏也有一所上帝廟，在村被拆毀時，那廟遷往宋王臺之西北，約有里許之遙，至今猶存。[19]」吳先生的結論是：那只是馬頭圍村的上帝廟，不是他要尋找的上帝廟。他更說：「我們聽了這位老人所說的話還不敢相信，再到別的地方，另向土人查詢，所答仍是一樣。才知道這個足以紀念宋王行宮遺址的二王殿村，至今也是煙沒無存！」

　　除了以上吳灞陵先生親身在戰前所作的實地考察之外，黃佩佳先生亦於 1935 年 5 月 9 日在《華僑日報》專欄「新界風土名勝大觀」

清楚記載譚公道上帝古廟的門聯：

　　「北帝古廟」在宋二王臺側，昔二王殿村之宋行宮故址，[20] 建於清乾隆十一年，[21] 廟額有道光八年重修字樣。門聯刻有「座鎮南疆，界土何分新舊；道崇北極，恩膏遍洽華夷」。

　　此門聯正好與相冊中的照片（圖三左）一致，但與露明道的上帝古廟門聯完全不同。此外，根據沈思先生與黃佩佳後人的研究，在黃先生遺留的相冊中找到一張相信是他於 1935 年所拍攝位於宋王臺側的上帝古廟之照片（圖八）。把照片放大後，在門額的位置能隱約見到四個黑色方塊，可能是被廟祝用紙把廟額貼蓋的跡象。照片左邊的山坡與聖山的地形相似。從另一幅於 1920 年代末在聖山山腳拍攝的照片（圖九）亦可見一座兩進式的廟宇，相對於聖山的座向亦與圖八一致。

　　綜合以上吳灞陵和黃佩佳的考察，可以作以下的假定：

　　1. 宋王臺（聖山）側的譚公道在 1935 年或之前曾經有一所上帝古廟（此後稱之為「譚公道上帝古廟」），廟額被紙蓋上，寫着「北帝古廟」。此廟原位於二王殿村前；

　　2. 二王殿村位於宋王臺附近，大概在百步之遙的山腳下的田，村前曾有一所上帝古廟，足以紀念宋王行宮遺址。此廟便是相冊中的上帝古廟（此後稱之為「原上帝古廟」或「馬頭涌上帝古廟」）；及

　　3. 馬頭圍村也有另一所上帝廟，曾遷往宋王臺西北約有里許之遙的位置，與露明道花園的位置吻合。今天在露明道的上帝古廟門額即是此廟的遺址（此後稱之為「露明道上帝古廟」）。

　　以下將分別闡述此三座廟的考證。

圖八：黃佩佳於 1935 年拍攝相信是位於宋王臺側的上帝古廟

鳴謝：黃佩佳後人

圖九：1920 年代末的聖山山腳，右上角可見相信是上帝古廟的一座
兩進式廟宇，相對聖山的座向與圖八的上帝古廟一致。

鳴謝：盧飛

三、考證

1. 原上帝古廟（馬頭涌上帝古廟）

　　根據政府檔案處 1920 年的政府地圖（圖十），[22] 即在陳伯陶寫《侯王古廟聖史碑記》後三年，當時露明道的位置是田野，沒有任何建築物，更沒有廟宇。我們亦翻查過另外兩幅約 1900 年前後繪製的地圖，結果也是一樣。經再三推敲，我們考證原上帝古廟位於宋王臺西南的馬頭涌，前九龍城道旁（圖十右下）。

　　我們的論據有三。第一，E. J. Eitel 在 1895 年出版的《歐洲在中國：1882 年前的香港歷史》（*Europe in China: The History of Hongkong from the Beginning to the Year 1882*）一書（頁 130）中清楚指出：

圖十：1920 年的政府地圖，右下角為推斷原上帝古廟的位置，廟旁的直路便是前九龍城道。

圖片來源：Map of the North-eastern Sector of Kowloon Peninsula, 1920, MM-0223, Hong Kong Public Records Office.

　　… the Imperial troops were encamped for a time on the hill [i.e. Sung Wong Toi] now[23] marked by the inscription, whilst the Court were lodged in a roughly constructed wooden palace erected at a short distance from the beach, on the other side of Matauchung creek, at a place now marked by a temple.

　　（翻譯：……宋帝軍隊在山上（宋王臺），即今天石刻的位置，曾駐紮過一段時間；而木製的宮殿則建造於離開沙灘不遠之處、在馬頭涌河涌的另一邊，即今天一座廟宇的位置。）

　　圖十中推斷原上帝古廟的位置符合 Eitel 的描述。第二，根據一幅約在 1900 年拍攝的聖山及馬頭涌一帶的舊照片（圖十一），隱約可見一座兩進式廟宇在前九龍城道旁，與 Eitel 所描述的廟宇位置、圖十的地圖和圖四中的景物相當一致。第三，我們在政府檔案處尋獲一份 1895 年九龍內地段 K. I. L. 654 號的地契（圖十二）。[24] 地契的內容是香港政府以每年一元的地租租出佔地 2,166 英呎的 K. I. L. 654 地段給上帝古廟的兩名信託人，Chung Fuk（鍾福）和 Ip Lin（葉連）。該地契附有一張地圖界定 Sheung Tai Temple（即上帝古廟）地段的範圍（圖十三），根據此地圖標示 K. I. L. 654 號地段旁的建築物、前九龍城道、馬頭涌河涌和附近海岸線的相對位置，與不同年代的九龍地圖作引證，我們三人證實 K. I. L. 654 地段與圖十中的推斷位置吻合。近期再得到葉贊邦測量師的協助，將圖十的 1920 年地圖疊於 2021 年的地政總署地圖上（圖十四），得出原上帝古廟的位置，是在今天的譚公道 115 號運通大廈（圖十五）。為方便讀者比對，圖十四亦顯示相關廟宇位置及照片拍攝方向。

2. 譚公道上帝古廟

　　根據政府檔案，[25]1920 年代初期，香港政府計劃擴建前九龍城道（其後改名為碼頭圍道，新建的碼頭圍道以北的路段則名為碼頭涌

圖十一：約攝於 1900 年的聖山及馬頭涌一帶的舊照片

鳴謝：蕭險峰

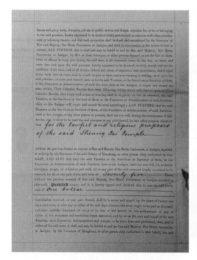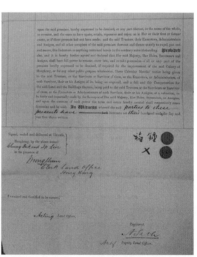

圖十二：1895 年九龍內地段 K. I. L. 654 的地契

圖片來源：K.I.L. No. 654 − Lease, Counterpart, 8 October 1895, HKRS265-11B-1173-1, Hong Kong Public Records Office.

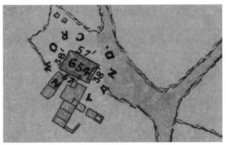

圖十三：界定九龍內地段 K. I. L. 654 的地圖，右圖為左圖的細部放大。
圖片來源：K.I.L. No. 654 – Lease, Counterpart, 8 October 1895, HKRS265-11B-1173-1, Hong Kong Public Records Office.

道）[26]，由於道路擴建後，原上帝古廟會有水浸風險，有關部門遂於 1923 年申請批出位於宋王臺山腳下，宋王臺道和譚公道交界處一塊面積 2,400 平方英呎（K. I. L. 1686）的地段，並賠償 $4,500 作搬遷和重建上帝廟之用，以便收回該地段。有關當局要求原上帝古廟一經接受賠償條款，需於兩個月內遷拆上帝廟並交回土地，及在一年內完成重建工程，賠償金會在拆廟後一個月內付清。從文件記載的賠償日期推測，原上帝古廟不晚於 1923 年 11 月（即風災後約三個月）已被拆毀。目前並未發現新廟的落成日期，不過估計應不晚於 1925 年初，即廟宇交還土地後一年。

　　至於搬遷後的上帝古廟位置，我們在政府檔案處找到界定九龍內地段 K. I. L. 1686 號的地圖（圖十六），[27] 可見此廟確實位於宋王

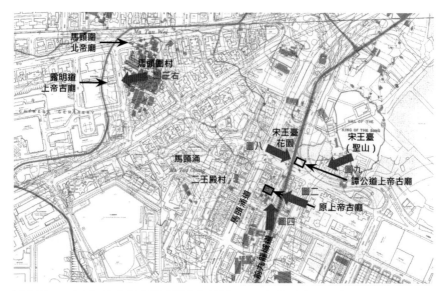

圖十四：1920 年的政府地圖（圖十）疊於 2021 年的政府地圖上
鳴謝：葉贊邦

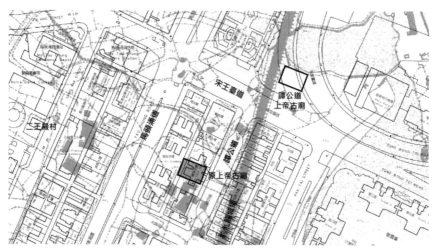

圖十五：圖十四細部放大
鳴謝：葉贊邦

臺道和譚公道交界（位置見圖十四及十五，即今天宋王臺花園旁），正門面向譚公道，因此在本文稱之為「譚公道上帝古廟」。從圖十四亦可見其位置與圖八及圖九的照片吻合。我們亦留意到，圖十六中的上帝古廟所佔的範圍為 38 英呎 5 英吋乘 58 英呎 2 英吋，與原上帝古廟所佔的範圍（圖十三）38 英呎乘 57 英呎非常接近。

到了二戰時期，香港淪陷，日軍為了擴建啟德機場而要開採宋王臺山石。日軍於 1943 年 1 月 9 日找了幾位和尚，做了一回法事，名為「遷座式」。[28] 法事完畢，便馬上動工。由於上帝古廟位於宋王臺山腳下，故此廟也一併拆毀，實在萬分可惜！

戰後，港府鑑於日軍於戰時非法霸佔了不少土地擴建機場，而那些土地已成為機場的一部分，不便交還給原業主，便立法徵收那些土地，並以 1945 年 9 月 1 日的土地市場價格作出賠償。由於上帝

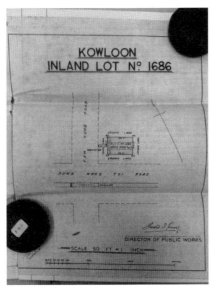 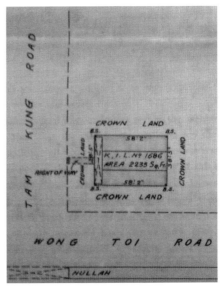

圖十六：界定九龍內地段 K. I. L. 1686 號的地圖，右圖為左圖的細部放大。
圖片來源：K.I.L. No. 1686 – Conditions of Grant, 1923 – 1924, HKRS265-11B-2665, Hong Kong Public Records Office.

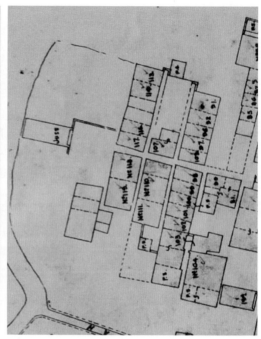

圖十七：1895 年地圖顯示馬頭圍村近九龍邊界有一處標有「Joss」字樣的廟宇，右圖為左圖的細部放大。

圖片來源：Survey of Ma-Tau-Wei, 1895, MM-0045, Hong Kong Public Records Office.

古廟已毀，華人廟宇委員會於 1950 年同意無償交還九龍內地段 K. I. L. 1686 給港府。至少可以追溯至清道光八年（1828 年），甚或建於清乾隆十一年（1746 年）或之前的上帝古廟之軌跡到此終結。

3. 露明道上帝古廟（馬頭圍北帝廟）

　　早期地圖均顯示露明道花園附近一帶只有農田，沒有建築物。不過我們發現香港歷史檔案館一張 1895 年繪製的地圖，卻顯示馬頭圍村近九龍邊界（租借新界前）有一處標有「Joss」的字樣，應該是一座廟宇（圖十七）。[29] 比對 1920 年的政府地圖（圖十），相信該廟宇在圖十四所顯示的位置，離露明道花園不遠，大約相距僅 80 至 90 米。

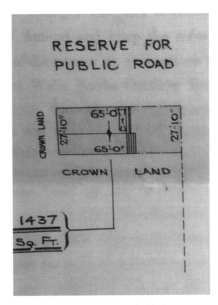

圖十八：界定九龍內地段 K. I. L. 1437 號的地圖，右圖為左圖的細部放大。
圖片來源：K.I.L. No. 1437 – Crown Lease, Counterpart, 13 August 1931, HKRS265-11B-2327, Hong Kong Public Records Office

　　原來港府於 1919 年因計劃興建一條連接九龍城和芒角咀的道路（即今天的太子道），建議徵收馬頭圍村及其附近之若干地段，其中包括一間「馬頭圍廟」。港府於 1920 年 5 月劃出一段土地供馬頭圍村的村老選擇重建該廟。雖然檔案只稱之為「Ma Tau Wei Temple」，不過卻記錄了華民政務司於 1922 年 1 月把錢存入「馬頭圍北帝廟」名下帳戶。檔案亦記載，工務司於 1922 年 5 月發現重建於九龍內地段 K. I. L. 1437 號的馬頭圍廟，其佔地面積達 1,809 平方英呎，較批出的面積 1,500 平方英呎，大了 309 平方英呎，懷疑是該部門當初在現場界定地段範圍時出現偏差，建議政府批准廟宇保留該多出的 309 平方英呎土地。[30] 這段紀錄讓我們知道馬頭圍廟最終遷往九龍內地段 K. I. L. 1437 號。當局於 1931 年 8 月與華人廟宇委員會重新簽署地契，以每年一元地租，租出九龍地段第 1437 號作「北帝廟」之用，為期 75 年，從 1921 年 11 月起計算（估計這便是首次簽署地契的日子）。該地契附有地圖一張，清楚界定該地段範圍（圖

— C 60 —

Table XXXII.

CHINESE TEMPLES FUND.

Statement of Accounts ending 31st December, 1931.

Receipts.	$ cts.	$ cts.	Expenditure.	$ cts.	$ cts.
To Balance...	...	155,538.72	By Maintenance of Chinese Schools in Kowloon City ...	...	4,441.19
„ Rent from Temple Keepers to :—			„ Grants to :—		
Hau Wong Temple, Kowloon City.	22,245.00		Lok Shin Tong, Kowloon City for 1931 ...	400.00	
Kwun Yum Temple, Chewanshan.	890.00		The Kaifong of Hunghom for the expenses		
Pak Tai Temple, Wantsai, ...	1,888.00		of the free school in Kwun Yum		
Tin Hau Temple, Shaukiwan	758.00		Temple, Hunghom	1,200.00	
Tin Hau Temple, Yaumati.	5,900.00		Ngai Lo Shi (ex-temple keeper of the Yi		
Tam Kung Temple, Shaukiwan	1,929.50		Pak Kung Temple, Quarry Bay.)	95.00	
Fook Tak Che Temple, Shaukiwan.......	500.00		Ping Chau Free School	250.00	
To Ti Temple, Shaukiwan...........	30.00		Committee of the Tin Hau Temple, Kow-		
Sheung Tai Temple, Matauchung	358.00		loon City	70.00	
Tam Kung Temple, Sungwongtoi	699.92				2,015.00
Tin Hau Temple, Tokwawan.	165.00				
Pak Tai Temple, Cheung Chau Island ...	3,200.00		„ Expenses for holding theatrical per-		
Kwun Yum Temple, Hunghom.........	4,310.00		formance at :—		
Yi Pak Kung Temple, Quarry Bay.......	748.75		Kowloon City	600.00	
Tin Hau Temple, Ping Chau Island......	466.00		Ma Tau Chung	50.00	
Chuk Neung Temple, Kowloon City......	175.50		Cheung Chau Island	1,400.00	
Tam Kung Temple, Wongneichung......	652.60		Aplichau	850.00	
Tin Hau Temple, Aberdeen	613.75		Shatin	300.00	
Pak Tai Temple, Hok Un, Hunghom......	209.75		Ping Chau Island	121.00	
Che Kung Temple, Shatin...........	2,356.00		Aberdeen	300.00	
Hung Shing Temple, Aplichau.........	1,334.75		Shamshuipo	292.49	
Kwun Yum Temple, Aplichau	415.00				3,913.49
Tin Hau Temple, Wongneichung......	75.00				
Pak Tai Temple, Matauwai..........	22.00		„ Annual subscription to Confucius Society		
Tin Hau Temple, Hoi Chung Shum			for expenses of the Free School at		
Island, Tokwawan	2.00		Yuk Hu Kung, Wanchai	...	520.00
Shing Wong Temple, Bridges Street, ...	500.00				
Mo Tai Temple, Shamshuipo..........	155.00		„ Repairs to :—		
Tin Hau Temple, Shamshuipo..........	216.00		Hau Wong Temple, Kowloon City	2,195.75	
Sam Tai Tsz temple, Shamshuipo......	2,500.88		Chuk Neung Temple, Kowloon City	80.00	
Pak Tai Temple, shamshuipo	100.00	53,911.40	Tin Hau Temple, Shamshuipo	118.00	
					2,393.75
„ House Rents :—					
Property of Hau Wong Temple, Kowloon			„ Refund of security to temple keepers to :—		
City	788.00		Hau Wong Temple, Kowloon City	3,360.00	
Property of Tin Hau Temple, Shaukiwan.	747.12	1,535.12	Kwun Yum Temple, Chewanshan	294.00	
			Fook Tak Che Temple, Shaukiwan	79.25	
„ Compensation & Resumptions from Public			Tam Kung Temple, Sungwongtoi	67.48	
Works Department of :—			Kwun Yum Temple, Hunghom.........	922.00	
			Yi Pak Kung Temple, Quarry Bay	148.75	
			Tam Kung Temple, Wongneichung	130.50	
			Tin Hau Temple, Aberdeen	122.75	
					5,124.73

圖十九：1931 年華民政務司年報中關於華人廟宇基金的收支帳目

圖片來源："Report of the Secretary for Chinese Affairs for the Year 1931," in *Hong Kong Administrative Report* (Hong Kong: Hong Kong Government, 1932), Appendix C, C60, Table XXXII.

十八）。[31] 雖然地政總署網頁裏的地理資訊地圖沒有 K. I. L. 1437 的資料，但該網頁卻標示位於其北面的 K. I. L. 1594 地段確是今天聖德肋撒醫院的一部分。由此證明，今天露明道花園裏的石門，其實是於 1921 年從馬頭圍村搬來的北帝廟遺蹟。[32] 我們也留意到，搬遷至後來露明道的馬頭圍北帝廟所佔的範圍為 27 英呎 10 英吋乘 65 英呎，與原上帝古廟的尺寸（38 英呎 5 英吋乘 58 英呎 2 英吋）有顯著差別，正面的尺寸明顯較窄。

　　至 1930 年代初期，馬頭圍村還有二三百名村民。不過由於政府徵收馬頭圍村作發展之用，村民都不得不遷往他處。廟宇需要村民的奉獻維持，既然村民都遷走了，香火必然不盛，存在價值亦大減。從 1931 年華民政務司年報中關於華人廟宇基金的收支帳目可見，[33] 當年同時載有馬頭涌上帝廟及馬頭圍北帝廟所繳交的金額，分別為 358 元及 22 元，反映馬頭圍北帝廟的香火並不鼎盛。

　　第二次世界大戰時，馬頭圍北帝廟更變成頹垣敗瓦。因沒有重建價值，華人廟宇委員於 1959 年交還該地段給政府。政府原計劃在該地段興建變電站，不過因應學者和市民建議而把該處改建為今天的露明道花園。

　　最後，有一點值得注意是，九龍內地段 K. I. L. 1437 號地契上寫的是「北帝廟」，而且華民政務司報告所載的也是「北帝廟」（圖十九），但石額上刻的是「上帝古廟」。如果該廟名為「上帝古廟」，那便該如馬頭涌上帝古廟般，在地契上也寫上「上帝廟」而非「北帝廟」了。有趣的是，根據政府檔案處保存的 1896 至 1897 年的差餉徵收冊記錄，馬頭圍村內只有一間名「玉虛宮」的廟宇。[34] 故可推斷「北帝廟」從馬頭圍村遷往露明道時，村老於重建期間才把石額改為「上帝古廟」。

結語：哪裏是二王殿村？

　　綜合以上考證，我們可以作以下結論：

　　一，今天在露明道的上帝古廟門額，為一所於 1921 年從馬頭圍村遷來的北帝廟的遺蹟，石額可能於重建期間才改為「上帝古廟」。此廟不是清嘉慶《新安縣志》所載的北帝廟，與二王殿無關。簡又文先生的論證有誤；二，宋王臺（聖山）側的譚公道和宋王臺道交界

曾經有一所上帝古廟，於 1925 年初或之前從馬頭涌前九龍城道旁遷來，在二戰期間被日軍拆毀；及三，原上帝古廟位於馬頭涌前九龍城道旁，至少可以追溯至清道光八年（1828 年），甚或建於清乾隆十一年（1746 年）或之前，於 1923 年 8 月被颱風破壞，並於 1923 年 11 月至 1925 年初之間搬遷至譚公道和宋王臺道交界。基於吳灞陵先生及黃佩佳先生的實地考察，此廟可能是陳伯陶先生撰寫的《侯王古廟聖史碑記》內提及的北帝廟，與二王殿村及宋王行宮遺址有關。此廟亦是 1923 年颱風相冊中的上帝古廟。

至於哪裏是二王殿村的問題，從文獻上分析，《新安縣志》（卷二）〈輿地略都里官富司管屬村莊〉載有二黃店村，並沒有二王殿村。其中一個說法，是部分跟隨宋二王南下的侍從未及跟隨撤離香港，只好在宋帝行宮附近落地生根；他們懷念兩位宋王，故將所居地稱為二王殿村，後怕元朝官吏追究，於是改寫為二黃店村。不過較普遍的解釋是，黃、王二字廣東讀音相同，店、殿則為一音之轉，其實「二黃店村」是「二王殿村」之訛書。而早期的香港地圖，目前只發現一張香港政府於 1863 年繪製的地圖，[35] 在宋王臺西南面標示一處名為「Ye wong lien」的地方，與二王殿的英譯「Ye wong tien」有一個英文字母的差別（「l」跟「t」）。其後在 1920 年的政府地圖（圖十），該處附近只有「Ma Tau Chung」（馬頭涌），而原上帝古廟地契上寫的也是馬頭涌。

筆者準備於《香港皇家亞洲學會年報》發表文章時，發現簡又文先生曾贈香港中文大學文物館一幅《南宋官富行宮圖》（圖二十），[36] 此地圖附於簡又文先生於 1967 年在《皇家亞洲學會香港分會期刊》出版的一篇研究九龍宋行宮的文章，[37] 包括討論二王殿村的位置。簡先生參考一幅 1903 年的政府地圖（圖二十一），發現在宋王臺西南面有一村名為「Un Wan Tun」，他相信這是「二王殿」的譯音，只是因為外籍測量師的語言問題而出現拼法上的錯誤。考慮到此位置

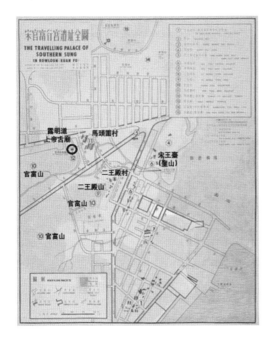

圖二十：簡又文先生繪製的《南
宋官富行宮圖》
鳴謝：香港中文大學文物館

圖二十一：1903 年的政府地
圖，編號 SD1 Sheet No. 6。
圖片來源：Sheet？Villages: Ma
Tan Wai, Un Wan Tun, Ma Tan
Chung, San Shan Hok, Hang Mi
(Map No. 104(8)), HKRS209-4-
6-8, Hong Kong Public Records
Office.

與吳灞陵先生（基於一位老人的口述歷史）所載：「那山腳下的田，就是二王殿的故址了。這二王殿村，從前村戶約有二十多間。村前有一所上帝廟」以及陳伯陶先生在《侯王古廟聖史碑記》的描述「今宋王臺之西南，有村名二王殿，旁有上帝廟，廟後石礎猶存，即其地也」均相當吻合，筆者傾向相信這就是二王殿村的位置。

不過，雖然簡先生的文章亦有引用吳灞陵先生的記錄，但卻忽略了吳先生所載：「在二王殿村附近，還有一條馬頭圍村，也在那時奉令拆毀的。村裏也有一所上帝廟，在村被拆毀時，那廟遷往宋王臺之西北，約有里許之遙，至今猶存。」這裏指出馬頭圍的上帝廟，並不是二王殿村前的上帝廟。簡先生所繪製的《南宋官富行宮圖》（圖二十）亦沒有顯示位於前九龍城道旁的原上帝古廟及搬遷後的譚公道上帝古廟，相信這是他誤判露明道的上帝古廟為《新安縣志》所載的北帝廟和二王殿遺址的主要原因。

順帶一提，簡先生在圖二十除了顯示二王殿村的位置外，還顯示了二王殿山和官富山的位置二王殿山的位置與黃佩佳先生在〈九龍宋王臺及其他〉一文中所載：「二王殿村實居宋王臺之西南，而依二王殿山之麓」是一致的。至於官富山的位置，簡先生在 1967 年的文章裏，認為官富山泛指九龍西部的山（見圖二十），最高的山峰達 405 英呎，在馬頭圍道以西。此説法與阮元於 1822 年纂修《廣東通志》的「新安縣及香港圖」[38] 比較一致，但根據清屈大均所撰的《廣東新語》：[39]「官富山，在新安急水門東，佛堂門西。宋景炎中，御舟駐其下，建有行宮。」認為官富山是指介乎急水門及佛堂門之間的九龍群山，範圍更廣。清嘉慶《新安縣志》[40] 其中一幅地圖（圖二十二）亦粗略顯示官富山在大帽山以東。兩項説法皆有其根據。

最後，本文以一張 1890 年代所攝，九龍宋王臺一帶的照片，配上能夠辨認的山嶺及村落，以茲記錄（圖二十三）。

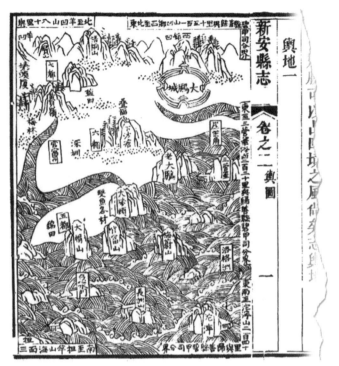

圖二十二：清嘉慶《新安縣志》其中一幅新安縣地圖

圖二十三：從九龍寨城向南拍攝的宋王臺一帶地區，攝於
1890 年代。

鳴謝：蕭險峰

1　筆者衷心感謝藍瑋晴小姐協助整理文稿。

2　由岑智明撰文，蕭險峰及劉國偉合力研究及整理圖文資料。

3　蛋白印相（albumen print），也叫蛋白銀印相（albumen silver print），是第一種可商業利用的從底片在紙上生成照片印刷品的方法，盛行於 19 世紀中至 20 世紀初。見〈蛋白印相〉，《維基百科》，擷取自 https://zh.m.wikipedia.org/zh-hans/ 蛋白印相（瀏覽日期：2022 年 9 月 13 日）。

4　蕭險峰、岑智明、劉國偉：〈九龍城「上帝古廟」原址考證〉，《田野與文獻：華南研究資料中心通訊》，第 83 期（2016），頁 1−17。

5　Siu, H. F., Shun, C. M. & Lau, K. W., "A study of the original site of the Sheung Tai Temple in Kowloon City," *Journal of the Royal Asiatic Society Hong Kong* 60 (2020), 78−114.

6　第二及第三代聖三一堂照片，見〈Holy Trinity Church 聖三一堂〉，Gwulo 網站，擷取自 https://gwulo.com/atom/35668（瀏覽日期：2022 年 9 月 13 日）。

7　蕭險峰先生運用軟件 AutoCAD 及 SketchUp，結合香港舊地圖中的地形資料，製作以不同地點為中心的實景圖像，以作比對。

8　陳伯陶（1855−1930），中壬辰科進士，殿試獲一甲第三名，欽點探花，並授翰林院編修。隨光緒入值南書房。辛亥革命後，他隱居香港九龍城，淡出官場，專心著述，包括《東莞縣志》。其著述對後人的研究提供了寶貴的參考資料。

9　陳伯陶於《宋台秋唱》之〈宋行宮遺瓦歌並序〉云：「官富場宋王臺之東（應作西），有村名二王殿，景炎行宮舊基也。《新安縣志》所稱土人因其址建北帝廟，即此。今廟後石礎猶存」。見蘇澤東編：《宋台秋唱》（香港：出版資料不詳，1917）。

10　饒宗頤：《九龍與宋季史料》（香港：萬有圖書公司，1959），頁 31。

11　〈上帝古廟：石門古蹟保存〉，《華僑日報》，1960 年 1 月 1 日，第四張，第四版。

12　指九龍城侯王古廟內的一塊刻於民國六年（1917 年）由陳伯陶撰寫的《侯王古廟聖史碑記》。

13　黃佩佳為廣東順德人，筆名江山故人，生卒年不詳，香港皇仁書院畢業，任職庫務署公務員，是香港早期的旅行家，喜愛寫作，曾在本地報章發表遊記；對到過的地方均仔細記錄，留下詳細的記載。先後在《華僑日報》和《南強日報》連載多篇專欄文章，包括〈本地風光〉、〈香港新界百詠〉、〈額涼集〉、〈新界風土名勝大觀〉等。

14　黃佩佳：〈九龍宋王臺及其他〉，載簡又文主編、宋皇臺紀念集編印委員會編：《宋皇臺紀念集》（香港：香港趙族宗親總會，1960），頁 98。

15　吳灞陵（1904−1976），20 世紀初年於廣東佛山出生，青年期來港，入《大光報》學習，旋晉身《華僑日報》，由港聞編輯升至編輯主任，兼《香港年鑑》主編。早年從事文學活動，亦是香港旅遊家，是香港旅行團體「庸社」的創社元老。任職《華僑日報》後，

對本土旅遊更為熱衷，先後寫成《香港九龍新界旅行手冊》、《香港風光》、《九龍風光》、《新界風光》、《離島風光》、《今日大嶼山》等。

16 清嘉慶《新安縣志》編纂於 1819 年，見〈《新安縣志》：揭開香港本來面貌〉，香港地方志中心網站，擷取自 https://www.hkchronicles.org.hk/ 志在四方 / 四方修志 / 新安縣志 – 揭開香港本來面貌的主要文獻（瀏覽日期：2022 年 9 月 13 日）。

17 為一致起見，本文統一採用「宋王臺」的名稱，與「宋王台」及「宋皇臺」同。

18 吳灞陵：〈宋皇臺懷舊錄〉，載簡又文主編、宋皇臺紀念集編印委員會編《宋皇臺紀念集》，頁 108。

19 參考地圖資訊，露明道上帝古廟門額在宋王臺原位置（即聖山）西北偏西約 700 米，按 1 華里相當於 500 米計算，與老人所說馬頭圍上帝廟遷往宋王臺之西北約有里許之遙吻合。距離換算見 https://baike.baidu.com/item/ 一里 /6572891（瀏覽日期：2022 年 9 月 13 日）。

20 有關此廟是否「昔二王殿村之宋行宮故址」的問題，黃佩佳在 1960 年出版的《宋皇臺紀念集》中的〈九龍宋王臺及其他〉一文已作交代：「惟今日譚公道之北帝廟，乃因二王殿村開闢市區而改建於此者，時在民國十年間也……今日北帝廟之所在，既非二王行宮故址，則石礎與遺瓦，當不可復得矣。」見簡又文主編、宋皇臺紀念集編印委員會編《宋皇臺紀念集》，頁 98。

21 根據吳灞陵先生的描述，廟內有兩口銅鐘，一口已經破毀，另一口尚為完好，是清乾隆十一年鑄造的。相信黃佩佳是基於此資料而認為此廟建於同年。

22 Map of the North-eastern Sector of Kowloon Peninsula, 1920, MM–0223, Hong Kong Public Records Office.

23 即約 1882 年或之前。

24 K.I.L. No. 654 – Lease, Counterpart, 8 October 1895, HKRS265-11B-1173-1, Hong Kong Public Records Office.

25 K.I.L. 654 – Sheung Tai Temple. Ma Tau Chung – Removal of Temple and Grant of Another Area in Exchange with Cost of Re-erection, 16 August 1923 – 23 April 1928, HKRS58-1-114-21, Hong Kong Public Records Office.

26 當時是名為碼頭涌，而不是馬頭涌。

27 K.I.L. No. 1686 – Conditions of Grant, 1923–1924, HKRS265-11B-2665, Hong Kong Public Records Office.

28 《華僑日報》，1943 年 1 月 10 日。

29 Survey of Ma-Tau-Wei, 1895, MM–0045, Hong Kong Public Records Office.

30 Resumption of Lots in and near Ma Tau Wei Village in Connection with the Mongkoktsui - Kowloon City Road - 1. K.I.L.S. 1433, 1434 & 1435 2. K.I.L. 1437 3. K.I.L.S. 1457-1460, 5 November 1919 – 4 December 1934, HKRS58-1-92-21, Hong Kong Public Records Office.

31　K.I.L. No. 1437 - Crown Lease, Counterpart, 13 August 1931, HKRS265-11B-2327, Hong Kong Public Records Office.

32　雖然未能百分百肯定馬頭圍村北帝廟便是 1895 年地圖標注有「Joss」字樣的建築物，不過可信性極高。因此，本文亦稱之為馬頭圍北帝廟，並在圖十四把它的位置標示為馬頭圍北帝廟。

33　"Report of the Secretary for Chinese Affairs for the Year 1931," in *Hong Kong Administrative Report* (Hong Kong: Hong Kong Government, 1932), Appendix C, C60, Table XXXII.

34　Villages Hong Kong, 1896–1897, HKRS38-2-89, Hong Kong Public Records Office.

35　Empson, H., *Mapping Hong Kong: A Historical Atlas* (Hong Kong: Government Information Services, 1992), 178, Plate 4-1.

36　《南宋官富行宮圖》（紙本，144.7×107.9 厘米，簡又文先生惠贈），藏品編號：1973.1311，香港中文大學文物館。

37　Jen, Y. W. (Kan, Y. M.), "The travelling palace of Southern Sung in Kowloon: A lecture delivered on September 26, 1966," *Journal of the Hong Kong Branch of the Royal Asiatic Society* 7 (1967), 21–38.

38　［清］阮元 1822 年纂修《廣東通志》卷八十三，21–22；卷一百三十，8，香港大學圖書館。地圖中可見官富山位於虎頭山（今獅子山）及馬鞍山以南，在九龍汛之西南，即在九龍半島一帶。

39　［清］屈大均：《廣東新語》（上冊），（北京：中華書局，1985），頁 105。

40　舒懋官修、王崇熙纂：《新安縣志》（清嘉慶二十四年，1819 年版）。

九龍居民協會與九龍醫院

馬冠堯

一、九龍在 19 至 20 世紀初的演變

　　1843 年愛秩序少校（Major Edward Aldrich, 1802–1858）在提交香港軍事藍圖中已提及索取昂船洲和九龍半島對香港島的防衛有重要性。[1]1844 年，歌連臣中尉（Lieutenant Thomas B. Collinson, 1821–1902）在港做全面測量，繪製出香港首張詳細地圖。而他在家書中，曾兩次提及昂船洲和九龍半島：一次是對香港島防衛的重要，另一次是對駐守香港島軍隊的防疫好處。[2]1847 年西摩少將（Rear Admiral M. Seymour, 1802–1887）亦指出，取昂船洲和九龍半島對香港島的防衛和駐軍有利，他擔心若昂船洲和九龍半島落入其他國家手中，會對香港極為不利。[3]1858 年，General Charles T. van Straubenzee（1812–1892）上書軍部，要求清朝政府割讓九龍半島。英國以《北京條約》奪取九龍半島，在昂船洲最北點劃一東西線，該線以南就是九龍半島。

　　由於奪取九龍半島的主要目的是作軍事用途，殖民地部和軍部在發展九龍未能取得共識，談判過程歷近四年。19 世紀，九龍半島大型發展有九龍船塢（黃埔船塢）、九龍貨倉和碼頭、天文台、煤氣

公司和煤磚廠等，民居大多聚落在紅磡、油麻地和尖沙咀，其餘可發展土地大都屬於軍部。一般人視九龍為香港島的郊區，是海浴、射擊和農場種植的好地方。射擊和花展比賽都在九龍舉行。[4] 直至踏入 20 世紀，英國租借新界，九龍半島才開始大規模地發展。1901 年落成的九龍草地滾球會場、1902 年開幕的九龍英童學校（今古物古蹟辦事處）、1903 年供電的中華電力公司、1904 年成立的九龍木球會、1905 年九龍電話駁通、1906 年祝聖的聖安德烈堂和啟用的新尖沙咀天星碼頭、1907 年九龍水塘供水、1908 年九龍貨倉及碼頭公司擴建停泊世界級郵輪碼頭落成、1910 年九廣鐵路英段通車。九龍停泊世界級郵輪的碼頭和九廣鐵路是香港島沒有的，但利及整個香港。九龍人口在 1897 年是 27,158 人，約佔全港人口 11%；[5] 1901 年增至 43,871 人，約佔全港人口 11.4%（除新界）；[6] 1911 年增至 67,497 人，約佔全港人口 10.8%；[7] 1921 年增至 123,448 人，約佔全港人口 19.7%。[8] 九龍居民對政府或大公司的不滿如治安、船期、街燈和衞生等問題都只能通過報章表達。他們最有力的論據是九龍差餉與香港島只有不足 1% 之差，但所得服務卻大有差距。政府資源有限，在分配時受定例局質詢，但定例局議員全都在香港島居住，對九龍半島發展沒有切膚之痛。在這背景之下，九龍居民自然地團結起來，為九龍發展爭取資源。

二、戰前私人組織

香港戰前有不少私人組織，最普遍是與娛樂和體育有關的組織，如維多利亞娛樂會、賽馬會、足球會、遊艇會、哥爾夫球會、木球會和草地滾球會等。其他組織能夠提供今天政府服務功能的，有大會堂（博物館、圖書館和歌劇院）、志願救火隊（消防隊）、人

道協會（消防隊和救護隊）和聖約翰救傷隊（救護隊）等，提供專業意見給政府的組織有總商會和汽車會等。而能夠提供地區意見給政府的組織，則有山頂居民協會和九龍居民協會（Kowloon Residents' Association，下簡稱「協會」）等。總商會和汽車會今天仍存在，渣甸山和又一村居民協會今天仍運作。私人組織對香港的發展起着重要的作用。[9]

三、九龍居民協會源起

19世紀末，一群外籍商人發起要求行政及定例局要有代表性的政制改革，由渣打銀行大班韋克（Thomas H. Whitehead, 1851–1933）帶頭要求行政及定例局議員必須是民選議員，但遭殖民地部否決。[10] 到第一次世界大戰後，英國舉行帝國會議（Imperial Conference，即前殖民地會議），改革殖民地政制，承認殖民地應有帝國聯邦自主地位。印度和非洲開始有政制改革，香港商人借勢重提1894年的要求，今次領軍的是資深大律師普樂（Henry E. Pollock, 1864–1953）。普樂更成立香港憲法革新會（Constitutional Reform Association of Hong Kong）。雖然該會壽命不足十年，但亦成為了香港早年重要的憲法改革歷史。[11] 由於港督梅含理（Francis H. May, 1860-1922）不支持香港憲法革新會的提議，該會要待梅含理走後，才向新港督重提要求，剛巧九龍受颱風嚴重影響，這又是否有利於九龍居民在定例局爭取代表？

1905年，有華人以「九龍華人」（Chinese Kowloonite）之名致函報章。[12] 同年，一群住在九龍的女士組織合作社從英國寄郵包回港，享受大量郵寄優惠。1919年8月22日颱風襲港，天文台掛上當時最高的颱風訊號（七號波），錄得最高風速為每小時84英里，並

在香港西南 150 英里掠過。[13] 天星小輪停航,《南華早報》以「九龍無船、無燈、無報章、無牛奶」來形容九龍的情況,建議政府關心九龍的發展;《德臣西報》對九龍與外界中斷聯繫表示同情;《孖剌西報》亦以九龍與外界中斷聯繫作標題報道。[14]《士蔑西報》提出要改善九龍的供水服務和興建九龍西醫院;加上要推動兩大基建和九龍發展,九龍居民必須要在定例局有一選舉代表。[15]《士蔑西報》更指出,九龍在定例局的代表可與香港憲法革新會合作,與新港督商討爭取席位。[16] 但《德臣西報》則持不同意見,認為九龍定例局代表是地區代表,與英國或上海的市議會(Municipal Council)相似,代表不一定以選舉產生,亦可以是委任的。憲法改革無疑是漫長之路,但九龍有需要在短期內有代表來解決地區問題。[17] 這樣看來,九龍居民有兩個選擇。

1919 年 9 月 4 日,籌組九龍居民大會的霍思(B. L. Frost, 1869－?)選擇在《孖剌西報》撰文表態,批評香港憲法革新會傾向地區性代表的策略,並透露九龍沒有會堂,居民大會要借用九龍聖安德烈堂的禮堂舉行,時間和日子會通知全港傳媒。[18]《南華早報》在同日提出第三個意見,認為九龍有分量擔任定例局議員的人選實在不多,最實際是由議員成立九龍諮詢委員會,定期彙報九龍的情況。[19]

1919 年 9 月 30 日,司徒拔(Reginald E. Stubbs, 1876－1947)抵港上任港督。遮打(Catchick P. Chater, 1846－1926)代表香港向新任港督陳述香港面對的問題有 16 項,第一項是增加醫院,最後一項是留意香港當時的政制和議會的代表性。港督司徒拔在回應時,道出他在殖民地部工作了 13 年,1913 年才轉到錫蘭工作,對香港亦有認識,並與前港督梅含理熟稔,更向他請教了香港的近況;而在他深入了解香港的情況後,便會逐一回應問題。他說在錫蘭工作了六年,習慣向社會不同的領域諮詢意見,特別是聽取不同領域人士

對殖民地所掌握的有利知識。司徒拔更表示，他在港亦會維持此作風，希望社會各界合作。[20]

10月16日，司徒拔在定例局宣讀他上任後第一份財政預算案，在九龍工務工程上，會投放資源於道路和水務工程。他稱未能抽空巡視九龍情況，但將會早日關注興建醫院和改善交通工具等問題。[21]九龍居民從新督的上任演講和在定例局發表的財政預算案中，得悉他會接受社會意見及對九龍發展有了初步認識後，終在12月1日召開大會，商討成立「九龍居民協會」。有122位九龍居民簽名加入協會，同時亦草擬了協會會章。會議決定了協會之目標為：一、改善九龍及周邊地區的居住環境；二、定期聚會以討論改善地區的房屋、照明、警力、交通、衛生和供水等服務，並懇求非官守議員和政府支持；三、根據實際情況，向政府提議在定例局內要考慮有足夠的代表性；四、在有需要時，考慮向政府表明財政預算對地區的影響。會議亦決定了在1920年1月中召開大會。[22]大會於1920年1月20日黃昏在大會堂舉行，而早前籌組九龍居民大會的霍思則被選為主席。

霍思是電訊工程師，任職延續東方電報公司（Eastern Extension Telegraph Company，下簡稱「東延」）。霍思出身倫敦市及行業公會科學工藝學院（City and Guilds of London Institute for the Advancement of Technical Education），1894年往東延新加坡分部工作，1905年轉至東延香港分部。他活躍於青年會和草地滾球會，關心香港英童教育，曾兩次致函港督提出對香港英童教育之意見；他熱愛動物，1921年倡議重啟1903年成立但已不活躍的防止虐畜會。除任九龍居民協會主席外，他亦曾任防止虐畜會、香港工程師及造船師協會之主席。1909年，與任職國家醫院的護士結婚，生下一男；而之前霍思已有二男二女，兩名兒子分別任職渣甸和亞細亞石油公司，一女則嫁商人羅臣（Charles Rowson）之子佐治為妻。

霍思的妻子於 1923 年去世，安葬於跑馬地墳場。

需要留意的是當日大會之上，還有兩大傳媒高層出席：衛理（Benjamin Wylie, 1884-1956）和慶斯（Alfred Hicks, 1883-1937）。前者為《南華早報》秘書，後者為《德臣西報》總編輯。慶斯更被選為委員會成員。日後九龍居民協會的定期會議紀錄和與政府的來往書信，這兩份英文報章亦必有刊登，讓九龍居民參看；其透明度之高，贏得不少九龍居民的支持。而他們亦估計不到，這些報章的報道在百年後，會成為研究協會的一手資料。霍思亦有邀請定例局議員普樂參加並演講，但當天大會唯一缺乏的是官方代表。霍思除解釋成立協會的四個目標外，還列出九龍居民的實質需求，當中即場得到普樂支持的有興建九龍西醫院、街市，和爭取在定例局內要有九龍代表席位。[23]

四、從九龍西醫院到九龍全科醫院

1919 年 8 月 22 日颱風襲港後，《南華早報》指出因九龍沒有緊急服務醫院，當渡海輪停航，緊急病人便無法到香港島的醫院治療。[24]《士蔑西報》在評論港督財政預算時，批評沒有一位定例局議員向港督説出九龍沒有緊急服務醫院的嚴重性，如意外傷者、深夜分娩的產婦和急性病人等的安全和痛苦。建議在財政不足下，可先興建一類似療養院的小型西醫醫院，設 12 張病床已足夠，待財政改善後才再逐步擴建，並希望政府可撥款若干納入翌年的年度開支。[25]在協會成立典禮上，主席承諾會懇請政府興建九龍西醫院，並獲定例局議員普樂支持。

1920 年 2 月 17 日，協會去函輔政司要求政府興建一臨時九龍西醫院，內設 12 張病床，有醫生和護士處理緊急病人，以減低病人痛

楚。[26] 協會成立九龍西醫院委員會跟進，委員會由白連和史華軒（Dr. Balean and Dr. Strahan）兩位醫生及秘書積信（W. Jackson）負責，其中該兩位醫生負責與政府磋商。1920 年 10 月，委員會提交了選址建議，選了深水埗至九龍城跟窩打老道至九龍城兩條道路的交界山丘之上，面積約 20 畝，有發展潛力。工務局反應正面，表示正考慮細節。委員會更提議若工務局工作繁忙，應仿效禮頓山宿舍做法，聘請私人建築師或工程師設計和監工。[27] 政府預留了 50,000 元作為興建臨時九龍西醫院之用。[28] 從協會去函輔政司的第一封信後一年，委員會再促請政府盡快動工，亦重提聘請私人建築師或工程師設計和監工的建議。[29] 1921 年 3 月 1 日，協會再去函輔政司查詢九龍西醫院的動工日期。[30] 與此同時，3 月 3 日的定例局會議上，承諾支持協會爭取興建臨時九龍西醫院的普樂提出了問題：「九龍西醫院何時開始動工？政府有否加快開展工程的步伐？」輔政司回覆現今無法確實開工日期，但有可能在兩月內動工；而當施工圖完成後，便會馬上

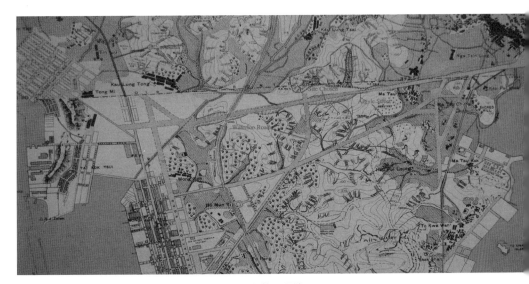

九龍居民協會建議九龍醫院的選址（1924 年九龍地圖）
圖片來源：*Mapping Hong Kong: A Historical Atlas*

招標興建。[31]

　　1921 年 7 月，政府邀請協會派兩名代表參加定例局的工務工程小組會議，商討興建臨時九龍西醫院的細節，得出工程估價為 36 萬元，並計入財政預算案內，估計這是政府早年邀請民間組織參加定例局工務工程小組會議的先例。同年 12 月，協會再去信政府查詢完工日期，政府回覆兩個月後將招標，工程約兩年完成。協會去信政府對再次延誤表示極度失望。[32] 事實上，政府於 1921 年 10 月已交東盛公司（Tung Shing & Co，音譯）動工興建九龍西醫院地盤的整理工程，工程費用為 22,660.36 元，但九龍西醫院的圖則卻仍在籌備中。[33] 1922 年 5 月，輔政司范查（A. G. M. Fletcher, 1878–1954）在巡視九龍西醫院地盤時，主動解釋工程延誤多次的原因是深水埗通往九龍城的路（今亞皆老街）要升高，九龍西醫院地盤水平要降低，好讓轎和人力車能直達醫院門口。

　　曾代表香港社會與英國電話公司主席交手，討論電話加費的著名會計師羅亞旦（Arthur R. Lowe, 1873–1924）[34] 於 1922 年 10 月在定例局質詢為何政府選址後要花兩年半才招標興建九龍西醫院。他指出上月有 49 名外籍九龍居民要入住香港醫院，大部分均是嚴重或緊急病情，多過一位病人險些失去性命。九龍有超過三千名非華籍居民，羅亞旦希望政府能盡快完成工程。政府的回應亦相當聰明，稱醫院五座大樓已刊憲招標建造，[35] 更透露更改九龍西醫院地盤水平是與醫生和協會商討下的成果，因此增加工程費用至 554,000 元。[36] 言下之意，是協會和醫生都有參與更改設計之決定，將延誤責任分擔給社會。第一座醫院大樓是供非華籍居民使用，有三個頭等和四個二等病房，亦設有手術室、藥房和街症房；第二座是供華籍居民，有男女大病房各一個；第三座是醫生宿舍；第四座是護士宿舍。九龍西醫院的計劃還包括低級員工宿舍、殮房和洗衣房，不過要待擴建時才興建。醫院地盤水平再次降低，亦已通知承建商更改。[37] 從計

劃中不難看到協會要求的九龍西醫院已發展至九龍（政府）醫院，供所有九龍居民使用。

　　1923 年 2 月，政府與富隆公司簽訂合約承建九龍醫院，造價為 505,228.80 元，會先建第一和第二座，其餘的留待擴建時興建。[38] 4 月工程展開。[39] 11 月協會根據當時的興建速度，估計工程難於 1925 年底前完成，[40] 協會又因財政預算案內沒有提及九龍醫院，反映出政府不關心工程進度而去信政府表示遺憾。政府則回覆工程將於 1925 年 3 月完工。[41]

　　1923 年 6 月，政府邀請來自美國的瑪利諾修女（Maryknoll Mission of New York）擔任九龍醫院護士，並諮詢了協會，協會當時沒有反對。在 1924 年的周年大會上，此事亦有記錄在報告中，並在會員週年大會上獲得通過。[42] 但一群支持英國民族主義的香港居民致函報章大力抨擊政府的做法，引發整個社會上的英國人也討論此事，及後更演變至請願。協會亦因九龍居民請願而召開會議，委員會通過向政府反映九龍居民的強烈要求。[43]

　　協會致政府的書函寫得非常謹慎，說 1923 年年中協會同意政府聘請瑪利諾修女為九龍醫院護士時，並未能預測到社會有這麼大的迴響；加上協會收到 610 名九龍英籍居民的請願，又鑑於協會內的會員並非全為英籍，而是有不同種族的，為避免內部分裂，協會不能有立場，只能如實向政府反映九龍居民的強烈要求，懇請政府考慮。《南華早報》在見到該書函後同情協會之處境，評讚了協會的做法。[44] 政府受到群眾壓力而被迫放棄計劃。[45] 有關事件可參看朱益宜的著作。[46]

　　協會於 1925 年集中精力爭取九龍醫院的運作服務，如私家醫生可診治九龍醫院內的病人，以及可使用九龍醫院的產房、X 光機和實驗室等設備。[47] 由於九龍醫院是以政府模式運作，醫生和護士等醫護員工皆為公務員。但其實協會最早是要求以療養院模式運作，並

容許私家醫生進入九龍西醫院延續照顧病人的，而九龍西醫院設有產房，亦是協會最早期的主要訴求。因此，事實是在九龍醫院還未啟用前，協會便已努力爭取，關於容許私家醫生進入九龍西醫院延續照顧病人的要求，其實早於 1920 年霍思已訂下此為爭取目標；而定例局議員普樂在 1921 年財政預算辯論時亦曾提出，並獲當時輔政司范查確認。[48] 但政府以療養院轉為醫院模式運作為由，堅持不容許私家醫生進入九龍西醫院延續照顧病人這要求，這做法被《孖剌西報》評為「不守承諾」。至於爭取產房的要求，政府回應擴建時會有產科大樓。

協會在 1925 年周年會員大會上，記錄了他們有三點不滿且要繼續爭取的事項：一、容許私家醫生進入九龍西醫院延續照顧病人；二、增加頭等和二等病床；三、安排宿舍供接生的醫生和護士等醫護人員居住，好讓產科大樓啟用時可馬上接收產症。[49] 協會亦將這些觀點去函政府，但政府繼續堅持以往的解釋，稱第一點在運作上不可能，而頭等房現已有四張病床，必要時可多加兩張，並在非常緊急及特殊情況下，九龍醫院可接收產婦，因護士有婦產科文憑。而就着容許私家醫生進入九龍醫院延續照顧病人和接收產婦這兩項要求，協會和政府在 2 至 7 月互通書信數次，但未能有任何成果。[50]

幾經波折，九龍醫院終於在 1925 年 12 月 21 日開幕。全院共有 44 張病床，供華人使用的有 28 張，非華人有 16 張，並分三級，由史摩利醫生（Dr. J. T. Smalley）掌管，有四位英籍護士，之後將加至八位。定例局議員何理岳（Percy H. Holyoak, 1874–1926）於八日後在立法局為協會發聲，提出了兩個問題：「一、請問政府在九龍醫院預留了甚麼措施供產婦使用？二、政府可否改變初衷，容許私家醫生進入九龍醫院延續照顧病人？」政府回覆九龍醫院並沒有預留措施供產婦使用，但在緊急情況下，如颱風襲港，九龍醫院會接收產婦分娩，而產房大樓將包括在日後擴建計劃中。同時，政府亦堅

九龍醫院 A 座病房大樓，攝於 2015 年。
圖片來源：nixonw@Geocaching
鳴謝：Nixon Wong

持不考慮容許私家醫生進入九龍醫院延續照顧病人。何議員指出，
接收產婦分娩不應根據天氣而是應按情況及病情需要，但九龍醫院
沒有產房大樓，定例局看來從不知情，故促政府修訂緊急接收產婦
的分娩標準。港督金文泰（Cecil Celementi, 1875-1947）護航，與
何議員唇槍舌劍，[51] 盡顯辯論本色。

　　九龍醫院建築費最初估計約 60 萬，後因地盤改低 40 呎致面積
由 3.75 畝加大至 6.25 畝，加上改善了醫院設施，最終「埋單」要
914,176 元，因此政府在 1926 年 4 月向定例局申請加撥款項。普樂
問了一個尖銳的問題：「政府在花這龐大公帑前，有否知會財務委員
會？」政府回答，財務委員會有巡視地盤。[52] 在差不多同一時間，協
會收到一宗投訴九龍醫院的個案，於了解事情始末後，協會將事件
轉介至主任醫生但未獲調解，事主直接向港督投訴，政府成立了調
查委員會。協會於 6 月收到調查委員會報告，認為投訴得值，向事

主表示遺憾，並考慮修改法例，以加強保護病人權益。而在 8 月的定例局會議上，高泉醫生（Dr. W. V. M. Koch）重提政府之前答允過容許私家醫生進入九龍醫院延續照顧病人的承諾，政府卻回覆指從沒有承諾過。[53] 但政府於 1925 年底則曾承諾將會興建產房大樓。

1925 年發生「省港大罷工」，港督司徒拔當時剛六年任滿，於 10 月離任，之後由精通中文的金文泰於同年 11 月接任。金文泰修讀南非語言（Sanskrit），是個語言天才，畢業後來到香港，1907 年已升至助理輔政司，是中文考試委員會成員；1913 年任新畿內亞輔政司，後任錫蘭輔政司。省港大罷工將香港僱主和僱員推至對立面，殖民地部看中金文泰精通中文，派他修補香港華人和非華人的裂痕，確實是明智之舉。金文泰告別錫蘭時，已在皇家亞洲學會（Royal Asiatic Society）發表過「研究中文科學化」一文；[54] 到港後數個月，首次在香港大學畢業禮上演講時便「大拋書包」，大談中國語文及其教育，並禮貌地請文學院協助培訓高級公務員進修中文。金文泰說，公務員和傳教士都懂中文，但商人不懂，那才有買辦制度；而當商人學懂中文後，不但盈利上升，更可促進友誼，加強雙方合作信任，故鼓勵在港商人學習中文。[55]

香港大學中文學院於一年後成立，為香港政府培訓高級公務員進修中文。由皇仁書院借調到港大的宋學鵬（1882–1962），是著名熟悉中英兩語的高官中文老師，他以英文撰寫的錦田歷史，至今仍是該範疇的主要參考文獻。八日後，香港外籍西醫協會宴請華籍西醫參加其晚宴，金文泰演講時說：「香港的前途繫於華洋社會誠心合作，要衷心合作，華洋必先要互相理解和尊重對方的理念和生活模式，最好不過便是從友誼的社交開始。」他希望見到有更多社團接二連三地舉辦這類華洋社會的合作活動。[56] 金文泰亦在總商會周年大會上談及粵港合作的重要性，並希望香港能有和諧會（Concord Club），顯示華洋合作和諧。[57] 皇家香港賽馬會開始容許有華人會

員，何甘棠的愛駒「甘棠弟」於 1927 年更為華人馬主奪得首個獎項。[58] 這股強勁的華洋合作之風亦吹入協會，1926 年度的委員會首次有華人委員。金文泰於 1929 年改革定例局，[59] 委任了兩名九龍居民布力架（José P. Braga, 1871–1944）和曹善允（1868–1953）入定例局，[60] 因此，九龍居民便有了代表，協會向政府爭取改善九龍醫院的責任亦分了部分給這兩位定例局議員。

在承諾擴建九龍醫院時興建產房大樓一事事隔三年多後，政府刊憲招標建造九龍醫院產房大樓地盤整理工程，[61] 1929 年 10 月交文鏡公司（Man Gang & Co.，音譯）營造，建造費 35,936 元。[62] 廣華醫院產房大樓開幕後，建造九龍醫院產房大樓工程才於 1930 年 12 月交予生利公司（Sang Lee & Co），建造費為 163,353.48 元。[63] 地盤整理工程於 1931 年 4 月完工。[64] 而到 1932 年 2 月底，產房大樓才完工。[65] 六年前九龍醫院開幕時，協會指其規模不足而表示遺憾；1932 年產房大樓完工，但大樓卻要暫作普通科之用，協會首位華人主席鍾茂豐在卸任前指出九龍醫院產房大樓落成了，卻仍未能接收產婦分娩，實在是總結出協會 12 年來艱苦之路的心聲。[66] 此時，九龍人口已增至 36 萬，是十年前的三倍，九龍醫院早有人滿之患，而產房設備卻未能接收孕婦，最終協會在別無選擇下，支持政府將產房大樓暫作普通科大樓使用，待擴建時才再考慮開放產房大樓。

身兼葡人和九龍人代表的定例局議員布力架，於 1932 年 1 月在定例局向政府查詢擴建九龍醫院的情況，並表示九龍人口劇增，傳染病流行，擴建工程實在不可再延誤了，並問有何措施解決九龍急症病人。但政府卻不認為有問題存在，因為已有一艘緊急救護船投入服務。[67] 政府於同年 7 月刊憲招標擴建九龍醫院，工程包括興建病房大樓、護士和醫生宿舍。[68] 工程交東山公司營造，建造價 326,354.30 元。[69] 1934 年，三棟建築皆落成，和以往一樣，協會繼續跟進兩大訴求：開放產房，以及私家醫生可進入九龍醫院延續照顧

病人，但卻仍然落空。唯一的好消息是 4 月時已刊憲招標興建門診大樓。[70] 協會欲去信政府繼續表達該兩大訴求，7 月協會收到消息指九龍醫院產房大樓頂樓將預留作私家醫生延續照顧九龍孕婦之用，爭取多年的訴求，總算有部分實現。[71] 1935 年，協會主席李佐之報喜，終於有嬰兒於九龍醫院出生，還要是孖胎。[72] 李主席「腳頭好」，九龍醫院門診大樓又接踵落成，協會爭取興建九龍醫院終告一段落。

五、兩位另類華人主席

港督司徒拔到港演說的一句話，引發了協會的成立，其繼承人金文泰到港演講中一句「華洋合作」，協會就首次有華人加入委員會，他們乃同是居於啟德濱的曹善允、黃廣田（1879-1936）和黃炳

九龍醫院門診部，攝於 2015 年。
圖片來源：nixonw@Geocaching
鳴謝：Nixon Wong

耀（1875-1967）。[73] 在周年大會上，鍾茂豐發言時説感受到協會是
誠意邀請華籍九龍居民加入委員會，地區利益再無分華洋，因此早
前欲成立九龍華籍居民協會的念頭亦已取消；而華洋合作，共同為
九龍的利益努力這段話，更得到出席會員叫好，[74] 相信港督金文泰也
甜在心頭。幾年後，鍾茂豐成為協會首位華人主席。二戰前，協會
誕生了三位華人主席：鍾茂豐、李佐之和林銘勳。本文選取了兩位
深受西方文化影響的華人主席鍾茂豐和李佐之作簡單論述。

鍾茂豐

　　鍾茂豐的英文姓名是 Frederick Charles Mow Fung，人稱茂豐先
生（Mr. Mow Fung）。「茂豐」其實是他父親的本名。其父親鍾茂豐
之英文姓名是 Chung Mow Fung，但在前往澳洲謀生時，因外國人
將姓氏放在名字之後，所以入境處誤以為他姓茂豐，名鍾，因而改
了他的姓氏為「Mow Fung」。鍾茂豐，又名鍾有德、鍾修日，1882
年出生於澳洲嘉林邊（Grampian）的史他威（Stawell），約 1895 年
來到香港。1904 年在 Mutual Store 公司做代理澳洲入口的牛油和蘇

鍾茂豐

格蘭多信（Dawson）威士忌的工作，1910 年轉職到另一公司代理威爾斯的域斯咸啤酒（Wrexham Lager Beer），1913 年成立鍾茂豐公司，1924 年任職 Bankers & Co. Ltd. 助理，1937 年轉到 The Globe Trading Co. 工作，1940 年退休。

鍾茂豐是協會 1931 至 1932 年度的主席，他於 1927 年加入協會委員會，1929 年黃炳耀讚揚鍾茂豐過去一年在委員會所付出的精力和能幹表現，且在九龍居住多年，熟悉九龍事務，因此建議他任協會副主席，並獲大會通過。[75] 在祝賀曹善允和布力架兩位九龍居民獲委任為定例局議員的大會上，鍾茂豐代表九龍華籍居民發言。[76]1930 年，鍾茂豐原本可任主席，但由於總總原因，他只允諾繼續副主席的職務。[77]1931 年，鍾茂豐得到兩位前主席推薦任協會主席：莊士頓牧師（Rev. J. Horace Johnston）讚他演講流利、具務實智慧和領導效率；衛理加說除上述外，他謹慎理智，理應成為首位有影響力的華人主席。

鍾茂豐接任主席時發言，認為協會過去運作暢順，他會蕭規曹隨，誠懇地追求合作，和提出有建設性的意見給政府去改善九龍居民的利益。他知道這做法自然有投訴和批評，但他會謹守絕不吹毛求疵，不帶有敵意的批評，亦不會人身攻擊。他把致政府的書信和政府的回覆公開，繼續保障九龍居民協會的聲譽。[78] 他會成立小組跟進兒童遊樂場、農業展覽、防止虐畜、游泳場、郵政局和交通的改善工作。[79] 鍾茂豐卸任時，漆咸道兒童遊樂場設施有所改善，巴士服務少了投訴，天星碼頭交通樞紐亦已開始改善。而九龍醫院、郵政局大樓和九龍塘發展則要留待下屆委員會跟進。[80]

鍾茂豐卸任後，便立刻代表九龍居民協會參選潔淨局選舉。[81] 港督軒尼詩（John P. Hennessy, 1834-1891）在任時強行採用旱廁，量地官裴樂士（John M. Price, 1841-1922）和醫官艾利士（P. Ayries）熟悉民間處理糞便的方法，是習慣把清理夜香桶（即糞便

桶）的污水排入雨水渠，污水繼而再排出大海。但雨水渠不是密封管道，因此導致臭氣熏天，衛生情況惡劣。裴樂士和艾利士將國家醫院的水渠築成密封管道，污水經這些管道排出大海，大大改善了衛生情況，但這卻遭軒尼詩指責違反了使用旱廁命令。事件上達至殖民地部和國會，軍部醫官在國會支持裴樂士和艾利士的做法，殖民地部被迫聘請衛生工程師翟維克（Osbert Chadwick, 1844–1913）到港了解實況，並寫下著名的《翟維克報告》。港府根據該報告於 1883 年成立潔淨局，議員全是官方成員。1888 年 5 月，政府允許局內有兩名非官守議員，由差餉繳納者一人一票選出。協會於 1920 年派出奇勒（J. C. Clarke）參選，挑戰當時的精英亞蘭巴士打（Chaloner G. Alabaster, 1880–1958），奇勒最後以 164 對 191 僅輸。而 1927 年的布力架和 1930 年的巴士圖（R. A. de Castro Basto, 1898–1980），也都自動當選。

　　1932 年，鍾茂豐挑戰精英李樹芬醫生（1887–1966），是名副其實的中產挑戰精英之選舉。李樹芬醫生獲華洋精英周壽臣爵士（1861–1959）和普樂提名，鍾茂豐則得協會兩位前主席羅渣牧師（Rev. W. Walton Rogers）和谷加（E. Cock）提名。羅文錦律師更撰文報章公開讚揚李樹芬而批評鍾茂豐。[82] 在報章支持鍾茂豐者除協會人士外，主要是推動公民精神（civic spirit）的讀者，當中更有遊客。選民有 2,355 人，其中 1,662 人是陪審員。陪審員組別投票率是 36.5%，餘下投票率是 71.7%，總投票率為 47%。最後鍾茂豐得票 161，李樹芬得票 935，鍾茂豐慘敗，[83] 反映當時社會推崇精英代表。鍾茂豐對協會感情深厚，在二戰後首次重開的會議上，透露不同的日軍曾三次霸佔其居所，幸好他儲存的協會紀錄副本大多能尋回，當中只失去了 1936 年 6 至 7 月的會議紀錄。最後一次會議紀錄是 1941 年 12 月 5 日。此外，1923 至 1940 年的周年大會報告，當中只欠 1920 至 1922 年。[84]

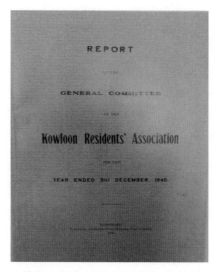

九龍居民協會 1940 年的周年大會報告

　　鍾茂豐亦曾參與輔警服務。第一次世界大戰爆發後，香港不少英人回國服兵役，導致警隊人手流失嚴重，政府於是在 1914 年立法成立特別後備警察（Special Police Reserve），[85] 其下有華人組。[86]1916 年 8 月，特別後備警察於皇子行成立總部協會（Headquarter Club）。[87] 當時特別後備警察主要是當夜更，從黃昏 6 時巡邏至深夜 12 時，每晚 60 人值班。1917 年改名後備警察（Police Reserve）。[88] 華人組委員會有韋玉（1849–1921）、劉鑄伯（1867–1922）、黃廣田（1879–1936）、周少岐（1863–1925）、馮平山（1860–1931）和鍾茂豐等。[89] 鍾茂豐於 1917 年 12 月破偽造案獲嘉獎。[90]1919 年大戰結束，正規警察陸續回港，輔警工作減少至停止。[91]1925 年大罷工，社會動盪，正規警察不足，政府招募特別警察（Special Constable），華人由曹善允、黃廣田、黃炳耀和鍾茂豐負責管理。鍾茂豐掌管華人特別警察，[92]1927 年特別警察轉為有 70 人的後備警察華人組，[93] 鍾茂豐任後備警察華人組助理處長

1938 年，鍾茂豐曾租出嘉林邊道物業作聖經學院。現為伯特利神學院。

鳴謝：伯特利神學院

（Assistant Superintendent of Hong Kong Police Reserve, Chinese Company），[94] 1930 年任後備警察緊急組助理處長。[95]

　　鍾茂豐是虔誠教徒，１９０２年出任聖士提反堂詩班長和司琴，[96] 1906 年主持中華基督教青年會華人組會議，[97] 1937 年租九龍城物業給中國基督教播道會侯王堂（即戰後的恩泉堂），1938 年出租嘉林邊道物業予教會開辦聖經學院。日治時，香港心光盲人院被日軍佔用，鍾氏無條件讓心光盲人院全體員生遷住上水古洞「白屋」。[98]

　　鍾茂豐是共濟會兄弟，是聖約翰社師傅（Right Worshipful Master of Lodge St. John），曾是香港及華南區高級大執委（District Grand Senior Warden of the District Grand Lodge of Hong Kong and South China），也是中國社師傅（Master of Cathay Lodge），曾任雍仁會館基金委員會（Board of Zetland Hall Trustees）成員多年。[99] 戰後雍仁會館管理委員會於 1945 年開會，鍾茂豐被選為秘書。[100] 他積極參與雍仁會館的戰後重建，[101] 也參與聘請新員工的事

務。[102] 他亦關心重整蘇格蘭各社。[103] 可惜雍仁會館入伙不足一年，鍾便與世長辭。戰後，另一公益慈善團體扶輪社第 96 區在港重開會議，該區當時有八個社，包括香港、廣州和澳門等，於 1947 年 2 月考慮並在同年 8 月通過議程，支持成立第 9 個扶輪社：九龍扶輪社。[104] 九龍扶輪社於 1948 年 2 月 6 日成立，主席為中華電力公司經理格拉模（F. C. Clemo, 1897–1975）。他當時亦是協會主席，並承諾兩會會緊密合作，所以協會內的扶輪社會員都被邀請加入成為九龍扶輪社創會會員。九龍貨倉和碼頭公司買辦黃錫權、九龍巴士公司董事雷瑞德和鍾茂豐等都在被邀之列。[105]

鍾茂豐是乙丑和丙寅年（1925/1926 和 1926/1927）廣華醫院總理。丙寅年正月初八（1926 年 2 月 20 日），廣華醫院在醫院大堂舉行開年聚餐，邀請員工仝人出席，是首次有女士參加開年聚餐。兩位外籍女醫生喜靈（Hickling）和文妮（Minnett），以及兩位華籍護士潘韻珊（Poon Wan Shan，音譯）和黃淑芹（Wong Shuk Kan，音譯）亦有被邀請參加。餐桌以往是中式圓枱，今次卻改用了西式長枱，但飯菜仍是中式，唯上菜時已分好一人一碟，不像中式上菜那樣由主人家帶領下一同舉箸夾菜餚和自訂分量，可見醫院將中西飲食文化融合，不知道當時是否稱之為「香港式飲食」模式？

廣華醫院董事會主席黃仲彝以華文發言，並由李耀祥（1896–1976）負責翻譯，交代醫院業績。鍾茂豐以副主席身份向嘉賓致詞，強調董事會與員工合作無縫，特別是醫護人員，他特別高興去年看到如此誠懇的合作態度。鍾茂豐雖無意點名稱讚任何人，但亦不能不提喜靈醫生，因她特別關心廣華醫院培訓護士的工作，過去一年便有六名護士考獲護士專業資格，包括當時在座的黃淑芹亦已成為廣華醫院的護士長，並投入協助培訓護士的工作。這喜訊不但可令更多本地女士投身專業護士行列，亦是對華人的鼓舞。鍾茂豐希望廣華醫院繼續這佳績。[106]

　　協會於 1921 年已提交九龍巴士服務計劃給政府，當中有七條行車線及其班次之建議。[107] 政府大致接受，並考慮招標落實九龍巴士服務計劃，但可惜當時政府亦正在考慮九龍電車計劃，最終九龍巴士服務計劃落空。[108] 九龍巴士服務由私人公司各自經營，導致九龍居民對服務水平不滿。1926 年，啟德汽車公司因此而邀請了鍾茂豐擔任秘書，意圖改善服務。鍾茂豐作了以下重大改革：一、改善汽車性能，如機頭和車胎等；二、安排與其他汽車公司合作制定永久巴士站和安裝巴士站牌，費用由各公司平分；三、有了永久巴士站，汽車可減低用油和車頭勞損，並可訂出車期和班次；四、當巴士滿座時，要通知候車乘客巴士是不停站，而不是「飛站」。鍾茂豐和九龍警務處長貝靈咸（D. Burlingham）共同想出以紅色牌寫上「滿座」二字安放在巴士前方當眼處。[109] 戰後鍾茂豐與利銘澤（1905–1983）等人成立九龍的士運輸公司，其個人亦擁有九龍人力車公司。[110] 鍾茂豐對九龍交通無疑是有一定的付出。

　　鍾茂豐於 1920 年代發展九龍城，1925 年被控未經許可在他人之石礦場採石，雙方弄上法庭。鍾茂豐自辯因現場石礦牌照界限模糊，故並非有意過界開採，而事後亦有記下採了 165 元的石。法官相信他的證供，提議鍾茂豐賠償當事人 165 元石錢加 100 元損失，合共 265 元作庭外和解，雙方同意結束糾紛。[111] 他發展的地域是現今嘉林邊道一帶，而嘉林邊道 45–47 號（N. K. I. L. No. 1382，即今嘉林邊道與東寶庭道交界），他則留給自己。嘉林邊是鍾茂豐出生的地方，故相信嘉林邊道是他提議命名的。[112]

　　鍾茂豐熟悉租務條例，戰後曾任租務審裁處小組主席。布力架當年發展渣甸山，他也有入股參與，但實質上已退休。1944 年他遊西江，外遊前立下遺囑，受益人有：伯特利神學院藍如溪院長、人力車和九龍的士生意由六人平分、痲瘋病協會。1949 年遊位於澳洲的出生地，他外遊前亦有立下遺囑，受益人如下：布力架（Hugh

Braga）等管理基金、伯特利神學院、那打素醫院（倫敦傳道會）、養子及養女。遺產約數如下：現金約 30,000 元、股票（中華電力公司、香港電燈公司、九龍的士公司、香港家居房屋投資公司）、深水埗人力車廠、嘉林邊道 45–47 號之地段、上水古洞白屋物業，合共30 萬元。19 世紀出生的華人甚少於外遊前訂立遺囑，因怕不吉利，而華人亦甚少將遺產分給遠親或團體。鍾茂豐於 1950 年 9 月 22 日返港，1950 年 10 月 5 日在九龍楓樹街 23 號寓所（今楓華樓）因腦出血去世，享年 68 歲，安葬於九龍基督教華人墳場。

李佐之

李佐之是 1935 年度主席，1888 年生於悉尼，祖籍香山，父親李益輝（R. G. Lee；Li Yik-fai，音譯），又名李寶（Li Po，音譯）。母蕭氏，在越南接受音樂教育，操流利法語，曾任安南貿易公司（Indo China Trading Company）經理、西貢華僑銀行（Overseas China Bank）會計師和河行（Ho Hong Co.）秘書。1921 年 12 月6 日，周壽臣長子周日光與李佐之的胞妹李澤瑜在香港聖約翰座堂大婚，李佐之任主婚人。[113]

李佐之上任協會主席時因事未能出席。在任期間，九龍醫院產房大樓啟用。他亦建議重造窩打老道於亞皆老街以南一段（至彌敦道）之路面，除去路面上不平的地方，以減低危險。此外，當時瘋狗症肆虐，他更倡議政府為狗隻打疫苗。而當政府成立旅遊會，協會表示有興趣參與。

李佐之是香港著名男高音，香港電台播音室開幕時，他的現場演出獲好評。[114] 他經常在演唱會和電台演出，並能以法文、意大利文和西班牙語演唱。他亦曾為聖約翰救傷隊、協恩學校、中華青年醫療會義唱籌款。[115] 他組織香港音樂會，港督任會長，修頓夫人任主席。[116] 李佐之熱心公益，組織中華痲瘋救濟會香港分會，曾招待總幹

事鄔志堅牧師在家中開會。[117]

　　1928 年，李佐之丁母憂，元信、佐之、日明（時敏）、登見和務本五兄弟同出告示。[118]當中李時敏（James Zee-min Lee）最為人熟悉。李時敏就讀於聖士提反書院，曾挾策於美國舊金山南加尼福尼亞大學，並任華人學生會會長。李時敏與蔣介石關係密切，曾教授蔣介石英文。他於 1933 年為好萊塢美高梅公司電影《狗房謀殺案》（*The Kennel Murder Case*）演出配角，相信是香港甚至是首位男性華人在好萊塢拍電影。1934 年 1 月，九龍平安戲院開幕，是當時全港最大的戲院，結構跨度全港最大。同年 4 月，《狗房謀殺案》就是在平安戲院上映，電影廣告以李時敏為賣點。好萊塢欲以諾貝爾文學獎得主賽珍珠（Mrs. Pearl S. Buck）的《大地》（*The Good Earth*）拍成電影，所以請了李時敏為助理技術顧問。這片最初傳出以首位在好萊塢拍電影的華人女星黃柳霜（Anna May Wong）為女主角，黃柳霜因此初返中國，並兩度訪港，與李佐芝和東華主席冼秉熹等人會面，但可惜最後黃柳霜未能出演女主角。《大地》上演一波三折，當中涉辱華片段，後經胡適和林語堂等人調解，才能上畫。香港延至 1937 年 11 月才在娛樂戲院上映，港督羅富國伉儷為座上客。翌年，賽珍珠的《大地》獲諾貝爾文學獎。香港人雖看不到黃柳霜主演《大地》，但他們可觀看由白燕和胡楓於 1956 年主演的《元配夫人》。

　　戰後李時敏定居香港，於 1950 年出版了《中國集錦》一書，由《南華早報》的東方出版社發行。李時敏出身名門，活躍於上層社會。他是扶輪社活躍會員，經常以自己拍攝的幻燈片講述北京和長城。他又在女青年會和麗的呼聲講演中國音樂和習俗。他在中國婦女會周年舞會上任司儀，亦曾在香港大學女子學生會朗誦莎士比亞名劇。在香港兒童協會周年舞會上，他坐在港督伉儷的主家席上。香港紅十字會舉辦捐血運動，邀得粵劇名男花旦陳非儂和他的養女

「影迷公主」陳寶珠表演，李時敏是香港紅十字會公共事務委員會成員，故亦成為坐上客。李時敏是弱能兒童護助會創會會員，並曾任中英協會副主席。他熱愛話劇，創外國人演中劇，連港督柏立基伉儷也是座上客。

李時敏收藏了不少明清佛畫，並曾在大會堂展出。1968 年 10 月 25 日，李時敏在家中去世，享年 66 歲，10 月 28 日出殯，在歌連臣角火葬場火化。華人視死後世界往往是人生和家族的延續，所以傳統以土葬為主，但李時敏卻選擇了有香港特色的火化儀式，估計與他膝下猶虛和中西文化思維融合有關。香港因地少人多，死人住宅也要縮小，歌連臣角火葬場於 1962 年 11 月開幕，政府聯同佛教、道教、基督教、印度教等宗教團體鼓勵港人改變傳統土葬習俗，並特別在歌連臣角火葬場興建三個不同宗教的靈堂，吸引市民。

再說李佐之。李佐之乃愛狗之人。要知道百年前的香港，「養番狗，住洋樓」，可是外國人的玩意。李佐之愛狗有兩個小故事。1928 年 10 月 22 日下午 3 時，居住在啟德濱的李佐之，其傭人在打開家門大閘時，不小心讓其幼犬流走門外，因事出突然，當時小狗並無配戴狗罩，最終這頭體重只有數磅的多利亦因此而不幸被槍殺。李佐之致函《南華早報》講述其悲痛感受，他表示無法理解執法者的心態，這樣冷血的行為，是無視動物也有生命。他寧願被重重罰款來換回幼犬的生命。文章見報後，引來一場報上爭論。同情李佐之一方，認為執法人員應該可判斷出「住家狗」和「流浪狗」的分別。支持執法者一方，認為瘋狗症肆虐，執法是為了保護市民而已。一輪筆戰後，李佐之於 11 月 7 日再撰文《南華早報》，但卻不是加入討論，而是提供資料，就是他大宅門側留下來的子彈孔，與其大宅大門只有不足一碼（三呎）之遙。整場筆戰到 11 月 20 日才告停止。第二個故事發生於 1933 年 6 月，李佐之被控攜帶狗隻外出時沒有為狗隻配戴口罩。事緣他當時帶着三頭犬隻在九龍城街上溜狗，一犬

口罩帶斷裂，涉嫌咬傷單車手。其實單車手遇上李佐之便把單車停下來，當時雙腳着地以作平衡，但不小心踢到其中一犬之頭，該犬便回頭咬單車手的腳，但其褲子未有被咬破，而事主亦稱無恙。事後單車手看醫生，醫生促那犬隻要隔離觀察，事件因此弄上差館。裁判官聽完證供後，判罪不成立。[119]

1940 年 3 月 20 日早上，李佐之因急性胃病在瑪麗醫院去世，享年 52 歲。下葬禮由李求恩牧師主持，心光盲人女童院院童唱聖詩，安葬於薄扶林華人基督教墳場，家屬呼籲懇辭花圈，把心意「折現」轉贈予中山難民。[120]

結語

1920 年代初，一群熱愛九龍的居民組織協會，以全透明的方式，向政府提供發展九龍的建設性建議。不管是諮詢模式還是合作方式，也是首次在香港出現，雙方都要磨合適應。九龍醫院便是在這方式下誕生，過程歷時十多年。早期協會的委員均是外籍居民，後在港督金文泰大力提倡中外合作下，委員會多了華人參與，在二戰前更產生了三位華人主席。兩位熱愛九龍的華人主席深受西方文化影響，表現出公民精神，為地區服務：鍾茂豐遠行前立下遺囑，死後將遺產分配予慈善和宗教團體；李佐之則愛犬如命，醉心西方音樂，以唱外文歌扶助慈善團體。相信這兩位另類華人主席是體現中西文化碰撞的首批香港人。

注 釋

1　CO129/71, 202.

2　Correspondence of Lieut. Thomas Bernard Collinson, R. E., Dec 1838 – 29 Mar 1849, HKMS140-1-1, Hong Kong Public Records Office.

3　CO129/71, 203.

4　*The Hong Kong Daily Press*, 29 June 1880; *The China Mail*, 30 November 1883 & 13 March 1888.

5　"Report on the Census of the Colony for 1897," *Sessional Paper* (Hongkong: Hongkong Government, 20 June 1897), Table 1.

6　"Report on the Census of the Colony for 1901," *Sessional Paper* (Hongkong: Hongkong Government, 15 August 1901), Table 1, 8.

7　"Report on the Census of the Colony for 1911," *Sessional Paper* (Hongkong: Hongkong Government, 23 November 1911), 25.

8　"Report on the Census of the Colony for 1921," *Sessional Paper* (Hongkong: Hongkong Government, 15 December 1921), 172–174.

9　Wayte, W. G. A., *The Clubs of Hong Kong* (Hong Kong: Illustrated Magazine Publishing Co., 1981)；馬冠堯：〈戰前私人組織〉，載劉蜀永編：《香江史話》（香港：和平圖書，2018），頁 174–181。

10　Endacott, G. B., *Government and People in Hong Kong, 1841–1962: A Constitutional History* (Hong Kong: Hong Kong University Press, 1964), 119–125.

11　Ibid., 135–144

12　*South China Morning Post* (*SCMP*), 28 March 1905.

13　*The China Mail*, 23 August 1919; "Report of the Director of the Royal Observatory, Hongkong, for the Year 1919," in *Hongkong Administrative Report* (Hongkong: Hongkong Government, 1920), Appendix F, F3.

14　*SCMP*, 23 August 1919; *The China Mail*, 23 August 1919; *Hongkong Daily Press*, 23 August 1919.

15　*The Hongkong Telegraph*, 25 August 1919.

16　*The Hongkong Telegraph*, 1 September 1919.

17　*The China Mail*, 3 September 1919.

18　*Hongkong Daily Press*, 4 September 1919.

19　*SCMP*, 4 September 1919.

20　*The Hongkong Telegraph*, 30 September 1919; *SCMP*, 1 October 1919.

21　*Minutes of the Hongkong Legislative Council Meeting*, 16 October 1919.

22　*The China Mail*, 2 December 1919; *Hongkong Daily Press*, 2 December 1919; *The Hongkong Telegraph*, 2 December 1919; *SCMP*, 2 December 1919.

23　*Hongkong Daily Press*, 21 January 1921; *SCMP*, 21 January 1921.

24　*SCMP*, 23 August 1919.

25　*The Hongkong Telegraph*, 6 November 1919.

26　*The Hongkong Telegraph*, 18 March 1920.

27　*The China Mail*, 5 October 1920; *Hongkong Daily Press*, 5 October 1920; *SCMP*, 5 October 1920.

28　*The China Mail*, 28 October 1920.

29　*The Hongkong Telegraph*, 15 February 1921.

30　*The Hongkong Telegraph*, 22 April 1921.

31　*Minutes of the Hongkong Legislative Council Meeting*, 3 March 1921.

32　*Hongkong Daily Press*, 23 March 1922.

33　"Report of the Director of Public Works for the Year 1921," in *Hongkong Administrative Report* (Hongkong: Hongkong Government, 1922), Appendix Q, Q68, item 136.

34　馬冠堯:《戰前香港電訊史》(香港:三聯書店,2020),頁153−164。

35　*The Hongkong Government Gazette*, no. S. 344, 20 October 1922, 728.

36　*Minutes of the Hongkong Legislative Council Meeting*, 26 October 1922.

37　"Report of the Director of Public Works for the Year 1922," in *Hongkong Administrative Report* (Hongkong: Hongkong Government, 1923), Appendix Q, Q83−84, item 142.

38　"Report of the Director of Public Works for the Year 1923," in *Hongkong Administrative Report* (Hongkong: Hongkong Government, 1924), Appendix Q, Q103, item 160.

39　*SCMP*, 11 April 1923; *The China Mail*, 12 November 1924.

40　*SCMP*, 17 November 1923.

41　*SCMP*, 2 February 1924.

42　*The China Mail*, 4 February 1924.

43　*SCMP*, 19 November 1924.

44　*SCMP*, 20 November 1924.

45　*The Hongkong Telegraph*, 20 November 1924; *The China Mail*, 21 November 1924; *SCMP*,

21 November 1924.

46 Chu, C. Y. Y., *The Maryknoll Sisters in Hong Kong, 1921－1969: In love with the Chinese* (New York: Palgrave Macmillan, 2004), 32－34.

47 *The Hongkong Telegraph*, 31 January 1925.

48 *Hongkong Daily Press*, 10 February 1925.

49 Ibid.

50 *SCMP*, 22 August 1925.

51 *Minutes of the Hongkong Legislative Council Meeting*, 29 December 1925.

52 *Minutes of the Hongkong Legislative Council Meeting*, 22 April 1926; *SCMP*, 23 April 1926.

53 *Minutes of the Hongkong Legislative Council Meeting*, 26 August 1926.

54 *SCMP*, 2 November 1925.

55 *SCMP*, 13 January 1926.

56 *SCMP*, 21 January 1926.

57 *The Hongkong Telegraph*, 20 March 1926; *SCMP*, 26 March 1926.

58 *The China Mail*, 5 March 1927.

59 Endacott, G. B., *Government and People in Hong Kong, 1841－1962*, 146.

60 *Minutes of the Hong Kong Legislative Council Meeting*, 24 January 1929.

61 *The Hong Kong Government Gazette*, no. S. 136, 19 April 1929, 419.

62 *The Hong Kong Government Gazette*, no. S. 377, 11 October 1929, 907.

63 "Report of the Director of Public Works for the Year 1930," in *Hong Kong Administrative Report* (Hong Kong: Hong Kong Government, 1931), Appendix Q, Q78－79, item 151.

64 "Report of the Director of Public Works for the Year 1931," in *Hong Kong Administrative Report* (Hong Kong: Hong Kong Government, 1932), Appendix Q, Q35, item 219.

65 "Report of the Director of Public Works for the Year 1932," in *Hong Kong Administrative Report* (Hong Kong: Hong Kong Government, 1933), Appendix Q, Q35, item 130.

66 *The China Mail*, 27 February 1932; *The Hongkong Telegraph*, 27 February 1932; *SCMP*, 27 February 1932.

67 *Minutes of the Hong Kong Legislative Council Meeting*, 28 January 1932.

68 *The Hong Kong Government Gazette*, no. S. 280, 29 July 1932, 709.

69 "Report of the Director of Public Works for the Year 1932," in *Hong Kong Administrative Report* (Hong Kong: Hong Kong Government, 1933), Appendix Q, Q44, item 184.

70　*The Hong Kong Government Gazette*, no. S. 143, 13 April 1934, 286.

71　*The China Mail*, 14 July 1934; *Hongkong Daily Press*, 14 July 1934; *SCMP*, 14 July 1934.

72　*Hongkong Daily Press*, 16 March 1935.

73　*SCMP*, 23 February 1926.

74　Ibid.

75　*SCMP*, 1 March 1929.

76　*SCMP*, 7 March 1929.

77　*The China Mail*, 1 March 1930; *Hongkong Daily Press, 1 March 1930; The Hongkong Telegraph*, 1 March 1930; *SCMP*, 1 March 1930.

78　*SCMP*, 10 March 1931.

79　*SCMP*, 16 April 1931.

80　*SCMP*, 27 February 1932.

81　*The China Mail*, 20 April 1932.

82　*SCMP*, 30 April 1932.

83　*SCMP*, 12 May 1932.

84　*SCMP*, 15 June 1946.

85　*Minutes of the Hongkong Legislative Council Meeting*, 1 October 1914.

86　"Report of the Captain Superintendent of Police for the Year 1915," in *Hongkong Administrative Report* (Hongkong: Hongkong Government, 1916), Appendix K, K11–12, item 31.

87　"Report of the Captain Superintendent of Police for the Year 1916," in *Hongkong Administrative Report* (Hongkong: Hongkong Government, 1917), Appendix K, K11, item 31.

88　"Report of the Captain Superintendent of Police for the Year 1917," in *Hongkong Administrative Report* (Hongkong: Hongkong Government, 1918), Appendix K, K10, item 31.

89　*The Hongkong Government Gazette*, no. 65, 23 February 1917, 85.

90　*The China Mail*, 4 March 1918; *Hongkong Daily Press*, 4 March 1918; *The Hongkong Telegraph*, 4 March 1918; *SCMP*, 4 March 1918.

91　"Report of the Captain Superintendent of Police for the Year 1919," in *Hongkong Administrative Report* (Hongkong: Hongkong Government, 1920), Appendix K, K16, item 43.

92　*SCMP*, 30 June 1925.

93　"Report of the Captain Superintendent of Police for the Year 1927," in *Hong Kong Administrative Report* (Hong Kong: Hong Kong Government, 1928), Appendix K, K17, Special Events: 4.–Institutions.

94　*The Hong Kong Government Gazette*, no. 367, 17 June 1927, 252.

95　"Report of the Captain Superintendent of Police for the Year 1930," in *Hong Kong Administrative Report* (Hong Kong: Hong Kong Government, 1931), Appendix K, K42, Annexe F.

96　〈佳美腳蹤：一粒種籽開枝散葉〉,《號角月報澳洲版》,2016 年 3 月,擷取自 http:// au.cchc-herald.org/?page_id=12386（瀏覽日期：2022 年 2 月 28 日）。

97　*SCMP*, 31 January 1906.

98　White House, D.D. 95 Lot No. 1952, Kwu Tung Village.

99　*SCMP*, 6 October 1950.

100　Haffner, C., *The Craft in the East* (Hong Kong: District Grand Lodge of Hong Kong and the Far East, 1977), 235.

101　Ibid., 247–251.

102　Ibid., 256.

103　Ibid., 262–263.

104　*SCMP*, 12 February 1947 & 25 August 1947.

105　*SCMP*, 7 February 1948.

106　*The China Mail*, 22 February 1926.

107　*The Hongkong Telegraph*, 15 February 1921.

108　*Hongkong Daily Press*, 23 March 1922.

109　*SCMP*, 2 July 1926.

110　*SCMP*, 10 & 11 September 1946.

111　*The Hongkong Telegraph*, 3 June 1925; *SCMP*, 3 June 1925.

112　*The Hong Kong Government Gazette*, no. 107, 19 February 1932, 162.

113　*SCMP*, 7 February 1921.

114　馬冠堯：《戰前香港電訊史》,頁 294–295。

115　*SCMP*, 18 April 1935, 31 May 1937 & 26 September 1937.

116　《工商日報》,1936 年 4 月 8 日。

117　*The China Mail*, 21 June 1926.

118　*Hongkong Daily Press*, 10 July 1928.

119　*SCMP*, 23 June 1933.

120　*SCMP*, 22 & 26 March 1940.

窩打老道：九龍動脈通獅山

責任編輯：白靜薇
版式設計：簡雋盈
封面設計：簡雋盈
排　　版：陳美連
印　　務：劉漢舉

主編　鄭宏泰　周文港

助編　李明珠

出版　中華書局（香港）有限公司
香港北角英皇道 499 號北角工業大廈 1 樓 B
電話：（852）2137 2338　傳真：（852）2713 8202
電子郵件：info@chunghwabook.com.hk
網址：http://www.chunghwabook.com.hk

發行　香港聯合書刊物流有限公司
香港新界荃灣德士古道 220 至 248 號
荃灣工業中心 16 樓
電話：（852）2150 2100　傳真：（852）2407 3062
電子郵件：info@suplogistics.com.hk

印刷　美雅印刷製本有限公司
香港觀塘榮業街 6 號海濱工業大廈 4 樓 A 室

版次　2023 年 7 月初版
© 2023 中華書局（香港）有限公司

規格　16 開（230mm×170mm）

ISBN　978-988-8860-28-9